이것이
코로나19에서 벗어나는
처방전입니다

이것이 코로나19에서 벗어나는 처방전입니다

발행일	2020년 10월 23일		
지은이	김형식		
펴낸이	손형국		
펴낸곳	(주)북랩		
편집인	선일영	편집	정두철, 윤성아, 최승헌, 이예지, 최예원
디자인	이현수, 김민하, 한수희, 김윤주, 허지혜	제작	박기성, 황동현, 구성우, 권태련
마케팅	김회란, 박진관, 장은별		
출판등록	2004. 12. 1(제2012-000051호)		
주소	서울특별시 금천구 가산디지털 1로 168, 우림라이온스밸리 B동 B113~114호, C동 B101호		
홈페이지	www.book.co.kr		
전화번호	(02)2026-5777	팩스	(02)2026-5747

ISBN 979-11-6539-429-5 03300 (종이책)   979-11-6539-430-1 05300 (전자책)

이 도서의 국립중앙도서관 출판예정도서목록(CIP)은 서지정보유통지원시스템 홈페이지(http://seoji.nl.go.kr)와
국가자료공동목록시스템(http://www.nl.go.kr/kolisnet)에서 이용하실 수 있습니다.
(CIP제어번호: CIP2020044553)

(주)북랩 성공출판의 파트너

북랩 홈페이지와 패밀리 사이트에서 다양한 출판 솔루션을 만나 보세요!

홈페이지 book.co.kr • **블로그** blog.naver.com/essaybook • **출판문의** book@book.co.kr

천상의 음으로 지구촌 행복에 이르는 길

이것이 코로나19에서 벗어나는 처방전입니다

김형식 지음

COVID 19

북랩 book Lab

머리말

지난 2월, 그동안 17년의 공부를 회향하는 시점에서 우한발 코로나19를 맞으며 지금껏 공부하여 온 것으로 이치적으로는 이야기할 수는 있어도 그것을 해결하기엔 역부족하여 다시 묵언과 사무친 연민심으로 오 개월의 깊은 명상 속에서 그 지혜를 찾았습니다.

지금까지 우리가 공부한 논리와 지식으로는 이 코로나19의 거대한 장벽 앞에 지구촌의 그 누구도 답을 내놓지 못하고 있습니다. 그리고 의학자나 과학자가 아니면 굳이 내가 이것을 해결하겠다는 생각을 하지도 않고 또한 백신이 아니면 이 코로나19에서 벗어날 수가 없다고도 생각을 합니다. 과연 그럴까요?

고작 마스크와 손 씻기, 거리두기 정도의 원론적인 이야기로는 뭔가 부족함을 느끼면서 논리와 이치가 뒷받침하여 주면서 지구촌 77억 가족들에게 시원하고 명쾌한 그런 해결책은 없는 것이며, 과연 그렇다면 우리는 어디에서 이 코로나19에서 벗어날 수 있는 힌트를 얻을 수 있을까 하고 생각합니다. 바로 우리가 살아가는 곳이지구이며 이 지구에서 발생한 문제의 해결책은 반드시 우주자연 속에서 존재한다는 것으로 막연하지만 힌트를 얻고 사유를 시작하여 봅니다. 어떻게 코로나19 바이러스에서 벗어나는 지혜를 찾을 것인가 하는 물음에 대한 답은 대자연을 이해하지 않고서는 찾을 수가 없습니다.

지금 코로나19는 역대급 팬데믹의 상황입니다. 이런 것을 해결하는 것 역시 자연의 원리와 신묘한 힘의 도움을 받으면 지혜를 찾을 수 있는데, 그렇게 생각하지 못하는 것은 자연의 원리와 영성 공부 그리고 자신의 몸에 대하여 수련이 없다 보니 이 세 가지를 분리하여 생각하기 때문입니다. 그렇기에 지혜가 나오지 않는 것이며 이것이 우리의 몸과 의식 심지어 세포까지도 연관되어 운동한다는 확신을 얻으면 이 정도의 코로나19에서도 처방전이 나올 수가 있는 것입니다.

아직 코로나19 백신이 나오지 않은 상태에서 우리가 할 수 있는 것은 우리가 지닌 몸과 의식을 태곳적부터 존재하였던 우주자연의 원리와 이치로, 그리고 과학자분들의 말씀을 도움으로써 우리 스스로 자가 면역 세포를 만드는 시스템을 구축하는 것입니다.

이 간단하면서도 위대한 진리가 그동안 등잔불 밑이 어두워서 관심을 받지 못하였습니다. 또한 이것은 없던 것을 새로이 만든 것이 아니며 이미 우리의 조상님들이 궁리한 지혜가 과학 문명이라는 미명 아래 드러내지 못하다가 이 팬데믹의 사회를 구원할 9회 말 구원 투수 같은 신령한 힘을 지니고 있습니다. 그렇기에 이는 지금 우리가 마주한 그 모든 것에 바른길을 제시하며 또한 이 답답한 삶에 새로운 희망을 주는 신선한 삶의 활력소가 될 것입니다.

사회의 통념상 이런 이야기는 기득권의 벽을 넘을 수가 없음을 저 역시 절감합니다. 그래도 한 나그네의 애틋한 연민의 마음에 원고가 골방에 나뒹굴지 않고 늦게나마 비록 부족하지만 세상에 드러내게 되어 너무도 감개무량합니다.

우리가 지금까지 살아오며 쌓은 고정관념을 내려놓는 만큼 저마다의 가슴에 옹달샘은 흘러 감로수로 변할 것입니다. 지금 우리가 마주한 그 모든 것에서 막힌 것을 터 주는 신령한 지혜가 이곳에 있으니 부디 바라옵건대 지구촌 77억 인구 모두가 이 여의주를 받아 지니기를 청하옵니다.

이 글은 모든 지구촌의 가족을 우리가 당면한 코로나19에서 벗어나는 지혜를 배우고 더 나아가서 고통에서 벗어나는 궁극의 행복으로 안내합니다. 어떤 종교적인 것은 배제하고 여러분이 지금까지 공부한 기본 논리를 바탕으로 좀 더 성숙되는 길, 즉 꽃이 피어 열매를 맺어 향기를 내는 것까지 도와줄 것입니다.

이 오염되지 않은 한 방울의 물이 만들어지기까지 모진 세월을 겪으면서 오대산의 우통수에서 감로의 정을 듬뿍 담았습니다. 이것이 대서양까지 흘러 지구촌에 감로수가 되기를 희망합니다.

2020년 7월 29일
오대산 뜨락에서
김형식 두 손 모음

차 례

제5장 만트라명상법과 차크라열기 수련 방법

제6장 깊은 명상과 묵상으로 본래의 자가 면역 시스템을 구축하자

제7장 지구촌 77억 인구가 행복에 이르는 길

제8장 이것이 코로나19에서 벗어나는 처방전입니다

제1장

우주자연을 이해해야 코로나19의 처방전을 찾을 수 있다

지금까지 우리가 공부한 것으로는 이 코로나19의 처방전을 내어놓지 못하고 있습니다.

이것은 무엇을 뜻하는 것일까요? 한마디로 우리의 영성과 사유 그리고 자연은 어떻게 운행하는지에 대한 고민이 부족하여 이것에서 벗어나는 지혜를 못 찾고 있는 것입니다.

우리는 지금까지 보고 배운 것을 잠시 내려놓고 자연의 근본과 존재의 사유로 의식 전환하여 이런 코로나19 펜데믹의 상황에서 나와 우리 사회를 이익되게 하는 지혜를 찾아야 할 것입니다.

1.
이 세상은
어떻게 움직이는가?

저는 이 코로나19 처방전을 찾는 여행을 시작하면서 하나의 의문을 제시합니다. 이 사회에서 공부를 열심히 해서 석·박사를 받아도 사회생활을 하는 분들이나, 영성 공부를 하는 분들이나 하나를 놓치고 있다는 것을 알게 되었습니다.

전문 지식을 충분히 갖추고도 삶의 두려움이나 불안함에서 벗어나지 못하고 또한 수십 년 수련을 하여도 진전이 없는 것은 우리가 해야 할 대자연의 공부를 하지 않았기에, 한마디로 기초가 부족하다 보니 진리를 만나도 공감과 사유가 깊어지지 못하여 확신을 얻어 내지 못하는 것입니다. 그것이 왜 그렇게 되며 그런 말씀이 왜 나왔는지에 대한 논리적 사고가 없다 보니 진리를 공부하여도 그것을 삶의 지혜로 끌어내지 못하는 아쉬움이 있다는 것을 알게 되었습니다.

많은 사람이 자연의 순리인 하늘과 땅의 이치 그리고 그 중간에 사람의 관계인 대자연의 순환의 법칙에 공감하는 부분이 부족하다 보니 이런 코로나19의 어려운 상황에서도 바른길을 제시하지 못하고 있다는 것입니다.

그러나 우리가 숨 쉬는 공간은 달나라도 아닌 지구입니다. 하늘과 땅 그리고 인간, 그것들의 조화를 공부하여 보면 우주자연과 사람의 관계에서 연결됨을 찾아낼 수 있습니다.

그리고 좀 더 공부를 하여 보면 우리의 눈앞에 펼쳐지는 우주자연의 과정이 인간의 본질과 연결되어 전개된다는 사실을 깨닫게 될 것입니다. 일찍이 모든 선각자는 이 부분을 통하여 '나'를 알고 그들만의 진리를 공부할 수 있었습니다.

위에서 지적하였듯이 우리가 숨 쉬는 공간은 지구입니다. 지구는 자전과 입자의 진동으로 저마다의 고유한 파동을 일으킵니다. 이 공명으로 우주의 모든 생명이 서로서로 유기적인 관계로 살아가고 있습니다.

또한, 중요한 것은 우주 자체는 에너지로 가득 차 있으며 모든 입자는 진동한다는 사실입니다. 우리가 공부하였던 진리 역시 이것을 기초로 하여 발전하였습니다. 이 자연의 순리를 이해해야 지금까지 이론적 진리를 토대로 사물을 대할 때마다 사유가 깊어져 '아 그렇구나.'라는 확신을 얻을 수 있습니다.

그 확신을 통하여 여러분의 공부가 명쾌하게 정리되면 그것은 삶과 이 세상을 살아가는 모든 것에 적용될 것입니다. 그 결과, 두려움에서 벗어나 지금 현재의 삶을 보다 더 자기 분수껏, 있는 그대로 살아가는 가치관이 만들어집니다.

이 토대 위에 더 큰 이념을 공부하여 나와 세상 그리고 지구를 위하여 작은 것 하나라도 도움이 되는 그런 삶을 살아야 합니다. 이런 기초를 통해 우리가 살아가는 자연이 어떻게 존재하며 어떤 원리로 돌아가는가를 이해하고 사유하는 게 무엇보다 중요한 일입니다.

사실 우주자연 속에는 삶의 모든 문제를 해결할 수 있는 답이 존재합니다. 물론 어렵다고 생각하실 수도 있지만 이것을 사유하면 우리는 그 모든 것의 실마리를 추적할 수가 있습니다.

지구의 자전과 달의 공전 그리고 태양. 이것 속에 우리가 살아가는 삶의 비밀은 여기에서 시작이 됩니다. 이것의 원리와 사유의 폭을 누가 얼마만큼 키워가느냐에 따라 무한한 진리에서의 자유로움에 미소 지을 수가 있다고 저는 생각합니다.

영성 공부의 최고의 답은 이곳에서 수수께끼를 풀어야 속 시원하게 우리 스스로 풀어짐을 약속합니다. 지구촌에 고통받는 이웃들을 생각하며 내가 이 코로나19와 삶의 궁극으로 가는 문제의 답을 찾아보겠다는 대자비와 연민의 마음으로 출발합니다.

중도에 하차는 하지 마시고 이 어려운 삶에 그래도 누군가 이런 이야기를 시작하고 있으니 미흡하지만 삶에 팁을 얻은 이상 이것이 나에게서 너에게로 그리고 우리로 돌아오는 여행이 되기를 희망합니다.

이렇게 코로나19의 바이러스를 괴멸할 수 있는 자연의 원리를 공부하여 우리 몸에 적용하면 반드시 그 힌트를 얻을 수 있을 것입니다. 자신감을 가지시고 다 함께 우리 사회와 지구촌을 위하여 연민심을 내어 보아야겠습니다.

1) 음양오행과 인간의 연관성을 사유해야 전체를 균형 있게 볼 수 있다

지구는 태양의 주위를 일정한 거리에서 자전축(북극과 남극) 북극성을 중심으로 한쪽 방향(서에서 동쪽)으로 계속하여 돌고 있습니다. 한 바퀴 도는 데 24시간이 걸리며 지구가 한 바퀴 도는 시간을 우리는 하루라고 하고, 이때 낮과 밤이 생깁니다. 지구의 자전과 달의 공전 속에 우주의 모든 생명은 그 사이클에 맞추어 공존 공생을 한다는 것입니다. 달은 지구를 한 바퀴 도는 데 27.3일, 약 28일 걸리며 참고로 음력 1일에 지구를 향해 있는 달의 반쪽은 햇빛을 받지 못합니다.

정리하여 보면 지구의 자전과 달의 공전으로 낮과 밤이 생기고 봄, 여름, 가을, 겨울이 생기고 조수간만의 차로 밀물과 썰물이 생기며 바다 밑 깊숙한 곳에 살아가는 생명들 역시 이에 맞추어 생식을 이어 갑니다.

또한, 지구는 구심력으로 돌아가고 두 개의 극이 있습니다. 여기에서 지구의 자전과 공존으로 우리는 두 가지의 경우의 수가 이미 생성됐음을 알 수 있습니다(남과 여, 음과 양, 낮과 밤, 밀물과 썰물, 선과 악, N극과 S극 +와 -).

사물은 절대적인 것이 아닌 상대적으로 존재한다는 논리가 나오는 것입니다.

2) 달의 공전과 여성의 월경이 연관되어 문명이 시작되었다

달의 공전이 약 28일이 걸리는데, 여성의 월경(생리) 주기 역시 28일이라는 것은 시사하는 바가 매우 큽니다(인간의 감성 주기 발생).

14일 동안 달은 초승달로 시작하여 상현달, 보름달까지 완성되며 여성의 난자는 배아와 착상에 맞게 준비하여 정상적인 임신을 준비하게 되는데 만일 2주 안에(14일) 착상이 이루어지지 않으면 황체는 퇴화하여 급한 호르몬 수치의 변화를 가져옵니다.

이것으로 보면 달이 보름달이 되어 갈 때 인간 역시 태어날 수 있는 인연이 주어집니다. 임신이 되지 않을 때는 다시 28일을 기다리니 자연의 순리의 법칙에 인간의 주파수가 맞추어져 있는 것입니다. 아주 오래전 태양을 숭배하던 시절에 아마도 우리의 조상님들은 이 달을 보며 택일을 정했을 것이라고 생각하여 볼 수 있습니다.

그래서 일찍이 공자님께서는 이런 말씀을 하셨습니다. '원취저물' 하고 '근취저신'하라고 말입니다. 멀리는 우주 외 자연을 보고 진리를 깨닫고 가까이는 소우주인 인체를 통하여 진리와 사물의 이치를 이해하라는 말씀이 참으로 절실하게만 들려옵니다.

3) 음양의 탄생이 문명과 종교 오늘의 IT를 탄생시켰다

태초에 우주 무한한 공간의 절대 변할 수 없고 이름 붙일 수 없는 절대의 자리가 있었습니다. 지구는 이 두 개의 중심축인 자오선을 중심으로 구심력과 만유인력이 작용하며 그 공간과 시간 속에 한 생각을 일으키는 순간 태극이란 두 개의 음과 양의 극으로 두 개의 경우의 수를 발생합니다.

손가락은 하나이지만 세 마디로 구성되었듯이 태초의 무극 자리 0에서 한 생각을 일으키면 그 하나는 3으로 다시 한번 분열을 하여 7이 되고, 나아가 10은 모든 우주 완성의 단계입니다. 천부경에서 시작된 숫자의 비밀을 지구촌의 모든 경전에서 다 적용되고 있습니다.

이 삼신 사상은 불교에서는 보신 화신 법신이라는 것으로, 기독교에서는 성부·성자·성신으로 적용합니다. 그 외에 다른 종교에서도 이것을 적용하여 저마다의 논리를 만드는 기초가 되었습니다. 우리가 사용하는 이 인터넷의 발전도 컴퓨터의 근본인 논리 회로 0

과 1의 경우의 수, 이진수라는 개념을 응용합니다. 오늘날 IT 시대의 원조는 음양의 탄생으로 발전이 되었던 것입니다.

참고로 숫자 중에 변하지 않고 가장 완벽한 수는 9입니다. 이진법에서 보면 파동이 휘몰아치는 방향이 9의 방향이며 장미 같은 꽃의 잎 역시 이 방향으로 유전자가 배열되며 이는 지구의 모양과 비슷하게 생겼습니다.

2.
음양오행과
인간의 연관성

1. 음과 양의 조화로 생명이 탄생한다

지구의 자전과 달의 공전으로 밤과 낮이 생기고 낮은 태양이 있기에 양이 되고 밤은 어둡기에 음이 됩니다(음양). 우주의 모든 공간에 존재하는 생명은 이런 상대적인 원리로 펼쳐집니다.

낮과 밤이 변화하면 하루가 만들어지고 남자와 여자가 합해지면 생명이 탄생되고 하늘과 땅의 기운이 만나면 천둥·번개가 치고 비가 내립니다.

태양을 바라보는 쪽이 양이 되고 내 등 뒤쪽은 태양을 받을 수 없어 음이 됩니다. 내가 어디에 서 있는가에 따라 양과 음은 변하는 것이며 양이 음이 되고 음이 양이 되며 고정되지 않고 자연의 순리는 상대적으로 변화와 진동으로 존재합니다.

2) 남녀 음양의 이치

자연의 이치상 남자는 체격이 크고 근육이 왕성하여 하늘이며 양이 됩니다. 또한, 위에서부터 기운이 내려가고 발산하는 본능적인 속성을 지니고 있습니다. 여성은 자연의 속성상 땅이 되며 아래에서 위로 키우는 속성과 받아들이는 능동적인 본능을 가지고 있습니다.

남자는 그 양의 속성이 아래로 향한다면, 여자가 태어날 때 그 몸이 젖혀지는 것은 음의 속성상 위로 향하기 때문입니다. 태어날 때와 마찬가지로 여자와 남자가 물에 빠져 죽었을 경우 남자의 몸은 엎어지고 여자의 몸은 젖혀진다는 것은 참으로 놀라운 사실입니다.

이런 것을 보면 우리의 DNA에 이미 남자와 여자의 성품이 입력되어 있다는 것을 알 수 있습니다. 이를 알고 살아가는 것이 지혜로운 길임을 자연의 이치, 즉 우리의 몸을 통하여 살펴보았습니다.

상대는 절대 바꿀 수 없습니다. 내가 변하는 것이 삶의 지혜입니다.

이런 것을 우리가 바르게 사유하면 부부가 이혼을 할 수 없습니다. 우리는 분명히 다르기에 같을 수가 없으며 서로를 인정하고 존중하는 것이 부족하기에 우리는 결혼생활이 즐겁지 않은 것입니다.

남자는 죽을 때가 되어도 사정을 하려고 합니다. 이것은 종족을 번식하려는 유전자가 들어 있기 때문입니다. 이 다름을 바르게 이해해야 사랑과 자비가 나오며 지금 마주하는 상대를 더 넓게 이해할 수가 있습니다.

3) 인간과 자연(소우주와 대우주)의 연관성에 대하여

천자문에서 우주는 '집 우(宇)' 자에 '집 주(宙)' 자로 쓰는 것을 보면 집이라는 자연의 최소 공간에서 인간은 분리된 존재가 아닌 자연과 공생하는 존재라고 볼 수 있습니다.

우주자연과 인간 대우주, 소우주가 얼마나 깊숙이 연결되어 있는지 알아보면, 지구가 오대양 육대주로 구성되듯이 인체도 오장육부로 구성되고 바닷물이 지구의 70%듯이 우리 몸도 수분이 약 70%이며 바닷물이 짜듯이 우리 몸도 염분이 없으면 생명을 유지할 수가 없습니다. 또한, 바다에서는 밀물과 썰물이 바다를 정화하듯이 우리 몸도 들숨과 날숨으로 불순물을 정화합니다.

우주에 해와 달이 있듯이 사람에게는 두 개의 눈이 있고 우주가 오운 육기 운동으로 천지를 운행하듯이 인간의 장부도 오장육부의 순환 운동을 기본으로 해서 변화하고 있는 것입니다.

우주의 오행 기운은 크게는 머리와 사지로 구분되고 작게는 손가락과 발가락으로 구분됩니다. 이때, 손가락과 발가락은 다섯 개씩 갈라놓아 엄지부터 시작하여 목·화·토·금·수의 기운을 갖게 됩니다.

우주의 1년 12개월이 인체에서는 12경락으로 형성되고, 1년 24절기는 인체의 척추 24마디를 형성해 놨습니다. 그리고 1년 365일에 따라 365골절을 이루고, 우주의 질서를 관장하는 별 28숙에 따라 인체의 28골격 구조를 만들었습니다. 마지막으로 우주의 9규에 맞추어 인체의 9개의 구멍(눈, 코, 귀, 생식기, 항문)이 있습니다. 여기에 여자는 하나 더(자궁) 있어 새 생명을 탄생시킵니다.

이것으로 유추하여 보면 자연과 인간은 아주 깊숙이 연결되어 살아가는 것을 알 수가 있는데, 우리는 이런 기본적인 공부를 하지 않기에 좀 더 바른 삶을 살기에 부족합니다. 우리가 그토록 얻고자 하는 행복도 이런 원리 속에서 풀어내어야 스스로 사유가 되어 큰 지혜가 나올 수가 있다는 것입니다.

그만큼 우주자연이 방대한 것 같지만 실제로 우리 몸을 통하여 근원적인 생명의 실상을 알 수 있다면 삶과 죽음 그리고 존재의 실상도 스스로 해결될 수 있다는 사실을 이번 기회에 숙독하는 기회로 삼아 우주자연과 우리의 몸을 연계하여 사유할 수 있는 그런 시간으로 만드셔야 합니다.

이런 사유의 토대 위에 우리가 지금 저마다 배우는 진리는 더욱더 생동감 있게 자랄 수 있고 더 넓고 깊은 사랑이 나오며 자비심이 깊어져서 보리심으로 확장이 되면 삶의 모든 문제를 스스로 해결할 수가 있다고 봅니다.

이런 논리가 부족하면 지금 우리가 배우는 진리의 말씀과 사회적 공부는 그렇게 발전이 더디며 공부를 하여도 이런 코로나 같은 큰 장벽이 오면 한 생각이 나올 수가 없습니다.

우리는 자연을 보면서 나와 견주어 바라보는 부분이 부족합니다.

4) 심장도 지구처럼 23.5도 기울어졌다

지축이 기울어져서 사계절이 생기듯 우리의 몸의 핵인 심장도 인체의 정중앙이 아니라 왼쪽으로 기울어져서 네 가지의 사상 체질을 만들어 내고 있습니다.

지구가 기울어져서 봄·여름·가을·겨울처럼 우리 몸도 다양한 변화에 적응할 수 있는 능력을 가졌고 이것은 몸의 균형을 맞추기 위한 것으로 사료됩니다.

여기서 중요한 것은 지구상에 존재하는 생명체는 수백억의 종류로써 그 수를 이루 헤아릴 수 없지만 우주의 오행 기운(목·화·토·금·수)을 고스란히 받고 태어난 생명체는 인간뿐이라는 것입니다.

5) 오장육부의 처방은 장부와 동일한 색깔로 치유한다

인체가 병이 나면 과학이 발달하지 않았던 조상님들은 오행의 기운에 맞는 색깔로 오장육부를 치료한 것을 사유하여 보면 오장육부와 연결된 인체의 경락 또한 연결되었음을 알 수 있습니다.

이것을 보면 인간의 병은 우주자연에 존재하는 식물의 색깔로 치유하게 이미 근원적으로 이루어진 것으로 진화된 것임을 알 수 있습니다.

- 오행의 색깔은 청(木), 적(火), 황(土), 백(金), 흑(水)
- 간은 청색과 공명하니 초록색 음식이 좋다(다슬기, 청보리).
- 심장은 붉은색과 공명하니 붉은색의 음식이 좋다(붉은색 수수, 팥).
- 폐는 흰색과 공명하니 흰색의 도라지, 참외, 흰밥이 좋다.
- 신장에는 검은색이니 쥐눈이콩이 좋다. 신장을 일명 콩팥이라고 부르는 이유이다.
- 비장은 황토색이니 호박, 기장쌀, 파프리카가 좋다.

여기에서 우리가 사유해야 내용의 핵심은 이것입니다.

색깔과 인간의 오장이 이렇게 연결되었다는 것은 이미 자연 속에 비밀이 들어 있습니다. 그것을 조상님들은 알아서 대체의학이나 민간요법에서 오래전부터 사용했습니다.

이는 단순히 병을 치료하는 것으로 보기보다 우주자연과 인간의 유기적인 관계, 다시 말하면 인간의 의식과의 연결 고리로 파고들어야 인간의 병과 마음 우리의 모순에 대하여 낱낱이 그 실상에서 지혜를 얻을 수가 있다고 생각합니다.

6) 담석증을 빛과 컬러의 물로 치유하다

초록색 유리병에 물을 가득 담아 햇빛에 노출시키고 몇 시간 뒤 그 물을 마시면 담석증을 치유할 수 있습니다. 간에서 생산하는 쓸개즙의 색깔이 초록색이기 때문입니다. 초록색 유리병은 가시광선의 빛 중에서 오직 초록색 빛만을 투과하여 물에 초록빛만 전해줍니다. 그래서 유리병의 물은 초록으로 빛나는 것과 마찬가지로 물도 초록 빛깔의 파동을 지니게 되는 것입니다.

이 물을 마시면 초록의 파동을 가진 물이 간과 쓸개의 세포를 활발하게 하여 담석증을 치료한다고 합니다. 장부와 빛의 파동으로 인해 그것에 맞는 색은 공명을 합니다. 이는 곧 멈추어 있던 장기와 세포가 진동과 파동을 통해 더 활발히 움직여서 신경이 살아나는 원리입니다.

여기에서 우리가 사유하여 할 핵심은 이렇습니다.

인체는 끝없이 호흡으로 피를 순환합니다. 우리가 먹은 음식과 스트레스, 과한 성생활 그리고 불규칙적인 생활로 피가 탁해지고 모세 혈관이 막히면서 염증이 발생하는데, 이 염증은 세포를 죽게 만듭니다.

여기에서 우리가 주목할 것은 그 장기에 맞는 색깔의 물에는 공명하는 에너지가 들어 있기에 그 멈추었던 장기를 깨울 수가 있다는 것입니다.

그러나 우리가 이미 알고 있듯이 병든 몸을 회복하는 데는 정말 오랜 시간이 필요합니다. 우리는 이 여행에서 평상시 내면 치유의 면역력을 충전해야 합니다. 어떠한 바이러스가 오더라도 인간의 몸은 이를 극복하게 만들어져 있습니다. 우리는 그 몸과 의식을 갖추기 위하여 이 여행을 떠나고 있습니다.

7) 인도 아유르베다 의학의 색깔 치유법

인도 전통의 아유르베다 의학에 따르면 건강한 사람의 몸은 가시광선의 무지개 색깔, 즉 '빨주노초파남보'와 공명하면서 생명 활동을 한다고 합니다. 인간이 본디 빛의 존재라는 것입니다. 어머니의 자궁 속에서 거꾸로 된 자세에서 자라면서 1차크라(항문과 생식기 사이), 2차크라(배꼽 아래 한 치 부위, 즉 단전이라 함), 3차크라(배꼽에서 손가락 3마디 위 한의학에서는 중완이라고 함), 4차크라(심장, 한의학에서는 전중혈이라고도 함), 5차크라(목), 6차크라(양쪽 눈썹 사이 미간), 7차크라(백회)까지 순서대로 무지개색의 빛의 파동으로 공명하고 실제 그런 빛을 내고 있습니다.

회음 부분은 빨간색, 천골 부분 생식기 위는 주황색, 단전 부분은 금빛 노란색, 가슴은 녹색, 목 부분은 옅은 청색, 미간은 남색, 백회는 보라색으로 공명함을 저는 수련을 통하여 확인을 하였기에 이것은 사실입니다.

다시 말하면 빨간색은 회음을 강하게 합니다. 산수유나 복분자 오미자, 석류 등을 우리가 즐겨 먹는 이유를 우리 조상님들은 음양오행을 통하여 이미 알고 있었던 것입니다.

동양이나 서양이나 문화만 다르지 사람에게서 일어나는 현상을 관찰하는 방법은 동일합니다. 우리가 궁금하면 저쪽도 궁금하듯이 우리는 본래 하나의 인간이고 같은 인간이기에 해결점도 같다는 것입니다.

이 대목은 상당히 중요한 부분입니다. 그러나 처음부터 너무 과한 이야기를 하면 이해가 가지 않을 것입니다. 다양한 경전을 통하여 빛과 일곱색의 무지개에 대하여 우리 몸과 연관되어 있다는 것을 너무 깊숙이 설명을 하면 여러분께서는 당장 내가 아는 것과 다르니 바로 책을 덮을 것입니다.

좀 더 상세하게 삶과 죽음에 대하여 규명하여 보고 싶지만 이 대목에서는 우리가 코로나19에 관한 답을 찾는 것이 목적이기에 그 정도 선에서만 설명을 드리겠습니다.

그러나 궁극의 행복으로 가는 길에 있어서 이는 우주자연과 내 몸에서 동시에 일어납니다. 그렇기에 이것을 바로 이해하고 몸소 확인하면 영성의 공부는 거기에서 마무리할 수 있고, 그 뒤에는 오로지 남을 이롭게 하는 삶을 사는 것밖에 남지 않을 것입니다.

3.
우주자연에 존재하는
모든 것은 다 진동한다

주역은 우주자연의 본모습을 리얼하게 들여다본 동양의 고전입니다. 그중에서도 음양의 이론은 한마디로 '우주자연에서 벌어지는 모든 현상은 변화한다'는 것입니다.

한번 양 하면 한번 음이 되어 변화한다는 것은 오늘날의 과학의 용어로 표현하면 진동한다는 것입니다. 우주의 모든 식물도 진동의 파동으로 우주(태양)와 교감하고 꽃을 피웁니다. 고전 음악을 들려주면 꽃들은 더욱더 잘 자라며 젖소는 젖을 더 많이 생산하고, 바흐의 음악을 들려주면 꽃들은 특정한 자기만의 주파수로 교감하면서 꽃망울을 터트린다는 것은 이미 과학을 통하여 접하였던 사실입니다.

그런데 이런 것이 의식주 해결에 골몰하는 지구촌의 사람들에게는 도움이 되지 못하고 있습니다. 실생활에서 이런 원리를 사유하며 살아간다면 이는 삶의 실체를 규명하는 데 아주 중요한 핵이 될 것입니다. 그렇기에 진동의 중요성을 설명하기 위하여 이 음양의 이치를 설명한 것입니다.

이 지구 여행을 떠나는 여러분이 반드시 알아야 할 승차권입니다. 이것이 얼마나 우리들의 삶에 놀라운 것인지를 차분하게 설명하겠으니 천천히 이해하면서 잘 따라오시기를 부탁드립니다.

일찍이 니콜라 테슬라라는 과학자는 "우주의 비밀을 알고 싶으면 주파수, 진동, 에너지에 관심을 가져라."라고 하였습니다. 우주자연에 존재하는, 심지어 우리들의 장부와 세포까지도 진동으로 움직인다는 것입니다.

여러분 정말 놀랍지 않습니까? 이 코로나19의 미스터리를 풀려면 이런 말을 낚아채야 합니다. 이것으로 다시 괴테의 시 한 수를 접하고 나면 여러분은 좀 더 무엇인가 그림이 그려질 것입니다. 이런 사실은 무엇인가 탐구를 하려는 사람에게는 나침판과 같고 평범하신 분들에게는 그다지 공감이 가지 않는 것도 사실입니다.

어쨌거나 우리는 지구촌을 여행하는 가족이기에 함께 협력하고 사유하여 바른 지혜를 찾아야 합니다.

사무친 연민심으로 사물을 바라보면 보이는 것이 다르고 들리는 것이 다릅니다. 결국 우리가 자가 면역 체계를 갖춘 몸이 여행의 종착지가 될 것입니다.

1) 나에게 우주자연의 비밀의 힌트를 준 괴테의 시

괴테의 시성에 진심으로 두 손을 모읍니다.

> 모든 것이 제멋대로 구르는 듯해도
> 사실은 하나로 얽혀 있다네
>
> 우주의 힘이 황금종을 만들어
> 이들을 떠안고 있다네
>
> 하늘 향기 은은히 퍼져 나가니
> 지구가 그 품에 안기도다

모든 것이 향기들조차 조화롭게
시공을 채우는구나

휘몰아치는 생명의 회오리 속에서
나도 파도도 다 함께 춤춘다

삶과 죽음이 있건만 영원의
바다는 쉼 없이 출렁이누나
변동하고 변화하고 진동하는
저 힘이 내 생명의 원천으로

오늘도 나는 먼동이 트는 아침에
거룩한 생명의 옷을 짜누나

2) 우리는 어떻게 호흡하고 있는가?

우리는 엄마 배 속에 있을 때는 엄마와 탯줄로 연결되어 있었기에 엄마의 호흡으로 생명을 이어 왔지만, 세상에 태어나면서 복압이 낮아지고 대기압이 코로 들어오면서 운명적으로 들숨을 먼저 쉽니다. 그리고 죽음이 임박했을 때 한 호흡을 더 들이마시려고 안간힘을 씁니다. 우리의 의식 속에는 먼저 들숨을 해야 한다는 본능적인 것이 있습니다.

그러나 호흡은 '내쉴 호(呼)'와 '들이마실 흡(吸)'인데, 여기에서 중요한 것은 내쉬는 것이 먼저요, 들이마시는 것은 나중이라는 뜻입니다.

현대인들은 서구적 문명의 인식 체계에서 공부를 하였기에 일단 숨을 먼저 들이마셔야 나중에 내쉴 수 있다고 생각합니다. 그런데 선각자들은 우주자연의 순리의 변화를 관찰하고 나서 우주의 순수한 맑은 에너지를 들이마시기 전에 먼저 몸속에 탁하고 오염된 공기를 외부로 내쉬어야 비로소 맑은 공기를 흡입하여 몸과 마음을 정화시킬 수 있다는 아주 심오한 지혜를 호흡 속에서 보여 주고 있습니다.

이렇게 양질의 산소를 마시면서 세포에게 좋은 영양분을 공급하는 것은 자연의 깊은 뜻을 헤아린 데에서 나온 것이기에 감동할 뿐입니다.

3) 먼저 베푸는 것이 자연의 순리이다

호흡이 먼저 내쉬어야 들어오듯이 이 자연계 역시 어떠한 것도 대가를 바라지 않고 먼저 베풀고 있습니다. 태양은 늘 한결같이 따뜻한 온기를 전해 주고 나무며 꽃, 공기, 물, 하늘 그 무엇도 우리가 노력하여 얻은 것이 아니기에 주어진 자연에 우리는 감사해야 합니다.

태초부터 지금까지 한결같이 비추고 있는 태양을 생각하여 보면 우리가 좀 배웠다고 좀 가졌다고 하는 생각이 참으로 부끄럽습니다. 우리가 저 태양에게 보답하는 길은 늘 감사하는 마음으로 사는 것입니다. 감사하는 마음은 가진 것이 없어도 배운 것이 없어도 됩니다. 감사하는 마음만 있다면 적어도 삶을 불안해하지는 않습니다.

이것으로 보면 왜 원수를 사랑해야 하는지 자연을 통하여 근본적인 사랑을 배웁니다. 자연이 이렇게 먼저 베푸는 것처럼 우리도 닮아 가야 할 일입니다.

4) 장미꽃이 피는 소리를 광음향 분광법으로 들을 수 있다

이는 바흐의 토카타와 같은 오르간 소리를, 음악을 식물들이 선호한다는 것입니다. 이것으로 보아 모든 식물은 저마다의 고유한 파동을 내며 자기와 공명하는 음악을 들려주면 꽃이 더욱 잘 자라 열매를 맺는다는 것을 알 수 있습니다.

우리의 눈에 보이지 않지만 미세하고 섬세하게 반응하는 것을 우리는 과학적 장치를 통하여 확인하였습니다. 식물에게도 이런 현상이 발생하는 것에서 힌트를 얻어 여기에서 우리가 확인할 것은 자연과 인간을 좀 더 연관해 사유하는 것입니다. 그렇게 하면 우리가 찾으려는 목적지로 가는 데 도움이 되리라 생각이 됩니다.

우리는 영성 공부와 삶의 의문을 해소할 핵심과 코로나19에 좀 더 자연의 이치를 접목하여 문제를 풀어갈 수 있는 자연의 성품에 대하여 미약하지만 알게 되었습니다. 그렇기에 좀 더 다양한 사유를 해 보면서 지구촌 여행에 자신감을 가지게 되었습니다.

그렇다면 우리는 어떠한 마음으로 여행을 떠나야 하는지에 대하여 사유하여 보겠습니다.

5) 우주자연은 상대적 법칙으로 균형을 유지한다

- 빨갛게 피어나는 꽃과 열매는 새와 짐승들에게 눈에 잘 띄게 하여 종족의 번식을 하기 위함이다.

- 이름 모를 야생초의 씨앗은 낙하산 모양으로 바람으로 하여금 수십 리 날아갈 수 있게 진화했다.
- 당귀밭 100평을 심으면 그 속에 (종종 번식을 위한 씨앗이 열리는) 수당구 한두 개가 나오는 것이 자연의 이치이다.
- 콩은 꼭 짝수로(암수) 들어가 있다.
- 겨우살이의 열매에는 끈끈한 점액 같은 것이 있어 이것을 먹은 새들은 결국은 참나무에 배설을 하여 생명을 이어 가게 된다.
- 산벚꽃나무는 향기로 새들을 불러들여 열매를 먹게 하여 산천에 지천으로 퍼지게 한다.
- 고목은 쓰러져서 각종 벌레와 곤충들이 서식하게 하여 새와 짐승들에게 의식주를 제공한다.

- 태양과 지구는 짝으로 운행하며, 태양은 늘 그림자를 동행한다.
- 왼쪽이 음이고 오른쪽이 양이며, 양은 +이며 음은 -이다(여자와 남자는 반대).
- 원자는 가운데 핵을 중심으로 전자 -가 돌고 있다.
- +와 -는 전극은 잡아당기는 인력이 생기고 이것이 남자와 여자의 관계이며, +와 + 같은 극은 밀어내는 힘이 작용한다.

인체에 일곱 개의 에너지센터가(차크라) 있듯이 하늘에는 북두칠성이 있습니다. 또한, 지구촌은 7대륙으로 구성되어 있습니다. 오래전에 조상님들은 북두칠성과 인간이 조화와 상생의 관계라는 것을 천문학으로 이미 알고 있었습니다.

이것으로 보아 우주의 생명체는 독단적으로 존재하지 않으며 상호 의존하여 연기적으로 존재하며 원인과 결과로, 인과 연으로 존재하기에 나라고 할 만한 것이 없는 것입니다. 조금 황당한 이야기라고요? 물론 그럴 수도 있습니다.

일곱 색깔의 무지개색과 인간은 연결되어 있으며 각 차크라마다 다음과 같은 소리로 연결됩니다. '도·레·미·파·솔·라·시' 영성 공부의 마무리를 하려면 이 부분을 집중적으로 사유하고 파헤쳐 보세요.

우리의 피가 붉은 것처럼 붉은색은 사람의 정신을 흥분시킵니다. 유흥업소의 등도 붉은색으로 사람을 유혹합니다. 고대 교회와 성당에서는 빛의 무지개색으로 창을 장식하는 스테인드글라스를 이용하여 빛으로 치유와 기도를 하였습니다.

우리가 어릴 적 다쳤을 때 부모님은 그 상처 부분을 '후' 하고 불어서 치유했고 또한 아이들이 오줌을 누게 하려고 부모님들은 오줌통을 들고 늘상 '쉬' 하는 소리를 내었습니다.

이것은 소리가 우리의 오장과 바로 진동으로 연결되어 뇌의 신경, 즉 세포를 자극하여 시냅스가 바로 정보를 연결하는 것입니다. 소리의 주파수에 따라 우리의 몸은 다 다르게 반응을 하면서 각성의 상태가 된다는 것입니다.

저는 이 공부를 하면서 어릴 적 우리 부모님들이 이미 소리가 우리의 오장과 다 연결이 되어 있음을 아시었다는 것을 깨달았습니다.

참으로 감동입니다. 여러분도 유년 시절을 상상하여 보세요.

사람은 변이 황금색일 때 건강하듯이 지구도 모든 정화 과정을 거쳐서 결국은 땅을 황토색으로 만들어 냅니다. 이렇듯 자연의 이치를 하나만 깊게 사유하여 보아도 이 세상은 고정되어 절대적으로 존재하는 것이 아닌 상호 의존하여 존재함을 배웁니다.

위의 내용들을 마음속에서 깊이 새기고 우리가 늘 마주하는 대자연을 따로따로 보지 말고 '나와 한 몸이네' 하는 사유로 관심을 가져야 합니다. 자연을 바라보는 마음에서 점차적으로 자연이 눈에 들어오고 그 자연과 공감하는 능력이 나옵니다. 그러면 자연 속에서 지혜를 발견할 수가 있습니다. 자연의 그 텅 빈 충만감을 느끼면 교감이 되고 있는 것입니다.

이 속에서 우리가 살아가는 진리는 다 나왔습니다.

우리의 목표는 코로나19의 바이러스에서 벗어나는 방법 중에 하나인 인체의 면역력을 강화하는 것입니다. 그렇기에 어떻게 하면 이런 엄중한 상황에서 지혜를 찾을 것인가의 연민의 사유를 해야 합니다. 그 끝에 찾을 수 있는 키워드는 '우주의 모든 생명은 진동한다'는 것입니다.

이것으로 우리 주변의 자연을 통하여 그동안 우리가 놓치고 살았던 자연의 현상들에 대하여 조금 더 원리를 들여다보면서 그것이 곧 우리의 몸과 연결되어서 존재한다는 것에 확신을 조금 얻었습니다.

이것을 좀 더 세밀하게 들여다보는 연습이 필요하며 어떻게 시작해야 하는지 작은 희망을 가지고 임한다면 자연과 우리의 몸을 통하여 좀 더 자신감을 얻을 수 있을 것입니다.

제 2 장

코로나19에서 벗어나는 길을
찾겠다는 발심이 필요하다

지금 우리는 자연과 교감하는 노하우를 배우고 그것을 토대로 우리는 어떤 사유와 마음가짐으로 출발해야 이 잠겨 있는 코로나19의 비밀을 풀 수 있는지 고민하고 있습니다. 그렇기에 일반적인 사유에서 벗어나 우주자연이 담고 있는 사랑과 자비심의 이념을 갖추어야 합니다. 그래야 우리는 그 비밀을 풀 수 있는 방법을 얻을 수 있습니다.

우리가 지구에 온 목적은 우주대생명의 자리인 순수한 인간의 본성을 회복하여 선한 마음을 고양시키고 태초의 몸[1]을 만들어 건강하게 사랑과 자비를 실천하며 더 나아가 '보리심의 지혜로 확장되어' 나와 세상 그리고 지구촌을 이롭게 하는 것입니다.

---

1) 태초의 몸: 우리가 처음 태어났을 때 신경이 다 열리고 살아 있는 상태를 말함.

1.
무기력한 삶에서
벗어나는 법

1) 영성 수행자와 지구촌 가족들은 이것을 화두로 삼아야 한다

하나, 내가 누구인지 자기의 참존재를 찾아야 하며, 내가 지금 이 코로나19의 바이러스에서 벗어나는 길을 찾겠다는 원력을 세워야 합니다.

둘, 우리의 무의식(잠재의식)을 정화해야 합니다.

셋, 사랑과 자비심을 키우는 원력을 세워야 합니다(발심하기).

넷, 보리심의 지혜[2]를 사유하여 나와 세상 그리고 지구촌이 행복과 평화로 가는 길에 몸소 실천해야 합니다.

다섯, 태초의 몸인 일곱 개의 차크라를 살려 우주생명의 에너지를 흡수하면 생로병사로부터 자유로울 수 있고, 번뇌와 망상으로부터 벗어날 수 있으며, 우리는 더 깊은 영성으로 들어가서 삼매와 묵상으로 거듭 태어나야 합니다.

2) 우리 사회와 지구촌 가족들이 늘 가슴에 새겨야 할 마음가짐

하나, 이 지구에 태어나게 한 부모님의 은혜에 사랑과 자비심을 키워 은혜에 보답해야 합니다.

둘, 이타심을 키워 본래 청정하였던 우리의 본성을 회복해야 합니다.

---

2) 보리심의 지혜: 뭇 생명들에 대하여 늘 자비심을 내는 마음.

셋, 우주자연이 늘 베풀듯이 우리도 이 마음을 닮아 가고 지구를 오염시키지 말며 영적인 삶을 기본으로 소유가 아닌 존재의 삶을 살아가야 합니다.

3) 영성 수행과 우리네 삶의 키포인트

우리의 영성 수행도, 삶을 살아가면서도 진전이 없는 것도 매사에 나를 중심으로 시작하고 살아가기에 발전이 더딘 것입니다. 그래서 영적 수행과 삶의 팁은 나보다 상대를 먼저 생각하는 이타의 마음을 갖는 것이 매우 중요하다는 것입니다.

우주자연의 원리는 먼저 베푸는 것입니다. 이것을 기본으로 하고 노력하면 주위에서 도와줄 수밖에 없습니다. 그런데 우리는 주변이 다 이기적으로 경쟁을 하는데 나만 이런 마음으로 하여서 어떻게 될 수가 있겠냐는 생각이 들 수도 있습니다.

그러나 우리의 삶에 남는 것은 아름다움을 행한, 즉 선한 마음을 가지고 살았던 그것이야말로 보배 중에 보배임을 끝내 우리 자신은 알 수 있습니다.

영성 수행도 마찬가지인 것 같습니다. 앉아서 선행을 익혀서 지속하기는 쉽지 않습니다. 행하는 자비 속에 그 선과 악을 통해야 좀 더 실질적인 공부가 됩니다.

우리가 영성 수행을 하는 목적은 세상살이를 잘 해내기 위함입니다.

4) 지구촌 77억을 내가 행복하게 해 주겠다고 발원하라

내가 지금 지구촌 코로나19의 해결책을 찾겠다고 발원하라.

나를 잠시 내려놓고 그 사이에 지구촌 77억을 집어넣어서 수행하고 일상의 삶에서도 내가 지구촌 77억을 행복하게 해 주겠다고 일단 어렵지만 한번 결심하여 봅시다.

어떠한 일이 일어나는지 자신을 들여다볼 수 있습니다. 이런 말씀을 드리면 좀 황당한 이야기도 될 수가 있을 것입니다. 자기 마음 하나도 다스리지 못하면서 어떻게 한두 명도 아닌 지구촌 77억을 내가 행복하게 할 수 있겠냐고 말입니다.

마음 그릇도 차근차근 키워서 올라가는 것이지 한번에 되지는 않습니다. 제가 서두에 이런 말을 꺼내고 시작하는 것은 지금 우리는 예전과 달리 높은 지적 수준을 가졌고 논리와 개념을 이미 다 알고 있기 때문입니다.

이런 상태에서 늘 나를 위하여 수행하고 내가 행복하기를 위한 기도와 삶을 살기에 의식의 확장이 더디고 삶이 그렇게 즐겁지가 못한 것입니다.

내가 지구촌을 행복하게 하겠다는 생각과 내가 지금 이 지구촌의 코로나19에서 벗어나는 답을 찾겠다는 생각은 이 지구에서 거룩한 영서 발원이며 엄청난 기운과 에너지가 발현됩니다.

이런 마음을 내면 세상이 보이는 것이 다르고 들리는 것이 다르며 이는 역대 성인들이 가장 좋아할 마음입니다. 이런 마음을 내면 수행의 장애와 삶의 고통이 점차 사그라듭니다. 그토록 놓으려 하는 아상과 집착, 욕심, 망상과 분별심이 쉽게 떨어져 나갑니다. 또한 몸 수행, 즉 차크라도 쉽게 바라지 않았는데도 알아서 열리고 수련의 효과는 무척 큽니다.

일상의 삶에서도 이런 마음을 내면 늘 주변의 따스한 사람들이 함께하고 일도 알아서 풀리며 모든 일이 순탄하게 잘될 수밖에 없습니다.

물론 이것을 지켜 가는 과정에서 우주자연은 반드시 장애를 주어서 더 심중을 강하게 그리고 크게 발심을 이어 가게 이끌어 줌도 아서야 합니다. 이런 마음은 수행에 퇴보가 있을 수 없고 이런 마음을 가지면 어떻게 하면 좀 더 세상에 도움을 줄 수 있을까 하는 사랑과 자비심이 그냥 나오게 되어 있습니다.

설사 내가 이것을 행하지 못하더라도 이런 큰 목적을 수행과 삶에 적용하여 정진하면 그 한 생각의 씨앗은 계속하여 우리의 몸과 의식 속에서 선한 인연의 씨를 심을 것입니다.

원력과 발원이 우리를 공부시키며 그 원력의 힘으로 우리 역시 성자의 삶으로 걸어가고 있습니다.

5) 이런 마음이 하늘을 감동시킨다

우리가 영적 수행을 하고 일상의 삶에서 인간의 한계로 올라갈 수 있는 영적 수준은 한계가 있습니다. 어느 정도의 궤도에서는 반드시 대자연의 에너지의 기운을 도움을 받아야 한 단계 올라갈 수가 있는데 그것이 바로 앞에서 말한 '내가 지구촌 77억을 행복하게 하겠다'는 원력입니다. 이는 허공계의 것으로, 우리들 눈에는 보이지 않지만 세상에는 천사들과 천신들이 반드시 존재합니다. 천신은 우주자연의 에너지며 고급의 영혼들입니다. 선한 마음을 내는 사람들은 늘 주변에 천사들이 함께 옹호하며 그 사람을 지키고 있음을 믿어야 합니다(우리는 눈에 보이지 않기에 믿을 수가 없습니다. 눈에 보이지 않는 세계는 심안으로만 느낍니다).

이런 이야기는 누구한테 들은 것이 아니고 수행을 하면서 느낀 것입니다. 내가 지구촌을 행복하게 하겠다는 생각을 24시간 늘 나의 의식 속에 자리 잡을 수 있게 사유의 힘을 키워 안주해야 합니다. 그런 태도로 수행하고 삶을 살아가면 그 순수한 마음만큼 의식이 정화되며 지혜를 얻어 세상에 이로움을 줄 수 있는 지도자가 될 것이라 확신합니다.

깨달음으로, 행복으로 가는 열쇠는 우주자연의 메시지와 공감하면서 가는 것입니다. 그런 사람이 지혜롭게 가는 것입니다.

어딘가에 메일 필요 없이 우리는 자연의 법칙 속에서 살아가기에 우주자연을 아는 것이 나의 바른 삶과 인격을 성숙시키는 길임을 아서야 합니다.

6) 영적 수행과 삶의 경계에 섰을 때

수행과 삶에서 지금 내게 오는 경계는 다 인연이 있어서 오는 것입니다. 과거의 삶은 습기로 오고, 이에 따라 지금 나의 의식이 확장되다 보니 이는 우리가 치러야 할 당연한 과제입니다. 그래서 수행이든 일상의 삶이든 어려움은 내치려 하지 말고 그냥 받아들여서 삶의 디딤돌로 만들어야 약이 됩니다.

저는 17년의 수행을 하면서 마장을 끌어안고 살았습니다. 처음에는 스승님도 없이 호흡과 만트라로 몸과 마음이 굳은 상태에서 수행을 하다 보니 몸만 완쾌되면 호흡과 수행을 놓고 싶은 마음도 있었습니다.

정말 몸이 아플 때는 수행도 다 귀찮은 것이 솔직한 심정이지요. 그런데 반대로 생각을 하여 보면 장애가 온다는 것은 내가 소화해야 할 몫이고, 수행과 삶에서 이 정도 어려움을 넘지 않고서는 심지가 굳어질 수가 없습니다. 그러니 수행과 삶에서 오는 어려움은 다 깊은 뜻이 있어서 내게 오는 것이니 힘들어도 감사의 마음으로 받아들여 디딤돌로 삼아야 합니다.

긍정의 마음, 감사한 마음이 있다면 이런 힘든 장애가 오지 않겠지만 지금 내게 온 삶의 고난과 어려움, 이것을 내가 약으로 삼겠다는 마음으로 받아들이고 삶에서는 크게 생각하지 말고 단순하게 문제를 풀어야겠습니다.

이것 역시 잠시 왔다가 지나가는 천둥·번개나 소낙비와 같은 것이며 어느 것 하나도 멈추어서 지속되지는 않습니다. 단순하게 일상의 삶에 충실하다 보면 되는 것입니다. 그러면 먼 훗날 수행과 삶이 익었을 때 그 문제에 대하여 스스로 답을 찾을 수 있을 것입니다. 이래서 고난은 우리가 인생을 살아가는 신성한 즐거움이기도 한 것입니다.

7) 수행이 깊어지고 삶이 힘들수록 번뇌는 줄어들지만 경계의 난이도는 더 높아진다

의식이 더 고요해지고 무의식(잠재의식)이 정화되면 수행은 진전이 잘 되어 가고 우리네 일상의 삶도 순탄합니다. 그런데 내 수행의 목표가 클수록(내가 코로나19의 답을 찾겠다) 아직 장애는 도사리고 있다는 것입니다.

앞에서 수행과 삶의 키포인트에서 말씀드렸듯이 내가 지구촌 77억 인구를 다 행복하게 하겠다는 마음이 간절하다면 이 우주 공간에 그것을 이길 사람이나 이에 반기를 들 사람은 없습니다. 그러나 단 이런 경우는 있을 수 있습니다.

너의 원력이 정말 강건한지, 늘 일상에서 사사로운 일로 하여금 담금질을 시키는 것입니다. 또한, 일상의 삶에서 남보다 더 경제적으로 높은 위치에 있을 때 역시 그 사람의 복덕을 시험하는 일들이 일어납니다. 그래서 평상시 늘 복과 덕을 나누어 주는 것이 어려움을 극복할 수 있는 유일한 길입니다.

그러니 수행의 길과 삶의 길에서 어떤 난관에 부딪히더라도 한발 내딛고 좀 더 자유인이 되는 것은 오직 이 상대를 행복하게 해 주겠다는 마음이 묘약입니다. 이것이 모든 장애를 해소할 비법이며 또한 우리를 궁극의 행복으로 안내할 것입니다.

내가 지구촌 77억 인구를 행복하게 하겠다는 서원과 지금 코로나19의 바이러스에서 벗어나는 길을 찾겠다는 말에는 사활을 건 혹독한 자기 정화의 시간이 필요합니다.

이런 큰 서원을 발하고 여행을 떠나는 사람의 발자취를 통하여 우리는 거듭 발심의 시간을 가져야 합니다. 그리고 마음 한구석에 나도 인생의 길에서 한 번쯤은 상대를 위하여 나를 희생하는, 나에게로 떠나는 여행이 필요한 것입니다.

열악하고 빈곤한 생활에서 그래도 서릿발 같은 기상 하나로 우리 모두 선재동자의 마음으로 함께 여행을 떠나 보겠습니다.

제3장

그동안의 수행을 통하여
코로나 처방전에 확신을 제시하다

코로나19를 벗어나는 지혜를 찾는 것은 그다지 쉬운 길이 아닙니다. 그 이유는 일단은 평범한 이념이 아니고 나의 헌신과 인고의 삶을 거쳐야 그 지혜를 찾을 수 있고 때론 근처도 가지 못하는 경우가 발생하기 때문입니다. 그러나 지구촌의 가족들이 지금 이 코로나19의 고통에서 벗어나지 못하고 있는데 어찌 멈출 수가 있겠습니까?

이 목숨이 다한들 결코 포기할 수가 없으니 다시 심기일전해야 합니다. 그 여정이 곧 나의 모습입니다. 그 처방전은 그렇게 호락호락 우리의 손에 다가오지 않습니다. 분명한 것은 우주에서 일어난 일에는 반드시 자연 속에는 처방전도 존재한다는 사고의 유연을 회복하는 것입니다.

그 여정을 함께 여행을 떠나 봅니다.

고인들은 수행의 길에서 무엇이 보이면 그것을 죽이라고 말합니다. 맞습니다. 왜냐하면 그것에 대한 분별과 상을 내어 멈추어 버리기 때문에 어떻게 보면 이는 훈계의 말씀이며 샛길로 빠지는 일을 막으려 하는 말씀이기도 합니다.

그런데 제가 오늘 여러분에게 이 수행에서 실제 있었던 일을(체험한 일) 말씀드리는 목적은 이것입니다. 사람에 따라 다르겠지만 우리는 등산을 하다가 길을 잃었을 때 누군가의 도움으로 길을 바르게 갈 수가 있다면 상대와 내가 바르게 받아들여서 확신을 갖고 엄동의 겨울을 살아갑니다.

바깥으로 눈을 돌리면 매일 올라갔기에 정상으로 갈 수가 있습니다. 반면에 상대가 알려 주는 길을 불신하면 엉뚱한 길로도 갈 수 있으며 영적 수행의 길에서 저는 이것을 디딤돌로 삼았습니다.

탐하지도 그렇다고 내치지도 않고 감사한 마음으로 받아들여야 합니다. 이원성[3]의 마음, 즉 우리가 수행을 하고 삶을 살아가면서 가장 힘들어하는 마음은 내가 가는 길에 대한 자신감과 확신이 부족하여 계속하여 이것 조금, 저것 조금, 방향을 정하지 못하는 것입니다. 남의 떡이 커 보이는 그런 마음이 작용하는 것입니다. 이 길을 가면서 자신과 삶에 대한 믿음이 있다면 어느 누구든지 지금의 수행과 삶에서 오직 확신만을 가질 것이고, 그렇다면 주변의 이야기에 돌아볼 이유도 없을 것입니다.

저는 수행의 길에서 이런 경험을 통하여 의심이 사라졌고 오직 믿음과 신뢰 속에 자신감이 갈수록 생겼습니다. 여러분도 마찬가지로 영적 수행과 삶에서 일어나는 부분을 디딤돌로 삼아서 정진과 발심하시기를 바라는 마음에서 소개하니 참고가 되었으면 하는 마음입니다.

결론적으로 코로나19의 처방전을 찾는 길은 이 천상의 음인 일곱 개의 만트라를 통해서 가능합니다. 이로 인해 우리의 몸과 의식의 변화를 이끌어낼 수가 있습니다. 그것으로 가기 위한 여러분의 확

---

3) 이원성: 좋다 나쁘다 판단하는 마음.

신과 신심이 필요합니다. 제가 단 열흘 만에 단전과 백회의 신경을 살릴 수 있었던 것은 신성한 힘이 내재되어 있었기 때문입니다. 생생한 경험을 토대로 한 증언으로 호소하기 위한 간절한 마음도 있기에 이를 여러분께 안내합니다.

1.
처방전을 위한
경험담

1) 생시로 들은 말씀

겨울이면 늘 동안거 수행을 이어 가던 어느 날 새벽 시간, 수련을 이어가려고 잠에서 깨어 조금 이불 속에서 나오지 못하고 미적거리고 있는데 오른쪽 귀 쪽에서(그쪽에 스승님의 불단이 있었음) 낙엽을 밟으면서 걸어오는 소리가 저벅저벅 나면서 귓전에 들려오는 소리가 "놀라지 마라 내가 부처이니라"라는 소리를 생시에 들었습니다.

너무 놀라 조금 무서운 마음도 없지 않았지만 불을 켜고 메모지에 들은 대로 내용을 메모하고 무릎을 꿇고 참 하염없는 눈물이 쏟아졌습니다.

'아, 참 마음이 갸륵하니 시공간을 초월하여 경책을 하는구나.'라는 마음의 확신을 얻으면서 수행과 삶에서 첫 번째 가피를 받고 자신감을 갖고 더 정진을 이어갈 수 있었습니다.

2) 쓰나미에도 살아남다

봄, 여름, 가을까지는 아이들을 공부시켜야 하기에 열심히 목수의 삶을 살고 저녁에 수련을 이어 가지만 집중 수련이 되지 못하여 동안서 수련은 너무노 기다려지는 시간이었습니다.

이번에는 동안거를 무문관 폐관 수행(일체의 불빛이 없음)으로 정진을 이어 가는데도 여전히 의식은 들끓고 수행의 진전이 별로 없는 것 같아서 스승님께 가피를 내려 달라고 축원을 올렸습니다.

사실 저는 너무도 공부가 사무쳐서 작은 양동이 두 개로 대소변을 해결하며 한 평의 컴컴한 방에서 정말 용맹심으로 정진을 하였습니다.

동안거 해제를 얼마 남겨두고 꿈을 꾸었는데, 모든 사람이 일본의 쓰나미에 다 떠내려가고 집들이 붕괴되며 아우성인데 제가 있는 곳은 계속하여 다리가 연결되며 쓰나미 속에서도 피해를 입지 않고 집으로 걸어가고 있었습니다.

저는 그 다리 위에서 걸으면서 이런 생각이 떠올랐습니다.

'왜 나는 저 쓰나미의 해일에 떠내려가지 않고 이렇게 다리가 연결되면서 집으로 갈 수 있을까?'

그 순간 직관적으로 나의 뇌를 자각한 것이 바로 보리심의 지혜와 천상의 음인 만트라는 것을 알게 되었습니다.

늘 눈뜨자마자 보리심의 지혜를 사유하여 실천하려고 노력하고 거기에다 천상의 음만트라로 동안거 수행의 힘을 키웠습니다. 그것이 이 쓰나미에서도 죽지 않고 살아나게 한 것이었습니다. 이 놀라운 경험은 비록 꿈이었지만 그 후로 저의 의식은 일체의 분별이 사라졌습니다.

오직 믿음과 헌신, 공경의 마음이 어떻게 하면 우리 사회와 지구촌을 위하여 보리심의 지혜[4]를 나눌 것인가 하는 마음으로 승화되었습니다.

---

4) 참고로 보리심의 지혜는 모든 생명을 평등하게 자식같이 사랑하는 마음을 갖추는 것을 말한다.

3) 달라이 존자님의 가피를 입다

2018년 10월, 존자님께서 일본으로 법회가 있어 오셨는데 그동안 줄곧 그분의 공부를 하면서도 한 번도 뵙지 못한 것이 마음의 아쉬움으로 남았습니다. 멀리 인도의 다람살라까지 가야 하는데 가까운 일본에서 뵙지를 못하는 경제적 어려움은 늘 수행의 발목이 되었습니다. 그것조차 그냥 받아들이면서 지금은 나를 갖추고 공부를 해야 하는 시간이기에 집에서 그분의 법문을 듣기로 하고 평소 때와 같이 수련을 하고 존자님의 법문을 들었습니다.

그렇게 잠을 잤는데 꿈에서 존자님의 일본 법회에 제가 동참하여 맨 뒤 구석 자리에 앉아 있었습니다. 존자님께서 노구의 몸을 이끌고 앞에서부터 뒤에 있는 저를 향하여 걸어오시더니 갑자기 저의 등에 확 업히는 것이었습니다. 존자님께서 저를 얼마나 강하게 끌어안는지 저의 등에 존자님의 온기가 느껴질 정도로 업혀서 저를 놓지 않으시고 계속 계셔서 사람들이 저를 쳐다보고 있어 순간 저는 부끄러워서 존자님을 업고 옆방으로 들어갔습니다. 그제서야 꿈에서 깨어났습니다.

늘 이런 꿈을 꿀 때면 너무도 맑고 투명하고 또랑또랑하며 기억에 선명하게 남습니다. 무의식이 정화되면 꿈도 생시같이 맑고 뚜렷하며 기억이 아주 선명합니다. 비록 꿈이지만 가까운 일본인데도 오지 못하는 중생의 마음을 헤아려서 대한민국 오대산까지 오셔서 자비로 대하는 존자님의 덕화에 깊은 자비와 사랑을 느꼈습니다. 이런 사랑과 자비심은 더 커져 보리심으로 승화가 되었습니다.

지금도 늘 등에는 존자님을 업고 다닌다는 법신의 법향이 있습니다. 그러면서 존자님의 사랑과 자비를 키워 가며 수행의 길에서 스승님과 늘 동행하고 있다는 것을 느낍니다.

4) 석가모니 부처님으로부터 몽중에 법을 받다

2018년 6월, 참으로 무더운 여름날이었습니다.

그날도 낮에는 일을 하고 저녁 수련을 마치고 일찍 잠을 잤습니다. 꿈속에 어느 허름한 집 마룻바닥에 엎드려서 있었는데, 저의 몸이 갑자기 붕 뜨더니 부처님의 눈부신 품속으로 들어가는 것이었습니다.

잠시 후 제 손바닥에서 작은 구슬들이 자동으로 붕붕 떠서 하늘로 솟구치려 하기에 저는 그것을 못 날게 손바닥을 움켜쥐려 하니 부처님께서 '껄껄' 웃으시면서 "놔두거라."라고 하셨습니다. 그러시면서 저의 몸을 만지시더니 "이제는 다 되었다."라고 하시며 이제는 십 선행을 행하라고 당부하셨습니다.

너무도 특이한 꿈이었습니다. 수행하는 모든 사람은 한 번쯤은 부처님의 축복을 받고 싶은 마음이 간절한데, 이런 꿈을 꾸고 나니 오로지 더욱 보리심의 지혜를 키워 가는 것으로 마음이 갈무리되었습니다.

그렇습니다. 어떻게 생각하느냐에 따라 약이 되고 독이 되는 것입니다. 본래 약과 독이 구분된 것이 아니고 우리의 생각이 그렇게 만드는 것입니다.

5) 나의 무문관 폐관 수행 이야기

40살에 어느 스님의 무문관을 지은 것이 동기가 되어 늘 무문관 수행을 동경하고 살았지만 수행력과 환경이 받쳐 주지 못하였기에 세월만 낭비하였습니다.

그러던 어느 날, 아이들이 방학의 틈을 이용하여 손수 싸리문으로 울타리를 만들고 배식구를 만들었습니다. 아버지의 무문관에 코흘리개 아이들과 아내가 배식구에 공양을 넣어 주어 20일을 살아 본 경험이 최초의 시작이었습니다.

그리고 세월이 흐르면서 삶의 공부에 대한 절실함은 크지만 의식주 해결이 절실하기에 좀처럼 기회가 오지 않았습니다. 그러다가 평소 알고 있는 지인의 스님이 무문관에 입방을 하신다고 하여서 출입문과 배식구를 만들어 주러 갔다가 좀 특이한 경험을 하게 되었습니다.

한국의 무문관은 불을 켤 수 있는데 이곳은 아예 불이 없는, 말 그대로 칠흑의 암흑이었습니다. 그런 곳에서 수행을 하는 것에 감동을 받아 당장 그다음 날 출입문과 배식구를 만들고 화장실이 없으니 작은 양동이 2개를 준비하여 칠흑의 어둠 속에서 무문관 폐관 수행을 시작했습니다.

아, 얼마나 기다리고 하고 싶었던 공부인가? 이런 어둠 속에서 외부에서 문을 잠가도 조금의 두려움이나 어떤 공포와 불안이 없었던 것은 늘 그런 삶의 연장선에서 살아왔기 때문이었습니다. 조금 낯선 환경이라 하여 별다를 것은 없었습니다.

지금 내가 처해 있는 일상의 삶이 무문관 수행의 연속이라 생각하며 살면 먼 훗날 내가 그런 환경에 접하였을 때 상당한 익숙함이 그냥 나옵니다. 비록 수행을 하지 않아도 누구나 한 번쯤은 자기를 반조할 수 있는 그런 것이 폐관 수행인 것 같습니다. 그것을 통하여 우리는 내면의 힘을 키울 수 있고 좀 더 넓은 마음을 가질 수 있기 때문입니다.

6) 나의 태초의 고향에 돌아오니 천지가 반겨 주는 것을

어제까지만 하여도 망치질을 하던 목수의 삶에서 칠흑 같은 어둠 속에 오직 스승님과 단둘이서 24시간을 동행을 시작했습니다. 긴 시간의 여행 끝에 나에게 어렵게 온 기회였습니다. 이런 기회를 준 아내와 가족들에게 먼저 감사의 말씀을 전하고 이 수련이 건강하게 보리심의 지혜가 깊어져서 우리 사회와 지구촌에 도움이 될 수 있게 바르게 이끌어 달라고 천지신명님께 고하고 정진을 이어 갔습니다.

몇십 년 만에 온 호기이니 앉으나 서나 수행을 이어 갑니다. 불이나 시계가 없으니 낮인지 밤인지 구분이 가지 않고 보이고 들리는 것이 없으니 집중이 순일하고 또한 보이지 않으므로 분별이 줄어들었습니다. 때가 되니 배식구로 아내의 따뜻한 공양을 받으니 신심이 더욱 깊어 가고 세상사의 습기가 자연스럽게 인연 따라 흘러갔습니다.

한 평도 되지 않는 공간에 좌복 하나에서 생활하는 시간이 집중이 될 수 있었던 것은 오직 간절한 마음이 있었기 때문입니다. 딱 하나 조금 불편하다고 할 수 있는 것은 일단 화장실이 없다 보니 큰 것과 작은 것을 양동이에 해결했습니다. 물론 번거롭기는 하여도 견딜 수 있었던 것은 냄새가 나지 않았기 때문입니다.

때론 컴컴하여 정조준이 되지 못하여 방석이 젖는 경우도 있었지만 그 환경이 되면 누구든지 다 그렇게 적응하며 살 수 있습니다. 일주일을 모아서 대소변을 배식구로 내보내고 그런 생활 속에서 내면은 더 깊은 의식으로 들어가는 것을 체험하니 이 정도는 견딜 만하고 정신 집중이 참 잘되어 감을 스스로 확인했습니다.

이렇게 태초의 나의 고향으로 돌아가서 사랑과 자비심을 키워 봅니다.

7) 단전과 백회가 만트라로 열흘 만에 열리다

수련의 기본은 사분정근(8시간)이지만 그 작은 공간에서 무엇을 하겠습니까?

오로지 옛말에 노니 염불한다고 만트라와 명상 그리고 호흡을 병행하던 7일 만에 뭔가 백회에서 느낌이 있는 것이 느껴지기 시작합니다. 저는 이 수련에 들어오기 전에 단전 호흡이니 백회니 소위 이런 말은 지인의 도움으로 들어만 보았고 그것이 어떤 것이지 거의 그쪽에는 문맹이었습니다.

후에 알게 된 사실인데, 어제 같이 일하던 사람이 들어와서 사분정근을 이어 갈 때 저의 몸은 무척 굳어져 있었습니다. 그것으로 하여금 늘 장애를 끌어안고 수행을 하니 두 배의 에너지가 소모된 격이었습니다.

여러분도 평상시 몸과 마음의 의식을 이완해야 삶과 수행에서 저처럼 고생을 덜 할 수 있습니다.

어느 날 새벽, 수련을 하고 좌복에 앉았는데 회음 부분에서 시작하여 척추를 타고 뭔가 꼬물거리면서 등줄기를 타고 올라가는 것이 느껴졌습니다. 그것은 정수리까지 왔는데(백회), 정말 그때의 느낌은 화산이 폭발하는 기분이었습니다. 아주 큰 에너지 덩어리가 백회에서 나가고 나니 어찌나 시원한지 기분은 묘하였다고 말씀드리고 싶습니다.

그런데 문제는 여기서부터가 고통의 시작이었다는 것입니다. 수련을 하고 잠을 자려면 잠을 잘 수가 없을 정도로 컨디션은 최악으로 떨어졌습니다. 만트라의 에너지 파장이 얼마나 큰지 몸소 체험하였고 손바닥 장심(노궁혈)에서 지진 후 여진처럼 손바닥이 뜨겁고 뜨거운 에너지 기운이 계속되니 너무도 힘든, 고통의 시간이었습니다.

문을 열어 달라고 하여 나가지도 못하고 그 에너지 여진은 무려 한 달까지 계속되어 저의 손바닥에서 흘러 나가고 있었습니다. 그러나 좋은 점 하나는 냉방이다 보니 몸은 불덩어리로 뜨거워지고 배가 아파도 손바닥으로 치유하면 되니 이렇게 무문관의 생활도 적응하며 살 수 있었습니다.

제가 여기에서 하나 느낀 것은 만트라는 우주의 무한한 에너지의 질량을 지니고 있어서 저같이 굳은 몸도 단시간에 열어 준다는(신경을 살림) 것입니다. 제가 몸소 체험하였으니 여러분도 참고하면 좋은 결실이 있을 것입니다.

또한 후에 알았지만 우리의 번뇌와 망상이 태산 같다면 그것을 초기화하여 주는 것이 만트라입니다. 이를 직접 확인하였고 보리심을 염하고 관상을 하다 보니 지금까지 살아온 업식은 핵폭탄을 만난 격이 되어 버려서 정말 놀라웠습니다.

8) 마음장삼을 이루다

단전과 백회가 열리는 것만 하여도 과거의 도교에서는 신선이 되었다는 이야기가 있습니다. 이야기에 들어가기 전, 미국의 화폐인 달러에 보면 제3의 눈이라는 것이 있습니다. 로마의 바티칸 궁전에도 이 그림이 있던 것으로 기억합니다. 과거에 동서양을 막론하고 이런 몸의 수행이 종교를 불문하고 이루어졌다는 단적인 이야기까지만 전하고 저의 이야기를 시작하겠습니다.

단전이 열리고 백회가 열리니 호흡 중 가슴 답답함이 사라지고 명상 시 호흡이 가늘어지고 집중이 잘 되고 백회로 하여금 우주 에너지의 기운을 흡수하니 정신이 맑음을 느낍니다.

이런 상태에서 만트라를 하면 몸은 따뜻함을 넘어 땀을 흘릴 정도로 에너지의 기운이 돌아 몸과 마음이 상쾌한 상태이니 무엇을 하여도 즐겁고 긍정적으로 할 수 있다는 것이 장점인 것 같습니다.

우리 몸의 온도 1도를 끌어올리면 그만큼 면역력이 높아져서 모든 성인병으로부터 벗어날 수 있는 면역 세포가 살아나기에 지구촌 가족들에게 모두 추천합니다.

단전을 열고 2년 동안 동안거 수행을 계속 이어 갔습니다. 그런데 어느 날부터 좌측 서해부(좌측 허벅지) 쪽에 송곳으로 찌르는 통증을 느껴져서 그럴 때면 명상만 하고 만트라는 하지 않고 조절을 하여 보았지만 도저히 아파서 잠을 잘 수가 없고 여인들이 임신을 하였을 때처럼 배꼽 밑이 두툼하게 부어오르고 성기를 향하여 신경들이 잡아당기는 느낌 속에 고통이 이어졌습니다.

그래서 읍내 내과를 몇 군데를 다 다녀 봤더니 복부 대동맥에 이상이 있으니 큰 병원으로 가라고 했습니다. 수행하다 죽으면 되지 이 몸을 이끌고 병원을 가는 것은 상상도 할 수가 없었습니다.

그래서 가족들을 불러 모아 놓고 마지막 유언을 남겼습니다. 너무 슬퍼하지 말라고, 그리고 잘 살아 달라고 말입니다. 이제 마지막으로 부처님께 도반이준 구기자차를 정성껏 한 잔 빼서 마지막 공양을 올리고 진심을 이야기했습니다.

아직 보리심의 지혜를 다 갖추지 못하였기에 이대로 몸을 바꾸면 아니 되니 바른 지혜를 내려 달라고 하고 남은 구기자차 한 주전자를 다 마시고 마지막 이완이나 한번 해 보자고 누웠습니다.

베개를 허리에 고이고 이완을 하니 그 빵빵하던 배에서 모세 혈관이 살아나느라 지렁이가 꼬물거리는 것 같은 정말 신묘한 현상이 일어났습니다. 막혔던 복부의 신경, 성 신경이 살아나느라 그렇게 한바탕 사경을 헤매고 나니 또 한 번 몸의 오묘함에 경탄을 금치 못하였습니다.

그다음 날 아침에 화장실에 가서 소변을 보려고 하니 성기가 쏙 들어가 있었습니다. 이렇게 되려고 그동안 얼마나 마음고생을 하였던지. 이 고통은 당사자만 알 수 있습니다.

저는 이런 쪽의 공부를 접하지 못하고 수련을 하다 보니 모든 것을 힘들게, 스승 없이 정말 고생을 치러야 했습니다. 그러니 눈 밝은 스승을 두고 우리가 수행과 삶에 임하면 이런 어려움에서 조언을 받아서 길을 열 수 있을 것입니다. 여러분은 저같이 고생을 덜하길 바라는 마음에서 안내하니 참고하시기를 바랍니다.

9) 정유육계와 뒷머리가 솟구치다

복부 신경이 이완되고 성 신경이 살아나는 과정에서 일등 공신은 구기자차였습니다. 동안거를 들어가기 전에 오두막 도반이 출출할 때 마시라고 준 것을 이 시간에 이렇게 귀하게 마셨으니 이런 길을 이끌어 주는 나의 오대산 도반들의 은공은 말로써 표현할 수가 없습니다.

그래서 저는 그 은공을 지구촌의 가족들에게 회향하고 싶어서 그 따뜻한 전기장판도 마다하고 냉방에서 서릿발 같은 수행자의 기상을 잃지 않으려고 정말 처절하게 수행하였습니다.

복부 신경이 살아나면서 오후에는 무조건 한 시간을 산책하고 들어와서 1리터 주전자에 구기자차를 뜨겁게 천천히 마시는 것이 일과였습니다. 그러면 몸은 금세 이완이 됩니다. 그리고 다시 허리에다 고임목을 고이고 차츰 위로 올라가면서 이완을 하고 앉아 있으면 그동안 막혔던 모세 혈관들이 복부 좌우, 다리, 다시 허리 꼬리뼈에서 가운데 척추를 기준으로 정말 막혔던 분수가 터져서 올라가는 기분입니다.

그 압력이 얼마나 강하고 느낌이 미묘하고 또한 박하향같이 시원하고 꼬물꼬물 등줄기를 타고 올라가는 현상은 일주일 동안 계속 일어났습니다. 복부에서 성 신경으로, 복부 좌우로, 복부에서 다리로, 꼬리뼈에서 척추로 타고 오르는 현상이 미세하게 한 달이 지나도 계속 일어났습니다.

이런 현상으로 하여금 정수리가 솟구치고 백회 바로 뒤의 부분도 솟아오르는 자연스러운 현상을 경험하였습니다. 복부 신경이 이완되면서 정수리가 솟구친다는 것은 상식적으로 이해가 가지가 않았습니다. 그러니 우리의 몸은 정말 신비스럽고 경이롭다고 말할 수가 있겠습니다.

10) 횡격막을 열다

따뜻한 오후 시간, 구기자차를 달이면서 일찍 개화한 개나리와 파초의 식물들을 보면서 그동안의 마음고생을 위로받습니다.

척추 신경이 살아나더니 이제 횡격막 가슴에서 갈비뼈 사이사이에 신경이 꿈틀거리고 그곳에다 대고 만트라를 하니 예전에 느끼지 못하였던 에너지의 기운과 열감이 형성되고 목에서 내려오는 신경들도 꿈틀거리고 계속하여 가슴에다 대고 옴 만트라를 시도하던 어느 날이었습니다. 들숨을 하는데 가슴뼈, 곧 복장뼈에서 우두둑 하는 소리가 나면서 가슴은 더 섬세해진 호흡을 더 민감하게 느낄 수가 있었습니다. 갈비뼈 사이도 역시 막혔던 신경이 살아나니 가슴에 따뜻한 기운이 늘 서려 있고 가슴과 등의 신경이 살아나니 호흡을 앞뒤로 하는 항아리 호흡이 되었습니다.

그 후로 만트라명상을 시작하면 얼굴 부위의 신경들이 정말 전체가 이완되느라 신경이 움직이는 것을 알 수 있었으며 이런 시간이 길게 이어지더니 어느 날 수련 중에 머릿속에서 물 흘러가는 소리가 들렸습니다. 이 또한 몸이 이완되면서 생기는 자연적인 현상들입니다.

평상시와 다른 일이 발생하였기에 포착할 수 있었으며 얼굴 신경이 최후로 이완되고 나니 명상을 시작하면 바로 삼매로 들 수 있는 조건들이 하나하나 만들어졌습니다. 또 그러고 나니 깊은 명상으로 들어가는 조건들이 만들어졌습니다.

11) 무심을 체험하면서

무심이란 우리가 명상이나 묵상을 하면서 육신의 무게와 번뇌망상이 끊어진 상태에서 오로지 성령이나 참본성을 느끼는 상태를 말합니다. 몸의 신경이 살아나니 예전보다 집중의 시간이 무척 단축되고 그동안 몇 년 동안 천상의 음인 만트라명상으로 몸을 이완하고 명상에 들어가니 번뇌망상이 사라짐을 체험합니다.

우리가 명상에서 얻을 수 있는 기쁨은 첫째로 번뇌망상이 없는 상태를 체험하는 것이고 둘째로 맑고 밝은 성령과 참나를 느끼는 것입니다.

번뇌가 올라오고 몸이 힘들고 아프면 집중을 할 수가 없듯이 무심과 삼매로 가는 길에는 반드시 조건이 있습니다. 예를 들어, 아무리 좋은 씨앗이 있어도 조건이 맞아야 발아합니다. 무심과 삼매역시 몸과 마음의 조건을 만들어 주기만 하면 따뜻한 햇살에 꽃이 개화하듯이 똑같은 원리가 적용됩니다.

이 자연의 원리와 이치로 몸이 따뜻하려면 에너지가 반드시 필요합니다. 몸은 금세 이완되고 의식은 만트라명상의 신묘함은 무의식(잠재의식)을 정화하는 힘을 지니고 있습니다. 몸과 무의식이 이완과 정화가 되니 무심은 단박에 체험하게 됨을 여러분은 이 이치를 알고 수행과 삶의 길에서 지혜를 얻을 수 있음을 확신을 갖고 말씀을 올립니다.

12) 깊은 삼매를 체험하다

깊은 삼매를 체험하고 느낀 것이 있습니다. 결국 우리가 어떠한 곳에 집중하여 일념이 되어 체험하는 그 정신적 느낌은 태초의 텅 빈 무한한 우주의 절대계의 무극의 평온한 우주의식과 하나 되는 것입니다.

이것으로 유추하여 보면 우리가 종교든 일상의 삶이든 그 일심의 세계를 체험하는 것은 우주의 근원적 시원으로 그동안 오염된 몸과 마음을 정화하여 우주 실상(성령, 참나)의 자리를 자각하는 것입니다.

만트라명상을 한 시간 정도 하면 호흡 신경은 정말 새털처럼 가볍고 온몸은 극도로 이완되고 가슴에는 따뜻한 기운이, 등 쪽에는 보름달이 뜬 것처럼 온기가 느껴지니 일단 육신 중 상반신의 무게를 느끼지 못합니다.

호흡은 거의 가늘어지고, 얕아지고, 거의 무호흡 상태가 되며 몸은 다 이완이 되어 많은 양의 산소를 필요로 하지 않아 피부만으로도 호흡이 가능합니다. 숨이 들어가도 몸을 느낄 수 없고 호흡을 토해 내도 일체 의식의 흔들림이 일어나지 않습니다.

호흡은 가늘고 얇고 섬세하며 횡격막을 들어 올리되 느끼지 못할 정도로 미세하며 호흡이 들어가되 일체가 동하지 않고 호흡이 나아가도 몸은 더 구하지 않습니다. '나'는 있지만 구함 없는 '나'가 있고, '너(몸)' 역시 있되 어느 것 하나 구함이 없습니다. '나'와 '너'가 사라지니 오직 맑고 밝고 또렷하게 빛나는 각성의 의식만 있습니다. 몸은 더 이완되고 천지의 감로수가 입안에 가득해지니 두상 백회 좌우로 빛나는(오라)가 나가는 느낌이며 가슴과 등 쪽에서 방광

하는 느낌을 알아차립니다.

앉은 좌복은 봄의 햇살처럼 따뜻하게 느껴지고 발끝에서 머리까지 명료한 각성으로 시공간을 잊게 합니다. 집중이 최고조로 이어지고, 태초의 절대 무극의 공명 진동 소리가 가슴에 울려 퍼집니다. 시작 없는 시작의 소리, "아리랑 아리랑에 깨어난다."

13) 심장이 터질 것 같은 우주 무한대의 에너지를 체험하다

백회와 단전에 신경이 살아나니 만트라 자체로도 엄청난 에너지가 있는데 우주의 에너지를 더 빨리 그리고 더 많이 흡수한다는 것을 몸의 열감으로 알아차렸습니다.

여느 때와 같이 삼경에 수련을 이어 가고 있었는데 만트라명상을 한 시간을 하고 손을 합장을 하는 순간, 전기에 감전이 된 것 같이 뒤로 넘어지고 말았습니다. 순간적인 에너지의 힘이 얼마나 강한지 염주를 잡으면 염주 줄이 끊어지며 주체할 수가 없어서 무념으로 조금 있으니 가라앉아서 당분간은 만트라명상을 하지 않기로 하였습니다.

그 당시의 느낌은 양쪽 팔을 타고 오르는 두 손의 플러스와 마이너스 그리고 단전에 이미 우주 에너지가 축기되어 있고 백회에서 회음으로 우주의 에너지가 흐르고 있는 것 같았습니다. 그런 상태에서 두 손을 마주하는 순간, 에너지의 힘은 손에서 심장으로 흐르는 것을 알았습니다.

이런 일이 있은 후 두 손을 모을 때는 항시 손가락 하나 정도만 마주하고 수련을 이어 갔습니다. 이처럼 어떤 신묘한 힘이라는 것은 우리에게 일어날 수 있습니다. 좀 더 그런 쪽으로 에너지를 계발하면 돌에 대면 손바닥 자국이 날 수가 있고 또한 손바닥의 에너지로 불을 내어 종이를 태울 수 있음을 저는 인정합니다.

그만큼 우주에는 무한대의 에너지가 존재합니다. 정말 준비되지 않은 상태에서는 벼락 치는 것과 같은 원리입니다. 내가 담을 수 없으면 몸은 상하는 법입니다.

14) 만트라의 진동파장으로 내장이 파열될 것 같은 열감을 체험하다

이 글을 읽는 지구촌 가족분들은 이 사람이 뭐 이런 것을 지어서 흥미롭게 하기 위하여 이렇지나 않은지 생각할 수도 있습니다. 그러나 하나하나 손수 몸으로 마음으로 경험하였기에 이런 세상에 대하여 말씀을 드리는 것이니 오해가 없으시길 바랍니다. 제가 경험한 것이 바로 앞으로 여러분이 경험할 수 있는 것이기 때문입니다.

단전이 열리고 백회가 열린 것이 다인 줄 알고 이런 차크라에는 사실 관심이 없었습니다. 단전이 열리고 그다음 해에 동안거 수련을 하는데 복부의 성 신경 쪽이 살아나지 않으니 만트라명상을 조금만 하여도 온몸이 따뜻한 것을 넘어 아랫배가 늘 뜨거웠습니다.

정말 그 당시에는 만트라명상을 30분만 하여도 핫팩을 붙인 것과 같은 그런 상태였습니다. 평상시와 같이 수련을 이어 가는데 그날따라 아랫배가 더 뜨겁게 달아오르는구나 싶었습니다. 명상만 이어 가다 좀 진정이 되는 것 같아서 다시 만트라를 시작한 지 얼마 되지 않은 시점에 아랫배에 뜨거움을 넘어 내장이 녹을 것 같은 열감이 있었습니다. 진정이 되지 않아서 냉수를 먹고 이리 구르고 저리 구르고 겨우 진정을 하고 나니 만트라와 호흡에 정말 정이 뚝 떨어졌습니다. 지난 이야기지만 스승 없이 하는 호흡과 특수한 것은 늘 위험이 도사리고 있는 것 같습니다.

그러나 저는 처음부터 이 만트라의 비밀을 알고 시작하였기에 이것을 놓을 수가 없었습니다. 보통 전문적인 수행을 하는 사람도 단전과 백회의 신경을 살리는 데 짧게는 10개월에서 길게는 5년까지 걸립니다.

단전을 열고 다시 복부 신경과 성 신경 그리고 척추와 횡격막을 살리기까지 자연의 법칙을 모르면 아무리 훌륭한 스승이라도 소용이 없습니다. 이 원리를 이치로 이해하여야 우주의 묘약을 받아먹을 수 있습니다.

그냥 호흡만 하여서는 부족합니다. 삼위일체여야 꽃이 피어나듯이 이 신묘한 일곱 개의 만트라와 보리심의 지혜, 교차 호흡을 모두 만족해야 합니다. 그중에 일등 공신은 만트라입니다.

지구촌 가족 여러분은 이것을 꼭 숙지하시어 태초의 몸을 만들고 천상의 음 일곱 개의 만트라로 여러분이 행하는 그 모든 것에 다 적용해 보길 바랍니다.

단언합니다. 이것은 지금까지 멈추어 있던 여러분의 영성을 깨워서 더욱 성숙하게 할 것이라고 말입니다. 일상의 삶을 더없는 사랑과 자비의 삶으로 만트라가 깨어나게 할 것입니다.

우리를 괴롭히는 것은 다름 아닌 번뇌와 망상입니다. 이것을 해결하기 위하여 우리는 다양한 방법으로 영성의 삶을 살고 있습니다. 우리가 지금까지 공부한 것보다 월등히 좋은 방법이 있다면 함께 곁들여서 해 보면 그토록 정신이 집중이 되지 않던 것에 이런 방법도 있다는 것에 정말 놀라게 될 것입니다.

제가 보기에 우리나라 국민 모두, 아니 지구촌 모두가 이것을 하면서 자기의 삶을 살 수 있다면 우리는 지금보다 더 참다운 삶을 살아갈 수가 있다고 생각합니다. 이 단순한 방법이 여러분의 삶에 적용이 되기를 진심으로 축원합니다.

15) 한겨울에도 얼음팩으로 성 신경을 식히다

부어오른 아랫배는 병원에서는 복부대동맥의 의심으로 보아서 참으로 낙심을 하였습니다. 갈수록 뜨거워서 잠을 잘 수도 없고 냉장고의 얼음팩으로 아랫배의 성 신경 위에 올려놓고 식혀 보지만 이미 꽉 찬 에너지의 덩어리는 호흡의 에너지만으로도 계속하여 충전을 하기에 좀처럼 사그라 들지가 않았고 아픈 곳이 '거시기한' 장소다 보니 병원에 가서 보이기도 정말 민망할 정도였지요.

서해부로 내려가는 작은 대동맥을 누르니 그 통증이 얼마나 심한지 이는 참 수행의 길에서 잊히지 않는 사건이었습니다.

송곳으로 콕콕 찌르는 고통을 느낄 때면 이런 수행을 이어가는 게 정말 고통이었지만 이것 역시 바라는 마음 없이 내게 왔으니 그냥 지나갔으면 하는 마음으로 내버려 둘 수밖에 없는 그런 상황이었습니다. 이렇게 참으면서 살았던 시절이었습니다.

16) 한겨울에도 냉방에서 호흡만 하면 자가발전이 된다

원리는 이렇습니다. 우주 공간에는 초신성의 폭발로 에너지가 존재합니다. 지구의 축이 있고 그 축을 중심으로 지구가 자전하듯이 사람 역시 백회는 북극성의 기운을 받고 발은 땅의 마이너스 에너지 라인이 형성됩니다.

여기에다 자기 염주를 목에 두르면 몸의 기맥의 축을 중심으로 원심력의 자기장이 형성되는데, 이 염주를 타고 가슴과 등은 뜨거운 열감을 형성하고 몸에 차크라가 열리고 만트라명상을 하면 이미 몸에는 축기된 에너지가 흐르고 있기에 더 자기공명의 현상이 발생하는 것이지요.

전기 모터 축 중심으로 코일을 감으면 자장이 발생하여 모터가 돌아가는 것과 비슷한 원리입니다. 여기에서 우리가 하나 알아야 할 것은 호흡만으로도 에너지를 공급받아 음식을 먹지 않고도 생존할 수 있다는 사실입니다.

17) 가슴에는 상현달, 등에는 보름달이 뜨다

횡격막 신경과 척추 신경이 살아나고 나서 들숨을 단전으로 내리지 않고 등(가슴 뒤)으로 호흡하고 날숨은 가슴으로 하는 것이 금강승 요가에 있습니다. 일명 항아리 호흡이라고 하는데, 이것은 평상시에는 의수단전으로 호흡하다 어느 정도 몸과 의식이 이완되어 세밀한 호흡이 이어지는 깊은 명상으로 들어가는 데 아주 좋습니다.

호흡을 단전까지 밀지 않고 등으로 밀면 그만큼 숨 쉬는 타임이 더 세밀하고 얕아서 집중에 도움이 됩니다. 이렇게 등(신주에서 대추혈 사이)과 가슴으로 호흡하면 가슴에는 상현달 정도의 열감이 생기고, 등은 보름달같이 뜨겁습니다. 조금 더울 것 같으면 옷을 벗고 의념을 단전으로 내리고 자연 호흡을 하면 평상시로 돌아옵니다.

18) 죽음을 체험하다

어느 겨울날, 지인들과 남쪽으로 차도반을 만나러 여행을 갔습니다. 집으로 오는 길은 눈도 내리고 바람도 강하게 불어 전형적인 겨울 날씨였는데 차 안이 너무도 더워서 옷을 벗었지만 여러 사람이 함께 타다 보니 더운 것을 참을 수밖에 없었습니다.

집에 도착할 쯤 맑은 공기가 그리워서 옷을 벗은 채로 찬바람이 부는 다리 위를 그냥 걸었습니다. 그것도 모자라 옷을 하나 더 벗고 얼마를 걷다 보니 좀 추운 것 같아서 옷을 다시 입고 집으로 왔는데, 저녁 수련을 하려니 머리가 깨질 듯이 아파서 수련을 하지 못하고 일찍 잠을 잤습니다. 자다 보니 뭔가 숨 쉬는 게 불편하여 깨어 보니 정말 가슴을 쥐어짜는 듯한 극심한 호흡곤란을 느꼈습니다. '아, 이것으로 죽는구나.'라고 삶에서 처음으로 겪어 보는 죽음의 순간을 체험하였습니다.

여러분께서도 따뜻한 곳에 있다가 차가운 곳으로 나갈 때는 반드시 목을 감싸야지 저 같은 행동은 너무도 힘든 후유증을 남깁니다. 사십대 중반에 이런 경험을 한 덕에 우여곡절 속에 삶에 관해 한편으로 더 절실하고 간절한 마음이 들게 되었습니다.

난생처음 119구급차에 실려 가며 혼미한 정신 상태라고 해도 정신이 있을 때 가족에게 안부를 전하고 싶었습니다. 아이들에게는 비록 아버지가 먼저 세상을 떠나서 미안하지만 너희들은 바르게 잘 살기를 당부했고 아내에게는 정말 감사했다고 마지막 말을 허공에다 심었습니다.

강릉으로 가는 119구급차 안, 삶이 이렇게 허망하니 애통하고 후회하는 마음이 들었습니다. 혼미한 정신 속에서도, 산소 호흡기의 도움으로 가고 있는 그 상태에서도 절실한 생각 하나가 있었습니다.

사실 사십대 중반까지 살아오면서도 저는 그 당시 생사를 해탈할 수 있는 공부가 부족하였기에 죽음의 순간에 이 세상에 남는 가장 큰 아쉬움은 좀 더 공부를 하지 못한 것과 남을 이롭게 하지 못한 것, 이 두 가지였습니다. 이것이 저의 마지막 의식의 중심이었습니다.

정말 이대로 갈 수가 없었기에 약간의 의식이 있을 때 저는 좀 더 깨어 있으려고 하였고 한 번 더 생명의 연장을 허락해 달라고 우주의 천지신명님께 간절히 청을 올렸습니다. 다시 한번만 살 수 있다면 첫 번째는 공부요 두 번째는 이타의 삶을 살겠다고⋯.

19) 119에 5번 실려 가고 6번째는 돈이 없어 죽음과 맞서다

병원에 입원한 지 일주일이 되어도 병원에서는 원인을 찾을 수가 없다고 하기에 큰 실망감이 닥쳐왔고, 그것은 이 험난한 삶의 여정을 더욱 힘들게 하였습니다.

이 큰 병원에서 원인을 찾을 수 없다고 하니 굳이 병원에 있을 필요가 없었기에 저는 퇴원을 하여 수련 속에서 원인을 찾겠다고 생각하고 한동안 근신의 삶에서 아무것도 하지 않고 그냥 자연만 바라보며 그 원인을 찾으려 하였지만 좀처럼 쉽게 다가오지는 않았습니다.

다시 만트라를 시작하고 몸이 이완되는 듯하더니 금세 혈관이 굳어서 혈액순환 장애로 119에 그렇게 5번을 실려 가고 6번째는 정말 주머니에 만 원도 없다 보니 119구급차에 오를 수가 없어서 정말 미안하다고 겨우 인사를 하고 새벽에 숨이 차서 몇 번을 쉬면서 집으로 와서 이제는 정말 죽을 각오로 도대체 죽더라고 이것의 정체를 알아야 하기에 주시하기 시작하였습니다.

몸이 이완이 되지 않은 상태에서 만트라와 호흡을 하면 자율신경을 예민하게 만들어 호흡 장애를 겪는 것을 알게 되었습니다.

혼자서 좋은 것만 알았지 몸과 마음의 의식이 이완되지 않았을 때 남이 가지 않은 길을 가면 정말 불치의 병을 얻을 수 있습니다. 수행과 삶에서 호흡의 장애는 간단합니다. 몸과 마음을 이완시키는 것이 전부이고, 몸과 마음이 굳은 것을 이완시키는 최고의 보약은 만트라와 보리심의 지혜입니다.

20) 하반신이 혈액순환 장애로 얼다

횡격막 신경이 살아날 때 몸은 하루에도 천당과 지옥을 몇 번씩 왔다 갔다 합니다. 몸과 의식이 이완될 때에는 엄청난 에너지로 몸은 금세 이완이 되어 오온의 덩어리인 육신의 무게는 있는지 없는지조차 모를 정도로 평온하게 앉으면 몰입이 됩니다. 그동안 수십 년을 수행하여도 망상이 그렇게 힘들었는데 횡격막이 이완되어 가는 과정에서의 명상은 깊숙이 들어가기에 시간만 되면 명상을 하고 싶은 마음이 올라오게 되어 있습니다.

만트라로 무의식(잠재의식)이 정화되고 횡격막 신경이 이완이 되니 않으면 삼매로 들어갔습니다. 무척 좋은 반면 아직 완전한 이완이 덜 되다 보니 극심한 하반신으로 혈액이 내려 가지 않는 것을 모르고 오래 좌선을 했습니다. 결국 하반신이 그만 냉방에서 얼었습니다.

하나를 바로 이해하기 위해선 수천 번 죽어야 살아 있는 지혜가 나옵니다. 스스로 몸과 마음으로 오직 체험한 것만이 상대에게 힘이 될 수 있고 전할 수 있습니다. 몸이 편하고 마음이 평온하면 안정은 되겠지만 그것이 지금의 나를 멈추게 한다는 사실을 알아야 합니다.

조금 애매한 말이지만 적당히 불편하고 삶이 고달파야 간절한 마음이 나오고 성인의 삶을 닮으려는 애절함이 나오는 법입니다. 이것이 사실인지는 우리 스스로 우리의 마음을 들여다보면 알 수가 있습니다.

21) 양배추 세 덩이와 간장, 된장으로 동안거를 나다

동안거를 위해 무조건 20kg 쌀 한 포대를 사고 나서 나머지 돈은 아이들 학원비로 보내 주고 주머니는 0원으로 동안거를 시작합니다. 그런데 오후 정진 시간에 쫓기다 그만 쌀을 사 가지고 오다가 주차장 계단에 두고 올리왔습니다.

두세 시간이 흘러 저녁 공양을 준비하려다 그만 낮에 쌀을 두고 온 것이 생각나서 정신이 번쩍 들어 달려 가면서 마음속으로 이런 다짐을 하였습니다.

'만약에 쌀이 없더라도 이것을 가지고 간 분을 원망하지 말자. 오 죽하면 가지고 갔겠나.'

그리고 현장에 가 보니 역시 쌀은 보이지 않아 참 마음속으로는 몹시 서운하고 '이 석 달을 살아갈 유일한 쌀 한 포대를 도와주지는 못할망정 그것을 가지고 가다니…' 하는 마음이 들었습니다.

집에 와서 저녁을 굶고 밤늦은 시각 혹시나 누군가가 그 자리에 놓지나 않았을까 하는 마음에서 몇 번을 가 보았지만 가지고 간 쌀 은 돌아오지 않았습니다.

할 수 없이 돼지 저금통을 열어 보니 쌀 한 포대를 살 돈이 있어 그것도 얼마나 감사한지 뼈에 사무치는 공부의 마음이 올라오지 않을 수가 없었습니다.

그냥 내 환경에 맞게 살아 보자고 시작한 동안거였습니다. 양배 추를 아껴 먹으며 그렇게 간장에 맨밥에 밥을 먹었습니다. 배고프 면 다 맛있을 수밖에 없었습니다. 그런데 후에 안 일이지만 원체 미 네랄이 없는 음식을 먹다 보니 심한 변비에 항문이 찢어지고 참 고 난의 연속이었습니다.

그래도 이렇게 공부할 수 있는 시간이 주어진 것에 감사하고 '하 늘이 보고 있다. 게으르지 말고 정진하여 하늘을 감동시키자.'란 문구를 뼈에 새기면서 오뚜기처럼 일어서서 자신감을 얻었습니다. '아, 대자연은 다 그렇게 보우하고 이끌어 주고 있다.'라는 생각이 들 었기에 조금도 불평불만이 올라오지 않았습니다.

이런 환경을 받아들였고, 그런 환경이 공부를 시켜 주었습니다. 어느 것 하나 내치지 않았으며 우리 사회와 지구촌을 위하여 지혜의 길을 밝혀야 한다는 절실한 사명감으로 스스로 위로하며 그렇게 동안거의 삶도 익어 갔습니다.

22) 바라는 마음이 없을 때 천지의 축복을 받는다

영성 수행과 삶의 길에서 바라지 않고 행할 때 수행은 진전되며, 그래야만 삶도 발전이 있습니다. 오직 간절한 마음이 뼈에 사무쳐야 합니다.

저는 17년의 수행 이야기를 꺼내는 게 좀 부끄럽습니다. 세상에는 드러내지 않고 선한 행동을 몸소 행하는 분들이 계시고 저 또한 우리 사회와 지구촌에 도움이 되는 길을 찾을 때까지 입을 열지 않고 살았습니다.

그러나 천지의 도움으로 우리 사회와 지구촌이 궁극의 행복으로 가는 길을 몸소 체험하며 몸을 만들고 무의식(잠재의식)이 정화되는 과정을 겪으면서 확신을 얻었습니다. 그렇기에 우리 사회와 지구촌 가족들에게 나누어야 할 사명이 저에게는 있는 것입니다.

저 역시 여러분의 덕으로 이것을 규명하였기에 우리 사회가 좀 더 행복으로 가는 길에 사명을 다하고자 합니다. 저는 그런 환경이 주어지다 보니 그냥 그 삶에 충실했던 것이고 내가 선택할 수 없는 환경에 놓이다 보니 숙명으로 받아들인 것입니다. 또한, 그 현실의 삶을 열심히 살면서 수련을 하다 보니 공부가 정리됐습니다. 주변을 돌아보니 보는 사람이 지식은 많아도 지혜는 부속하고 대자연에 대한 기초가 너무 부족했습니다. 또 수천 년 동안 내려온 종교의 관념에 사로잡히다 보니 한 생각을 넘지를 못하고 그것이 다인 것처럼 전체를 보지 못하고 멈추어 있는 것에 저는 아쉬운 생각이 들었습니다.

평생을 공부하여도 세상에 도움이 되지 못한다면 어찌 공부를 하였다고 말을 할 수 있겠습니까? 일생을 살아도 자기가 자기를 알지 못하고서는 바르게 살았다고 할 수가 없습니다.

나와 세상에 도움이 되는 길이 성인들과 조상님들의 삶을 빛나게 하는 것입니다. 자신의 일신만 해탈한다면 고인들의 명예에 누를 범하는 것이라고 생각합니다.

자고로 분소의 하나로 적게 먹고 청빈하게 살아야 합니다. 청빈함 속에 맑은 마음인 보리심의 지혜가 싹틉니다. 배부르고 좋은 차 타고 등 따시면 공부와는 십만팔천 리 멀어진 것입니다.

세상은 좀 더 복잡해졌고, 이기주의 경쟁으로 상대를 힘으로 눌러야 내가 산다는 '신(新)냉전'의 시대로 들어서고 있습니다. 국내 정치도 갈수록 혼탁한 세상에 취업이 안 된 젊은이들은 시간 근무로 청춘의 대의를 품지 못하고, 정규직을 원하는 사람들은 붉은 띠를 두르고 목청을 높입니다. 굶어 죽는 아이들은 수두룩하고 한쪽에서는 핵미사일 개발이 살길이라고 위협하는 이런 난세에 여러분은 어떤 삶의 화두를 가지고 사시는지 우리 스스로를 돌아봅시다. 내가 세상을 바꿀 수는 없지만 내 생각은 내 마음대로 바꿀 수가 있습니다.

'좀 더 큰 활구로 지구촌 77억 인구를 내가 행복하게 하려면 나는 무엇을 해야 하는가?'라는 살아 있는 화두를 권합니다. 이것은 우리의 의식을 밝히고 확장하는 근본이 됩니다. 아울러 이타의 삶 속에서 나의 삶은 사랑과 자비를 행하는 그 자체만으로도 보상받고 존경받는 삶임을 감히 적어 봅니다.

　지금까지 수행 중에 있었던 부족한 내용을 통하여 거듭 발심을 할 수가 있다면 그동안의 수행의 여정에 관해서는 호탕하게 웃을 수 있을 것 같습니다. 읽어 주셔서 감사드리고 좀 더 실질적인 몸과 마음의 무의식을 정화하는 우주의 신묘한 신성한 힘을 안내하겠습니다.

　그리고 코로나19를 치유할 백신을 내 몸에서 만들어 내는 것을 스스로 확인하여 우리 이웃들에게 논리적으로 설명을 할 수 있어야 합니다. 지금까지 개략적으로 설명을 올린 우주자연의 실존들을 하나하나 공부하여 궁극의 자유를 얻으면 누구든지 저의 말에 공감을 할 수 있을 것입니다.

　'어떻게 세포에게 평화로운 조건을 만들어 줄 것인가?'라는 물음 속에서 우리는 막연하고 희미하지만 답을 확인하고 있습니다. 이것은 어디까지나 지금까지 우리가 공부한 것을 토대로 좀 더 확장을 하는 것이기에 나의 고정관념을 내려놓고 여행을 하면 보이는 것이 다르며 들리는 것이 더욱 선명하게 들리어 올 것이라 믿습니다.

　곧 소개될 천상의 음으로 얼마든지 우리는 지금 처한 각자의 환경이나 코로나19 바이러스에서 벗어날 수 있습니다. 이런 길에 확신을 드리고자 이 수행의 이야기를 소개하였습니다.

제4장

신묘한 자연의 원리로
코로나19 처방전을 찾을 수 있다

우리의 삶이 막혔을 때는 자연의 원리가 담긴 것을 사용하면 그만큼 그 막힌 것에 대한 답을 바르게 찾을 수가 있습니다. 우주자연의 핵심을 공부하는 것은 지금까지 우리의 삶을 멈추게 하였던 것에 대한 열쇠를 가지고 여행을 하는 것과 같습니다.

여러분은 이 코로나19에서 벗어나는 방법이 없다고 생각을 하는지요? 정말로 의학자나 과학자들이 백신을 개발할 때까지 우리는 정말 우리의 건강과 삶을 어떻게 스스로 지키며 살아야 할까요? 물론 마스크를 착용하고 손 소독도 잘 하고 거리두기만 하여도 지킬 수 있다고 합니다. 그러나 그것보다 우리 몸의 세포에 기생하는 바이러스를 우리는 반드시 자가 면역 시스템을 활성화시켜 놓아야 합니다. 다시 말하면 바이러스가 존속할 수 없는 조건을 만들어 놓아야 합니다.

이 신묘한 방법이 우리에게 있다는 것을 아직 지구촌 어느 사람도 말하지 못하고 있습니다. 논리적 사고법과 현대 과학을 공부한 우리는 우리 몸에 대하여 인정하지를 않으려는 선입관이 있습니다.

계속하여 이 코로나19 바이러스에 공격을 당할 수는 없습니다. 다시 한번 말하지만 이것은 정말 선입관과 종교관을 다 내려놓고 지구촌에 살고 있는 모든 사람이 귀를 쫑긋하고 들어야 할 내용입니다. 여기에서 말하는 것은 코로나19의 바이러스에 대항하는 자가 면역 시스템을 인체가 스스로 구축한다는 것입니다.

그것이 이 장에서 안내하오니 시작부터 잘 개념을 숙지하여서 따라오시기를 바랍니다.

1.

태초의 신성(참나, 성령)을 명상에서 체험하면 인간은 순한 양이 된다

　이 챕터에서는 지금까지 우리가 저마다의 논리로 공부해 온 것을 기초로 어떻게 하면 이를 좀 더 효과적으로 정리하고, 태초의 몸을 만들어 건강함을 되찾을지 그 방법을 강구합니다. 나아가 우리의 뇌 속에 고정관념에 쌓여 있는 무의식(잠재의식)을 정화하고, 정화된 의식을 통해 더 순수의 신성을 회복하여 나와 세상을 이롭게 하는 지구촌에 필요한 사람이 되는 것이 궁극적 목적입니다.

　지금까지 우리는 몸의 수행을 하지 않았고 몸 수행을 하는 것을 비하하며 색안경을 끼고 좀처럼 받아들이지 않았습니다. 저 역시 그런 사람이었지만 하나하나 차크라의 신경이 살아나고 마지막 횡격막과 척추 신경이 살아나면서 깊은 삼매로 들어갈 수 있었습니다. 또한 일곱 개의 천상의 음은 우리의 거친 의식을 순수하게 만들어 줍니다. 지금까지 명상 시 항상 번뇌와 망상을 우리는 알아차려야 한다고 가르치고 그것이 없을 수도 있다는 생각은 하지 못하였습니다.

　정말로 획기적인 사실이지만 이것을 과연 몇 사람이나 믿을 수 있는지 모르겠습니다. 그러나 사실인 것은 바르게 말해야 합니다. 우리는 명상을 하면서 지금까지 우리의 무의식에 대하여 공부를 하지 않아서 그것의 중요성을 알지 못합니다. 그런데 우리의 무수한 과거의 정리되지 않은 분별의 습관들은 항상 조건만 되면 나오게 되어 있습니다.

그런데 만트라명상을 하면 번뇌와 망상은 미세하여 바로 알아차림을 하면 금세 사라질 정도록 미약합니다. 그만큼 일곱 개의 만트라 수행은 명상을 획기적으로 발전시키는 아주 탁월한 방법이지만, 이것을 이해하는 사람이 부족하여 제가 안내하고자 합니다.

마찬가지로 지구촌의 가족들이 삶의 수수께끼를 풀어야 한다면 그 삶의 화두는 보다 단순하고 명확해야 합니다. 우리는 어떻게 존재하는지에서 출발하면 그 물음 속에서 거대한 우주자연의 법칙과 만나게 될 것입니다.

그 물음에 해결책과 지혜의 길이 다 들어 있다는 것입니다. 우리는 지금 너무 많은 정보의 홍수 속에서 길을 찾지 못하고 있습니다. 그것이 도움이 된다고 생각하고 이것저것 다 공부하느라 많은 시간을 낭비하였습니다. 또한, 그것으로 삶의 지혜를 얻은 사람보다 지혜를 얻지 못하고 그냥 훈습적인 공부를 하는 사람이 많은 것도 사실입니다.

우리 모두는 오랜 기간 동안 기초와 논리는 충분히 갖추었는데 좀 더 세밀하게 깊은 명상과 깊은 묵상으로 들어가는 부분에 대하여는 좀 부족했습니다. 이것을 적용하여 에너지의 도움을 받으면 차크라가 활성화되고 일곱 개의 만트라명상을 이용하여 그동안 우리를 힘들게 한 생각들을 차곡차곡 정리해 주면 그만큼 우리의 마음 곳간은 텅 비어서 언제든지 평온을 되찾을 수 있을 것입니다.

이렇게 우리 스스로 깊은 명상과 묵상을 통하여 태초의 신성을 맛보면 거칠던 야생마에서 순한 양이 되며 좀 더 목청을 가다듬어 삶의 행복을 지금 여기에서 실천하는 삶을 만들 수 있습니다. 이것이 스스로 되면 코로나19의 바이러스에서 벗어나는 길의 지혜를 찾았다고도 말할 수 있습니다.

2.
우리는 지금 마주하는 것에 대하여 '왜'라는 질문을 던지지 않았습니다

우리는 이렇게 좀 더 완벽하고 핵심적인 부분에 대해서는 놓치고 살아갑니다. 지금까지 사유가 깊어질 수 있는 자연을 배우고 가르치지 않았다는 것이 이 장에서 전하고픈 말입니다.

우리가 사는 행성은 지구입니다. 지구가 어떻게 움직이며 인간과 어떻게 상호 의존하는지는 앞에서 말했습니다.

이 장의 핵심은 이것입니다. 지구상에 존재하는 모든 생명은 은하계와 행성 그리고 자연, 사람, 심지어는 우리의 오장육부와 세포까지 '진동'한다는 것입니다. 앞에서도 말하였듯 일찍이 니콜라 테슬라라는 과학자는 이렇게 말하였습니다.

"우주의 비밀을 알고 싶으면 주파수, 진동, 에너지에 관심을 가져라."

우리는 본능적으로 소리를 통하여 모든 것과 진동의 파동으로 공명합니다. 이 짧은 말을 듣고 여러분은 어떤 생각이 드시는지 깊게 사유하여 보시기를 바랍니다.

저는 십대 때부터 자연을 관찰하는 습성을 가지고 살았습니다. 이런 정의를 접할 때면 감개무량한 기쁨을 느낍니다. 그동안 살아오면서 늘 삶의 이야기를 적었습니다. 해를 거듭할수록 진동과 주파수, 파동이 몸과 마음에 영향을 준다는 것을 알아가던 차에 이런 과학자의 말씀은 정말 통쾌하였습니다.

뭔가 핵심은 간단할 것 같은데 그동안의 관습과 문화로 하여금 우리는 너무도 많은 논리와 이념을 만들어 놓았습니다. 거기에 '왜'라는 질문을 던지지도 못하고 당연히 배워야 하는 것으로 알고 살아왔습니다.

그런데 오히려 더 많이 배우고 더 큰 경제적 성장을 이룬 오늘의 지구촌은 삶은 풍요로워졌습니다. 그러나 진작에 우리가 갖추고 알아야 할 지식은 모르고 불필요한 지식들만 훈습한 결과, 참다운 행복을 놓치고 살고 있습니다.

알아야 할 것을 알고 버려야 할 것은 버리면 삶은 단순한 존재의 것이 될 수 있는데도 그렇지 못하고 있습니다. 거기에는 이유가 있음을 우리는 이제는 고백해야 합니다.

3.
사랑, 자비,
보리심의 지혜

이것은 일상의 삶과 영성 공부의 핵심입니다. 우주대자연의 이치는 진동으로 파동을 일으켜 공명을 일으키고 자기와 맞는 주파수에 공명하면서 서로서로 연결되어 의존하는 관계라는 것입니다.

이것을 사유하여 어떠한 수행을 하더라도 일상에서 이 이치를 이론으로 이해하고 안 것을 깊게 사유하여 대자연이 정말 그런 것인가 하는 확신이 나와야 합니다.

우주자연은 대가를 바라지 않는 사랑과 자비, 연민, 보리심의 지혜를 지녔습니다. 이미 대자연 속에 운행하고 있는 이 원리를 스스로 확인해야 합니다. 이 확신이 스스로 바로 서야 삶의 길에서 진전이 있고 이것이 토대가 되어야 지구촌 가족 여러분이 지금의 삶에 대처할 수 있는 힘을 스스로 키울 수 있습니다.

그것은 자연 속에서는 이미 우리가 공부한 진리의 핵심으로 운행되고 있습니다. 그렇기에 그곳에서 살아가는 우리는 그 이치를 이해하고 늘 삶에서 확인하며 자연을 보며 늘 깨어난 삶을 살아야 합니다. 성경을 공부하는 여러분도 하나님의 위대함을 바르게 자연 속에서 이해하면 늘 성령이 충만하시리라 믿습니다.

우주자연의 법칙이 인간의 모든 삶과 연관되어 있다는 것이 이미 양자역학을 통하여 입증되었습니다. 이것을 우리의 삶, 더 좁혀서 우리의 몸과 의식에서 반드시 규명해야 합니다. 우리는 그동안 외부에서 공부한 탓에 좀 더 본질적이고 중요한 핵심을 보지 못하고 그것을 받아들이는 데 너무도 오랜 시간을 낭비하여 왔습니다.

이 21세기를 살아가는 우리에게 팔만사천의 말씀은 필요치 않습니다. 이미 우리는 의식적으로 깨어나서 어떠한 말을 들으면 추론과 사유가 생기는 폭넓은 공부를 해 왔기에 지금은 좀 더 단순한 핵심이 필요한 때입니다.

그리고 이 다종교 사회에서 복잡한 논리보다 단순하고 실질적으로 인간의 영성을 좀 더 진일보하며 동시에 건강한 삶을 스스로 지킬 수 있는 방법이 필요합니다. 이 태초의 방법은 오늘날이 코로나19와 같은 어려움에서도 스스로 답을 구할 수 있는 지혜를 안내합니다. 그렇기에 이 기회에 그동안 소홀하였던 이런 자연을 통한 폭넓은 공부를 권하는 바입니다.

이런 것을 갖춘 사람을 우리 사회는 요구하고 있습니다.

4.
무의식이 정화되면
코로나19는 작별 인사를 한다

21세기를 살아가는 지구촌 가족 여러분, 여러분은 지금 우리 지구촌 가족들이 궁극의 행복으로 가는 길에 최우선 과제가 무엇이라고 생각하는지요?

나라마다 처해 있는 상황이 다르기에 다양한 생각이 나올 수 있습니다. 저는 늘 '지구촌이 평화로 가는 길은 과연 무엇일까?', '어떤 논리와 이념이 나와야 우리가 참다운 인간 본연의 삶을 살 수가 있을까?'라는 사유를 해 왔습니다.

지금까지 우리는 자기를 알고 영적으로 깨닫는 것이 1순위였습니다. 그런데 제가 소위 자신의 본성을 확인하니 이것 가지고는 좀 부족하다는 생각이 들었습니다.

지구촌의 가족들이 바르게 깨닫기만 하여도 성공이지만 여기에서 좀 더 파격적인 것이 존재함을 수행을 통하여 스스로 확인을 하였기에 생각이 다를 수는 있어도 저의 생각을 적어 보겠습니다.

먼저 결론을 말하고 부가 설명을 하겠습니다. 지구촌 77억 인구가 궁극의 평화로 가는 길은 한마디로 우리의 무의식(잠재의식)을 정화하는 것입니다. 우리는 계속 분별을 하면서 살아갑니다. 그렇기에 오랜 시간 동안 탐욕과 성냄 그리고 무지의 어리석음으로 인해 인간의 뇌는 태초의 순수 의식에서 멀어졌고 온갖 탐욕의 정보로 오염되어 극도의 이기심으로 가득 차게 되었습니다.

지금 나에게 집중하고 알아차리는 각성의 상태에서는 습기를 만들지 않지만, 내가 나를 놓치고 잊어버렸을 때는 그동안의 관념과 익혀 온 습기가 나오게 되어 있습니다. 이렇게 늘 우리 뇌 무의식에는 나의 바르지 못한 관념이 저장되어 순수한 나로 돌아가지 못하게 하고 있습니다. 이 무의식이 정화되면 검은 구름 걷히고 밝은 태양의 광명이 드러나는 이치와 같습니다.

그만큼 우리의 무의식이 근본적으로 정화되면 태초의 선한 마음이 나올 수가 있는 것입니다. 깨달아도 무의식의 정화 과정이 필요하고 일상의 삶에서도 무의식이 정화되면 놀라운 직관력이 나옴을 알 수 있습니다.

참나를 깨달아도, 양심을 되찾아도, 하나님의 성령을 체험하여도 2% 부족한 것은 그동안 익혀 온 삶의 습이 그대로 남아 있기 때문입니다. 우리의 의식 깊숙이 자리하는 무의식이 정화되면 인간 태초의 순수 영성을 회복할 수 있습니다.

이 무의식을 정화하면 인간의 뇌에서 이기적인 마음은 이타의 마음으로 변합니다. 무의식이 정화되고 명상이나 묵상을 하면 날개를 단 것과 같습니다. 그렇다면 어떻게, 어떤 방법으로 그토록 우리를 힘들게 하는 번뇌와 망상 그리고 그동안 나를 끌고 다니던 무의식을 본래의 신성으로 회복할 수가 있을까요?

위에서도 말했지만 우주자연의 법칙인 진동의 파동을 이용한 일곱 개의 만트라는 우리의 의식을 정화합니다. 또한 일곱 개의 차크라의 신경이 회복되어 태초 순수의 야성을 되찾고 여기에다 사랑과 자비의 보리심의 지혜를 키우면 한 인간의 삶과 뇌는 변화하여 고운 심성을 되찾습니다. 이는 나아가 대자연의 숨소리에 호흡하며 과한 욕심의 삶을 스스로 청산하고 지금 그대로 주어진 삶을 만족하며 삶의 가치를 품격 있게 끌어올릴 수 있게 합니다.

이것은 이미 과학자들이 수없이 증명하였습니다. 다만 우리는 그것을 스스로 증명하고 이를 보리심으로 확장하지 못했기에 이 좋은 방법을 만나지 못하고 있는 것입니다. 이것이야말로 우리 사회와 지구촌이 범사회적으로 공부하고 수련하여 이런 코로나19의 두려움에서 벗어나며 지구촌의 삶을 수정하는 계기가 될 것입니다.

기득권의 논리와 부의 논리로 세상이 변화할 기회인데도 좀처럼 변화하지 않을 때, 우리의 미래에는 정말 희망이 보이지 않습니다. 이 방법이야말로 코로나19 이후 우리 사회와 지구촌에 꼭 필요한 구원투수가 될 것입니다.

우리가 알아야 할 핵심은 세포는 생명체이고 코로나19의 바이러스는 세포에 기생하기에 세포가 원하는 파동, 즉 만트라를 들려주면 세포는 강건한 면역 세포를 만들어 내어 우리의 몸에 스스로 자가 면역 세포를 만들어 낸다는 것입니다. 우리는 지금 이것을 설명하는 과정에 있습니다.

5.
일곱 개의 천상의 음,
만트라

이 일곱 개의 천상의 음[5]으로 만들어진 만트라는 수천 년의 시간의 여행끝에 우리 지구촌에 온 천지의 특명(구원투수 역할)을 받고 온 것입니다.

일체의 분별과 의심을 하지 말고 그냥 어머니가 자식을 무조건 사랑하는 마음으로 듣고 따라 하면 행하는 만큼 헤아릴 수 없는 우주자연의 축복을 받을 수 있음을 전합니다.

---

5) 천상의 음: 인간의 오욕(재물욕·명예욕·식욕·수면욕·색욕), 칠정(희·노·애·락·애·오·욕)을 떠난 우주자연의 생명의 실상 소리.

그리고 좀 더 다양한 각도에서 이 만트라의 신묘한 힘으로 나와 우리 사회 그리고 지구촌의 문제들을 살피는 사유의 여행을 해 볼 것입니다. 이것이 얼마만큼 여러분의 삶을 변화시킬 것인지는 다 여러분의 진심과 헌신의 마음에 따른 것입니다.

이런 논리가 깊어지면 우리는 좀 더 본질적인 코로나19의 접근법을 스스로 찾아낼 수 있는 동기를 부여받으리라고 저는 생각합니다. 그것은 단순한 만트라가 아니고 우주자연의 원리와 인간의 생명체의 핵인 세포가 연기적으로 연결되어 우리의 마음을 만들어 내는 것이기 때문입니다.

코로나19의 바이러스의 기생을 억제하게 하는 것이 만트라 파동입니다(바이러스는 세포를 감염시켜야 생명을 이어갈 수 있는데 만트라 파동은 세포의 운동을 활발하게 하기에 바이러스에게 기회를 주지 않습니다). 지금 우리 사회와 지구촌의 건강과 영성 그리고 한 인간의 순수한 양심을 회복할 수 있는 것이 이 일곱 개의 만트라와 옴아홍 만트라입니다.

지금까지 우리가 공부한 것으로 우리 앞에 와 있는 코로나19를 해결하기에는 역부족입니다. 좀 더 자연의 원리를 내포하는 것, 그것이 우리의 세포와 연관돼서 공명하기에 인체의 핵인 세포를 만트라의 고운 파동이 번성하게 합니다. 상선한 세포는 바이러스에 틈을 주지 않아 인체 스스로 고유의 면역 세포를 만들어 내어 이 코로나19의 공포와 두려움에서 자신 있게 벗어날 수 있습니다.

그렇기에 구원투수라고 저는 자신 있게 말씀을 올리고 거기에 대한 논리를 설명하고 있는 것입니다. 좀 더 연민의 마음을 가다듬고 그 원리를 공부하여 보겠습니다.

6.
만트라와 옴, 그리고 훔

'만(man)'은 산스크리트어로 '생각하다' 또는 '마음'이라는 뜻입니다. '트라'는 자유롭게 해 주고, 보호해 주는 생각이나 마음의 도구입니다. 즉, '만트라'는 우리의 마음을 생명의 근원으로 돌아가게 하는 안내자입니다.

옴은 우주대생명의 탄생의 소리이며 시원의 근원의 소리입니다. 또한 우주자연이 진동한다는 것을 응축한 소리이며 이 소리에는 엄청난 우주의 질량의 에너지가 내포되어 있습니다. 이로 인해 파동의 공명 현상이 커지고 인간의 의식은 각성합니다. 이 진동음은 인체의 뇌와 오장육부에 세포의 운동을 확장시켜 몸과 마음을 근원으로 돌아가게 하는 신성한 힘을 지니고 있습니다.

우리는 이 태초의 옴 소리로 하여금 몸과 마음이 분리되지 않고 우리 스스로 확인을 통하여 본래의 신성을 회복하는데, 옴의 힘을 느낄 수가 있습니다.

눈을 감고 꿇어앉아 단정한 마음으로 아랫배에 힘을 빼고 단전에서 '옴-'의 진동을 일으켜 보세요. 어떤 반응이 일어나는지 직접 확인하면 기감이 예민한 사람은 금세 배꼽 밑이 따듯해지는 것을 느낄 수 있습니다. 그리고 그것을 꾸준히 연속하여 보면 이 작은 소리 하나로 온몸이 평온해지고 심신이 안정되며 어머니의 품에 안긴 것 같은 평화를 느낄 수 있습니다.

이 옴의 진동 주파수가 태초의 생명파동으로 우리 몸의 오장육부를 깨우는 것을 직접 확인하여 보면 옴의 소리와 우리의 몸과 의식이 특정한 주파수에 대역에 이미 고정되어서 움직인다는 것을 알 수 있습니다. 한 예로 갓 돌을 넘긴 아이에게 즐거운 록 음악을 들려주면 아이는 본능적인 즉각 반응으로 손과 발을 흔들며 얼굴에는 미소가 깃드는 것을 볼 수가 있습니다. 이것으로 보면 옴은 모든 생명 탄생의 근원이자 생명의 어머니라고 말할 수 있습니다.

옴은 하단전을 공명하는 땅이며 훔은 상단전을 진동하게 하는 하늘이며 아는 가슴을 공명하는 인간의 소리인 것입니다. 훔의 소리를 내어 보면 소리가 위로 오르는 것을 알 수 있으면 훔 소리가 머리를 이완시키며 공명을 일으킵니다. 저는 늘 머리 뒤(연수), 좌뇌와 우뇌 그리고 미간 마지막 백회에다 진동을 일으키는 훔 소리로 수련을 시작합니다.

과학이 발전하지 않았던 시절, 지구의 모든 원자가 진동하는 것을 이미 선조님들은 알고 이 훔 소리에서 찾았을 거라고 사료하여 봅니다. 이것을 통하여 인간의 사유는 점점 더 깊어질 수 있었으며 모든 성인도 이 훔을 알았기에 영적 발전을 할 수가 있었던 것입니다.

그렇다면 우리가 그토록 영성 수행과 삶을 통하여 얻고자 하는 인생의 행복은 멀리 있는 것이 아니라 우리들의 몸속에 있으며 그것 또한 의식 속에 있는 것으로 볼 수 있습니다. 우주 대자연과의 상호 연관성을 알아낸다면 우리는 이 머나먼 영성 수행과 삶의 길에서 열쇠를 지니고 여행하는 것이기에 두려움과 불안은 있을 수가 없습니다.

단 한 가지, '그게 뭐 그렇게 대단하다고'라고 생각한다면 올바른 집중을 할 수 없기에 열쇠를 가지고도 문을 열지 못하고 들어가지 못하는 경우가 발생할 수 있습니다.

여러분에게 확신을 더 심어 주기 위하여 과학적인 근거를 들어 보겠습니다. 앞서 록 음악을 들려준 아이의 예시처럼 미국 캘리포니아주에 있는 스탠퍼드대학교에서 소리가 인체의 질병 치료에 미치는 영향에 대하여 많은 연구를 했습니다.

인도 출신 하버드대학 박사이며 1900년대 대체의학의 황제라 불린 디팩 초프라는 훔에 대하여 다음과 같이 설명합니다.

"훔이라는 소리는 질병 치료에 탁월한 효과를 발휘한다."
"훔이란 흘리스틱 사운드. 인간 몸속의 생명을 통일적으로 치유하는 전일적인 소리이다."
"훔은 인체의 모든 세포를 동시에 진동하게 한다."

영국의 한 과학자의 연구에 따르면 시험관에 암세포를 넣어 훔 소리를 들려준 결과, 암세포는 진동 후에 터져 버렸다. 반면에 인체의 보통 세포를 시험관에 넣고 훔 소리를 들려주었더니 더욱더 건강하게 자랐다.

이것으로 종합하여 보면 마음은 양질의 공기와 음식 그리고 진동과 공명으로 시냅스를 연결하는 호르몬의 분비를 왕성하게 합니다. 또한, 세포를 더 활력 있게 하고 고운 정보로 만들어서 인간의 거친 마음을 안정시켜 우리의 본성인 생명의 실상 자리로 안내하는 것을 우리는 알 수 있습니다.

우리의 조상님들은 이 옴과 훔[6]을 통하여 우주자연의 비밀을 알수 있었습니다. 그것이 오늘날 과학자들에 의해 확인되고 그 놀라운 사실을 우리는 우리의 삶에 적용을 하지 못하고, 사용하여도 그것에 대한 본질을 공부하지 못하다 보니 이것으로 우리의 삶을 이롭게 하지 못하였습니다.

그러나 이것을 우리의 몸에 적용하여 사유를 시작해야 코로나19의 의문을 해결하는 팁을 찾을 수 있을 것입니다. 이것이 코로나19의 바이러스에 대항할 '신약'입니다.

7.
코로나19 바이러스에
대항할 신약

1920년대 최초의 파동 치료의 역사를 살펴보면 쥐에 암세포를 삽입 실험한 후 그는 암 바이러스를 파괴하는 전기 에너지를 발견했습니다. 1930년대, 16명의 말기암 환자에 실제적 임상 시험을 시작

---

6) 옴과 훔의 소리는 우리 몸을 최단 시간에 전신의 세포를 진동시킨다.

한 지 3개월 만에 14명이 완치되었습니다. 나머지 두 명은 주파수를 일부 조정하여 치료하였더니 4주 내에 완치되었습니다.

그 후 미국 의학 협회, 약 협회에서 엄청난 모략과 테러를 가했습니다. 이 일에 관여했던 의학계의 인사들은 입을 닫았고 그것을 세 발한 로얄 라이프 박사는 의문의 화재 사고를 당합니다. 결국 3년이란 세월 뒤, 자료는 복원되고 바륨의 과다 주입으로 박사는 의문사를 당하고 말았습니다. 그 후 1998년 미국에서 파동 치료가 특허를 획득했습니다.

일부 과학자들은 이미 우주자연의 진동의 원리를 이용한 파동 치료로 인간의 병을 치료할 수 있다는 사실을 알고 실제로 암 환자에게 적용을 해서 놀라운 치료 효과를 나타냈습니다. 그러나 그것은 기득권의 벽을 넘지 못하고 중단되었다가 오늘날 다시 양·한방에서 파동의 원리를 이용한 각종 물리 치료기로 발전되어 이를 사용하고 있습니다. 이것은 옴과 홈에서 그 원리가 시작된 것입니다.

이 같은 원리인 천상의 음, 만트라를 이 코로나19의 바이러스 사멸에 적용하는 것은 그리 낯설지가 않습니다. 자연과 인간의 몸을 연구한 사람은 이곳에서 우리가 그 길을 찾아야 한다고 생각하지만, 우리 사회와 지구촌의 가족들은 여기에 대해 공감이 다소 떨어집니다. 그렇더라도 과거에 이미 이것에 대한 검증은 끝났습니다.

우리는 현대 문명과 기술 속에서 이것을 공부하지 않았기에 공감의 부족으로 이런 절체절명의 위기에서 적용하지 못하며 길을 못 찾고 있다는 생각이 듭니다.

자연에서 일어난 일은 그 자연 속에 길이 있고 또한 치유의 방법도 있다는 것을 이제는 우리 스스로 확인할 때인 것 같습니다.

- 우주만물의 물질 최소 단위 원자는 진동한다.
- 우주만물의 속성은 특정 주파수에 맞추어 진동하는 존재들이다.
- 우리는 본능적으로 소리를 통하여 모든 것과 진동으로 연결된다.
- 우리의 모든 감정은 진동을 감각으로 바꾼 것이다.
- 모든 생각은 주파수를 가지고 있고 감정이 진동한다 또한 우리
  의 생각이 에너지의 시발점이 된다.
- 우리가 지금 생각하고 있는 동안 진동으로 주파수를 만들어 내
  고 있다.

이제 우리는 이 천상의 음, 만트라로 코로나19에 대항할 이론을 차곡차곡 쌓아 공부하고 있습니다. 그렇기에 좀 더 자신감이 회복되며 이런 것을 우리가 왜 놓치고 살았는지 하는 의문도 들 것입니다.

8.
인체의 핵인 세포를
정성껏 길들여야 한다

참으로 모호한 말이면서 낯선 이야기입니다. 그러나 이미 세포의 운동으로 마음이 만들어진다는 연구 결과에 나왔듯이, 오온의 작용으로 마음이 발생한다기보다 좀 더 근본적으로 오온을 움직이는 것은 세포의 작용으로 가능합니다.

예를 들어, 우리가 지금 코로나19에 감염되었다면 그 증상이 발생할 때마다 우리는 마음을 일으키고 그 마음으로 인해 또 다른 작용이 발생할 것입니다. 그 작용으로 우리는 살아가면서 습을 만들고 있습니다. 그것의 영향으로 우리는 지금 다양한 경제적 어려움과 실직의 아픔을 겪고 있습니다. 반면에 우리가 코로나19에 감염되지 않았다면 이렇게 국가적으로 매일 방역의 메시지를 수신하지도 않아도 될 것입니다. 이것으로 우리는 자기의 역량보다 더 큰 생각을 일으키면서 그것에 대한 수습을 해야 하는 일이 발생하는 것입니다. 그러나 지금 내가 건강하다면 불필요한 걱정과 두려움을 일으키지 않기에 마음은 더 평온하며 일상의 삶에서 더 깨어나서 살 수가 있는 것입니다.

정리를 해 보면, 우리 몸의 최말단인 세포가 결국 우리의 삶을 좌지우지 하는 역량 있는 역할을 한다는 것을 인식해야 합니다. 그래야 지금 우리에게 주어진 삶에 좀 더 바르고 보편적인 가치를 가질 수 있습니다. 이것이 저마다 원하는 삶을 살아갈 수 있는 생명의 원천이라는 생각의 전환이 필요하겠습니다.

이것을 이해하면 지금 우리의 문제를 스스로 해결할 수 있는 용기와 자신감이 생길 것입니다. 또한, 무엇을 어떻게 풀어야 하는지 본질에 대한 접근을 하여 더 나아가 어떻게 하면 그것에서 벗어날 수 있는지 궁리가 나올 것입니다.

한 번쯤은 우리 스스로 세포에 대한 사유의 시간이 필요합니다. 그것에 대한 인식이 정리가 되면 저의 이야기에 바로 공감이 될 것입니다.

9.
변화, 변동, 진동하는 저 힘이
내 생명의 원천이다

인간을 포함한 생명체들을 구성하는 분자, 세포, 조직, 장기 및 개체는 미국의 물리학자 데이비드 봄에 따르면 입자적 구조와 파동적 구조라는 이중 구조로 되어 있다고 합니다.

이런 과학자의 말을 들어도 공감할 수 없는 것은 현대인들은 부족하기 때문입니다 생명체를 구성하는 모든 장기와 세포가 이 파동으로 도움을 받고 파동으로 우리의 몸과 의식을 만들고 유지하며 살아간다는 이야기입니다(공기, 음식, 파동).

그 파동이 진동이며 진동이 에너지며, 에너지가 곧 파동인 것입니다. 천재 시인 괴테 역시 "변화하고, 변동하고, 진동하는 저 힘이 내 생명의 원천"이라고 표현하였듯이 말입니다.

이것을 앞으로 여러분이 공부하는 그 모든 것에 적용하여 사유하여 보면 지금까지 이야기만 들었던 그런 우주자연의 모든 이치를 명확하게 규명할 수 있을 것입니다.

우리는 그동안 저마다의 전통과 문화로 논리와 이념 속에 살아갔습니다. 그러다 보니 정말 머릿속과 몸은 수만 가지의 정보로 가득 차서 안팎으로 평화롭지 못했고, 존재의 삶이 아닌 본능과 욕망으로 살다 보니 한마디로 지구촌의 가족들이 모두 지쳐 있었습니다.

과연 무엇으로 이 고통 속에서 살아가는 지구촌의 가족들을 치유할 수 있을까요? 이제는 약으로 치유하며 우리의 몸과 의식을 더 혹사를 시켜서는 아니됩니다.

당장 급한 것은 약을 먹고 수술을 받아야 하겠지만 그 외에는 우수자연이 그렇게 주고받듯이 우리 역시 순수의 파동음으로 해결해야 합니다. 우리의 몸과 의식을, 그동안 우리를 잠식하였던 욕망의 염체를 깊은 정화를 통하여 태초의 마음으로 회복해야 합니다.

나무의 줄기는 태양의 에너지를 받아들이고 뿌리는 땅의 에너지를 흡수하여 몸통으로 올립니다. 이처럼 사람의 몸 역시 우주자연의 에너지가 흐르는 길이 있습니다. 동양에서는 '기'라고 하고 서양에서는 '나디'라고 표현합니다. 이것을 통하여 우주생명의 에너지, 즉 진동의 고운 파동을 듣고 따라 해야 합니다. 그러면 우리의 오장육부를 다 마사지해 주듯이 그동안 정체되고 쌓여 있어 가슴 답답하고 울화가 치밀고 이유 없이 짜증 나고 우울한, 그야말로 '현대판 정신병'에서 벗어날 수가 있습니다. 이것을 발판으로 좀 더 근본적으로 영적인 삶이나 일상의 삶 모두 희망과 밝은 생각으로 채우고 끝내 긍정적인 삶을 누릴 수 있습니다(끝내는 모든 병으로부터 벗어날 수 있습니다).

이 일곱 개의 천상음은 지금 우리 몸과 마음의 근본적인 것을 치유해 주는 놀라운 힘이 있습니다. 우주자연의 법칙을 과학자들이 일찍이 증명하였고 과거의 조상님들은 이미 그것을 적용하여 살았습니다. 그러나 오늘날 과학은 발전하여도 이를 놓치고 잊고 있습니다. 그것이 바로 이 순수의 파동음, 진동인 것입니다.

이 순수 태초의 파동음은 그동안 목석과 같았던 여러분의 몸과 의식을 부드럽게 해 줄 것이며 나만 알고 내 것만이 최고라고 생각하던 그런 마음조차 사랑과 자비의 마음으로 돌아오게 할 것입니다. 또한 그동안 알 수 없는 병으로 고생했던 그 모든 것을 다 처음으로 초기화해 줄 것입니다.

그것은 이미 여러분의 마음속에 있던 것이며 결코 외부에서 들어온 것이 아니라 그동안 깊은 잠에 들었던 것입니다. 개구리가 경칩에 입을 열 듯이 이는 자연 순리의 한 방법입니다.

이런 간단하면서도 아주 심오한 것을 모르고 우리는 그동안 너무도 오랜 기간 방황하였습니다. 우리 모두 건강하고 행복하게 살아가는 것이 최고임을 다 알고 있습니다. 그런데 사람의 몸과 의식을 병들게 하는 지나친 욕망이 온갖 마장을 불러온 것입니다. 인간의 몸은 물리적으로 만들어졌기에 죽을 때도 육체적인 고통을 받는 것이 자연의 순리이지만 그것에서 벗어날 수 있는 길도 있다는 것입니다.

주목은 살아서 천 년을 살고 생명이 끊긴 상태에서도 천 년 동안 말라서 죽어 갑니다. 우리들의 눈에는 그것이 죽어 가는 것 같지만 사실 또 다른 자연의 품으로 돌아가고 있는 것입니다.

설산의 얼음도 사랑의 파동으로 녹이고 겨우내 얼었던 대지도 자비의 파동으로 녹입니다. 이처럼 그동안 나와 우리 사회 그리고 지구촌 77억 인구의 오염된 몸과 의식을 초기화하는 길은 곧 태초의 순수파동으로 꾸준히 듣고 염하고 따라 하여 정화하는 길입니다. 그동안 축적된 우리의 무의식엔 무수한 정리되지 못한 불순의 의식들이 존재하며 그것이 고요하고 안정되면 드러나는 것이 번뇌와 망상인 것입니다.

관념은 또다시 관념을 만듭니다. 그러나 무염의 순수파동은 우리에게 붙어 있는 욕망의 염체를 근본적인 방법으로 정화하여 줍니다. 우리가 인식하시 못하는 이 욕망의 염체는 헤아릴 수 없이 이미 우리의 몸과 의식에 잠식을 한 지 오래되었지만 비대하고 둔한 오감의 타락으로 다만 느끼지 못할 뿐인 것입니다.

욕망의 염체 역시 미세하여 우리가 틈만 보이면 작동을 합니다. 하도 섬세하여 그동안 늘 동행하며 나를 곤혹스럽게 하였습니다. 이제 그것을 우주자연으로 돌려보내려 합니다. 이 천상의 파동음을 듣고 욕망의 기생충 역시 자기의 고향으로 잘 돌아가기를 바라는 진심으로 불러 봅니다.

욕망의 염체 역시 사랑과 자비의 마음으로 보내야 돌아오지 않습니다. 먼 훗날 더 깊고 깊은 사랑으로 돌아오라고 말입니다.

코로나바이러스에게 틈을 주지 않으려면 우리의 마음을 사랑과 자비의 마음으로 두면 그 자체가 면역력이 형성됩니다. 반면에 과한 욕심은 인체의 시스템에 걸림돌을 만들어서 바이러스가 좋아하는 조건을 만들게 됩니다. 우리의 면역 체계가 무너지는 것은 우리의 마음이 일조하고 있다는 증거입니다.

10.
상대가 답하지 못할 때 바른길을 안내할 수 있는 내공이 천상의 음에 숨어 있다

우리는 본능적으로 소리를 통하여 모든 것과 진동적 연결을 하고 있습니다. 어떤 낮은 주파수에는 큰 불편함을 느끼고, 또 어떤 주파수에는 인간의 몸과 자연이 공명한다는 것입니다.

우리가 보기에 겨울 산의 나무들은 그냥 서 있는 것 같지만 우주와 침묵의 파동을 주고받고 있으며, 또한 특정한 빛과 소리에서 우리는 그것들과 교감하면서 삶을 살아가고 있습니다. 우주자연에 모든 생명은 태양을 중심으로 마주하면서, 저마다의 파동으로 주고받으면서 생명을 이어 가고 있습니다.

아래 표를 참고하시어 그동안 우리가 이것을 접하면서도 그 깊은 이치를 사유하지 않았기에 우리의 영적 여행은 그만큼 난행을 하고 있다고 적어도 저는 그렇게 생각을 하게 되었습니다. 이런 기초적인 것을 배우기는 하였어도 삶에 적용을 하지 못하고 살고 있다는 것입니다.

그런데 말입니다. 새로운 것도 아니고 고대 시대에 이미 이런 원리와 이치를 알고 있었는데 왜 우리의 삶과 영적 여행에 활성화하지 못한 것일까요? 굳이 제가 말씀을 드리지 않아도 여러분의 능력으로 판단하시기를 바랍니다. 지금이라도 이런 것이 우리의 삶과 영적 여행에서 우리의 본질을 캐는 좋은 정보가 된다는 사실을 함께 나누고 싶습니다.

432Hz에서 528Hz는 인간의 정신과 몸에 큰 영향을 미칩니다. 베토벤, 바흐, 모차르트, 쇼팽 등 위대한 음악가들은 이 음을 찾아냈던 것입니다.

① 도(396Hz): 죄책감과 두려움에서 해방시키고 슬픔과 기쁨으로 바꾸어 줌. C장조로 1번 차크라이며, 낮은 도 음으로 '우'로 발음한다.
② 레(417Hz): 트라우마적 경험을 정화하고 변화를 촉구한다. D장조로 2번 차크라이며 레 음으로 닫힌 '오'로 발음한다.
③ 미(528Hz): 지구의 고유 주파수로 알려져 있다. E장조이며 3번 차크라이고 미 음으로 열린 '오'로 발음한다.
④ 파(639Hz): 소통, 이해, 사랑을 증진시키고 관계를 강화시킨다. F장조이며 4번 차크라로 파 음, '아'로 발음한다.
⑤ 솔(741Hz): 순수하고 안정된 삶으로 이끌며 자기표현의 힘으로 인도하며 세포의 독을 청소한다. G 장조로 5번 차크라이며 솔 음으로 '에'로 발음한다.
⑥ 라(852Hz): 직관을 깨우고 당신의 진동으로 하여금 영적 질서로 복귀한다. A 장조로 6번 차크라이며 라 음으로 '이'로 발음한다.
⑦ 시(963Hz): 이 음은 영을 본래의 모습으로 회복하는 데 도움을 준다. H 장조로 7번 차크라이며 시 음으로 '음'으로 발음한다.

얼마 전에 접한 동영상이 있습니다. 갓 태어난 아기가 심장이 멈춰서 의사는 사망 진단을 내렸고, 엄마와 아빠는 그 아이를 엄마의 가슴에 올려놓고 심장의 소리를 듣게 하였습니다. 엄마와 아빠의 심장 소리에 아이가 깨어나서 숨을 쉬는 놀라운 일이 발생하였습니다 그 후로 아이는 건강하게 지금껏 잘 자라고 있다고 합니다. 이것은 인간의 유전자에 이미 고유의 진동이 설정되어서 멈춘 아기의 심장에 엄마와 아빠의 심장 박동이 공명으로 전달되었다고 생각합니다.

이처럼 우주자연은 이런 생명(진동)의 법칙으로 운행된다는 것이 점차 확인됩니다. 우리가 이런 것을 그동안 소홀히 하였기에 우리는 좀 더 영적 성숙과 삶의 참된 행복의 길을 찾지 못하고 방황하고 있는 것입니다.

이런 것이 만트라입니다. 우리가 그동안 그 진가를 확인하지 못하였지만 인연이 도래하니 우리는 그것에 대한 신묘한 힘을 빌려 궁극의 코로나19에서 벗어나는 지혜를 찾을 수 있을 것입니다.

이 간단하면서도 우주자연에 가장 핵심의 원리인 진동음으로 인간의 의식을 함양하고 나아가 병든 몸을 치유하고 궁극에는 상대를 이롭게 하는 삶을 살다가 가는 것입니다.

내가 하고 싶은 일을 찾는 것이 가장 나다운 삶이며 그것이 곧 자기다운 삶이자 어느 누구하고도 비교할 수 없는 가치 있는 일입니다.

코로나19가 왔을 때 시금까지 소위 최고의 학문과 영성 공부를 하였어도 우리는 다 꿀 먹은 벙어리가 되었습니다. 자연의 원리와 진정한 나의 몸을 들여다보지 못하고 이런 큰일을 만나다 보니 도저히 해결할 수 있는 방법이 나오지 않는 것입니다.

그러나 지금이라도 우리는 이런 원리를 토대로 자연을 공부하고 더불어서 우리의 몸과 의식을 공부하다 보면 스스로 문리가 터져 확신에서 나오는 말씀을 누구든지 전할 수 있을 것입니다.

이 글을 읽으시는 여러분, 남들이 다 잘하는 것을 공부하여서는 자기의 색깔을 낼 수가 없습니다. 남이 답을 제시하지 못할 때 말할 수 있는 것, 그것이 이 속에 있습니다. 다시 한번 자신감을 가지시고 더 깊은 사유로 여행을 떠나 보겠습니다.

11.
이제 길은 우리의 뇌를 초기화하여 이완시키는 것이다

무엇보다도 코로나가 심각한 나라일수록 국민들의 의식을 초기화해 주어야 몸이 살아납니다. 분별하지 않는 순수한 의식이 세포를 평화롭게 합니다. 코로나19는 세포와의 싸움입니다.

개인과 사회 그리고 지구촌 가족들의 뇌를 다시 초기화하는 것이 가능한 일일까요? 컴퓨터는 전원을 껐다가 켜면 돌아가지만 만약에 바이러스에 걸렸을 경우에는 프로그램을 다시 깔고 바이러스를 치료해야 하듯이 온갖 정보와 욕망 속에 노출된 현대인들의 의식은 어떤 과정을 거쳐야 깊은 정화 과정을 통하여 무념의 이완 상태가 되어 우리의 잃어버린 본래의 신성을 회복할 수 있겠습니까?

명상을 하고 알아차림을 지속하여 지금의 현재 의식은 그나마 맑힐 수 있겠지만 그것도 행하지 않을 때는 무의식의 창고는 계속하여 차고 넘친다고 볼 수가 있겠습니다.

무의식(잠재의식)은 지금까지 내가 만든 이기주의적인 고정관념이 익숙하여 자기도 모르게 나오는 습관들입니다. 남을 배려하지 않고 자기만을 내세우는 좋지 못한 삶의 부산물을 대청소를 하지 않는다면 언제든지 과거의 습이 나와서 나를 힘들게 합니다. 그것이 곧 번뇌와 망상인 것입니다.

지금까지 오랜 장구한 역사의 공부에서 우리는 자기가 살아온 삶의 무게만큼 과거의 정보를 기억하고 있습니다. 그것이 한마디로 이기심의 덩어리로 응축되어 상황과 조건만 되면 나와서 나를 힘들게 합니다.

나의 행복과 사회의 행복, 그리고 지구촌의 평화와 행복을 위한 길에는 나의 무의식을 정화하는 것이 필요합니다. 나만을 고집하던 생각의 잠재의식을 이타의 본성으로 돌아오게 하는 것은 천상의 음인 만트라가 해결할 수 있음을 수년 동안 몸소 확인을 하였기에 과학자들의 이야기와 덧붙여서 설명을 이어 갈까 합니다.

방금 전에 일곱 개의 만트라의 비밀을 정독하여 읽어 보시면 그 길을 이해할 수가 있을 것입니다.

과학자들의 연구에 따르면 만트라를 염송하면 우뇌가 활성화된다고 합니다. 우뇌는 직관력을 주관하므로 인간에게 있어 생명의 열쇠와 같습니다. 다시 말해, 만트라를 하면 인간의 뇌장(머릿골 속의 점액)에 진동 전류가 형성되고 좌·우반구에 진동하는 자장이 형성된다는 것입니다.

그러면 뇌파는 서서히 느려져 일상의 의식과는 다른 차원의 알파

파에서 이보다 더 느린 이상적인 파동으로 나타납니다. 즉, 만트라 수행을 하면 좌·우반구가 주관하는 기관은 물론 세포 하나하나부터 신경계, 모세 혈관까지 영향력을 미쳐 동조성을 이끌어 내어 같은 파동으로 굽이친다는 것입니다(매우 중요합니다. 이것이 생로병사의 비밀입니다).

결국 만트라명상을 통하여 몸과 마음을 이완하여 태초의 신성인 일곱 개의 차크라를 열어 깊은 명상에 들어갔을 때, 즉 뇌파가 세타파(7~4Hz)의 상태일 때 우리의 무의식은 정화되는 것입니다. 무의식이 정화되어 명상이나 묵상 기도를 해 보면 거친 번뇌와 망상이 줄어드는 것을 실감할 수 있습니다.

이것을 수년 동안 해 보면 명상 시 번뇌와 망상이 거의 정지 상태임을 확인할 때가 올 것입니다. 일찍이 지구촌에 이렇게 말하는 사람은 그리 많지 않았을 것입니다. 하나같이 번뇌와 망상에 집중하라고 말하지, 번뇌와 망상이 없다고 말하는 것은 정말 상식적으로는 설명이 맞지 않습니다. 왜냐하면 신경가소성의 원리에 의하여 우리의 뇌는 계속 반복하려고 하기 때문입니다.

그런데 저는 이런 자연의 원리로 이 일곱 개의 만트라와 인체의 신경이 살아나고 보리심의 지혜가 깊어지니 명상 시 번뇌와 망상이 없다는 것을 확인을 하였습니다. 정말 놀랐습니다. 아무리 화두를 하여도 관념으로 하기에 번뇌와 망상이 안 나오는 것은 아니며 아무리 하나님의 성령에 충만되었어도 번뇌와 망상이 묵상 중에 나오게 되어 있습니다.

그것에 대한 답은 이것입니다. 우리의 뇌 속에 그동안 잠들어 있던 무의식의 정보와 인간의 근본적인 세포를 파동으로 치유를 하여 주지 않았습니다. 또한 우리의 몸은 모세 혈관이 막혀 있다 보니 작은 정보에도 반응을 일으킵니다.

몸과 의식을 본래대로 만들어 주면 정말 고요합니다. 이것이 우리가 그동안의 고정관념에서 벗어나 받아들여야 할 시대적 사명임을 전하고 싶습니다. 무엇으로 우리 사회와 지구촌이 하나로 모일 수 있을까요? 우리 스스로 인간의 본성을 회복하면서 이성적인 삶을 살 수밖에 없습니다. 그러나 현대인들은 몸 수행을 하지 않고 이론만 공부하니 몸과 마음이 합일되지 못하여 더 깊은 영성으로 들어가지 못하고 있습니다.

깊은 영성의 삼매의 맛을 보면 인간은 순한 양으로 보편적 가치를 추구하는 겸손한 사람이 될 수밖에 없습니다

이것으로 우리는 코로나19에서 벗어나는 길에 진입하였다고 보면 됩니다. 그리고 이것이 깊어져서 이완 호르몬이 방출되고 또한 자가 면역 세포가 만들어지는 것입니다. 결국 깊은 명상 단계, 즉 참나와 성령 충만 상태에서는 의식이 고요하여 세포는 더 변성을 가져온다는 것입니다.

그러나 아직 코로나19에서 벗어나는 길을 완성하기에는 이것만 가지고는 부족하여 뒤에서 다시 차분하게 설명하겠습니다.

12.
만트라를 하면 집중력이 향상되어
공부에 도움이 된다

만트라 음률이 순수의 파동이어서 만트라를 지속하면 일단 망상이 세거되는 것을 알 수 있는데, 그것은 이렇게 설명하면 이해가 쉬울 것 같습니다.

기름때 묻은 접시는 세제를 사용하여 깨끗하게 하듯이 우리도 만트라를 해야 합니다. 우리가 느끼지 못하여서 그렇지 우리에게도 기름때처럼 자신을 둘러싸고 있는 육신과 의식 속 정리되지 않은 생각의 염체들이 있습니다. 만트라의 음은 세제와 같이 너무도 곱고 평온한 파동이기에 거친 것과 탁한 것을 정리하고 본래의 밝은 마음을 드러나게 합니다. 몸의 이완으로 에너지가 활성하되고 의식이 전보다 고요해집니다. 그렇게 망상과 번뇌로 집중이 힘들고 여러 과정을 거쳐야 깊은 명상에 들던 것도 몇 가지의 원리만 적용하면 정말 단시간에 집중할 수가 있습니다.

학생들도 공부가 지루할 때 들으면 몸이 이완되어 활력이 돋고 연구소 직원들은 영감을 고취하게 합니다. 효과를 100% 느끼려면 듣는 것보다 직접 본인의 음성으로 하는 것이 좋습니다. 그 음성을 들음으로써 집중의 효과는 최대 극치를 이룹니다.

우리가 무엇인가를 하려고 하면 항상 망상이 떠올라서 그것에 마음을 빼앗기기에 정신을 하나로 모으려면 위에서도 설명을 하였지만 설거지가 되어 있어야 합니다. 설거지를 하지 않고는 밥을 먹을 수 없습니다. 일상의 삶에서 집중하여 최대의 효과를 내는 데에

이 천상의 음이 큰 도움이 될 것입니다. 이것을 꾸준히 하고 공부나 명상 기타 집중을 요하는 일을 해 보시면 공감할 것입니다.

반복적인 이야기지만 결국 세포가 평화로워지면 의식은 몸에게 요구를 하지 않고 몸 역시 의식에 메시지를 보내지 않습니다. 조건이 주어지면 버섯이 나오듯이 당연히 망상은 점차 줄어들어 미세한 망상만 조금 나오다가 그것마저도 사라짐을 확인할 수 있습니다.

지금까지 설명을 드렸지만 우리 몸이 원하는 것을 맞추어 주면 결국 코로나19도 증식할 수 없을 것입니다. 그러나 아무리 금강산이 좋아도 본인이 가지 않을 때는 방법이 없습니다. 때를 기다리는 수밖에 없습니다.

저 역시 다양한 경험 속에서 이것과 인연되었습니다. 우리들의 마음에 허망함이 있다면 그것은 아직 완전한 공부를 마무리하지 못한 것입니다. 그렇게 간단하면서도 우주자연의 이치와 핵심을 내포하고 있다면 그것으로 하여금 지금 우리가 걸어가는 것에 도움을 받을 수 있다고 생각합니다. 그런데 아무리 좋은 것이라도 결코 하루아침에 그것을 볼 수는 없습니다. 부단한 노력과 큰 원력, 정진만이 지금 우리의 삶을 성숙하게 할 것입니다.

제 5 장

만트라명상법과
차크라열기 수련 방법

코로나19 처방전의 비밀 열쇠는 좀처럼 쉽게 얻을 수 없습니다. 그 비밀을 알기 위해 우주자연을 공부하였고 그 기초를 중심으로 우리는 어떤마음가짐으로 출발해야 하는지 살폈습니다. 그리고 그 마음가짐으로 칠흑의 무문관에 들어가서 혹독한 석 달을 여행하면서 몸과 마음에서 벌어지는 현상들을 몸소 경험하고 사물에 대한 분별하는 마음이 줄어들어 이 코로나19의 여정에 자신감을 얻었습니다.

이제 다시 우주자연의 핵심이 담긴 천상의 음인 만트라와 옴과 훔 그리고 차크라에 대한 가감 없는 진실을 만나면서 '그것이 정말 우리 몸에 이로운 것인가?' 하는 의문을 갖고 우리의 몸과 의식에서 규명하는 시간을 가져 보겠습니다. 그 신묘한 힘이 어떻게 나오는지 그것이 과연 어떻게 코로나19에 대항하는 면역력을 키우는지 백문이 불여일견이듯, 직접 보고 실천해 보겠습니다.

이미 기초적인 이론과 원리 그리고 자연의 법칙과 과학자들의 실험·증언으로 논리에 대한 의심은 이해가 되었을 것입니다.

여러분의 의식과 몸에서 스스로 확신을 얻기 위한 코로나19의 처방전의 비밀을 찾으려는 여정을 다시 출발하여 봅니다. 졸지 말고 집중하여 우리 가족의 건강을 위하여 반드시 해낸다는 사명감으로 임합시다. 그렇다고 너무 긴장을 하지는 말고 항상 몸과 마음이 이 완되어 있는지 사유하면 됩니다.

1.
만트라명상의
개요

만트라명상이란 일곱 개의 만트라를 최소한 30분에서 한 시간 이상 실행한 후 명상에 들어가는 것을 말합니다. 장미 한 송이가 꽃을 피우기 위해서는 양질의 땅과 햇볕 그리고 적당한 습도가 갖추어져야 하듯이 우리가 원하는 명상의 가장 큰 목적은 깊은 삼매와 깊은 묵상을 체험하는 것입니다.

그냥 단순하게 참나 정도만 명상으로 만나는 것을 넘어 궁극의 순수 의식을 만나서 나와 우주가 본래 연결된 하나의 자리를 체험으로 알아야 합니다. 그 속에 구족되어 있는 사랑과 자비심이 깊어져서 보리심의 지혜까지 발심할 수 있는 과정을 목표로 하기에 깊은 삼매를 체험하기 위한 조건을 만들어야 합니다.

우주자연은 우리가 느끼든 못 느끼든 사랑과 자비의 마음으로 운행되고 있습니다. 조건이 맞아야 꽃이 피어나는 것과 같습니다. 우리에게 그 조건은 바로 우주의 에너지를 이용하여 몸과 의식을 이완하여 그 속에 충만한 사랑과 자비심의 따뜻한 열기로 몸을 이완하고 우리의 삶에서 인간을 가장 고통스럽게 하는 번뇌망상을 제거하는 것입니다.

그 번뇌망상을 제거하는 방법은 다양하지만 가장 근원적인 방법은 우주자연의 원리와 법칙인 진동으로 일곱 개의 만트라를 이용하는 것입니다. 그렇게 하면 우주의 본래 순수 파동음에 의해 우리의 거친 의식들이 정화가 됩니다(인체 스스로의 자정 작용).

망상을 알아차리면 망상이 사라지지만 망상을 알아차리지 못할 때에는 우리의 뇌에 고스란히 나의 생각의 응염체들이 저장되어 또 다른 조건을 기다리고 있습니다.

정리하면, 이는 기존의 모든 종교와 명상 단체에서 그대로 적용하는 것입니다. 다만 기독교나 천주교에서는 성가나 찬송가를 부르고 이것을 하고 기도나 묵상을 하면 더욱 맑은 의식으로 하나님과 하나 될 수 있고, 불교에서는 이것을 먼저 하고 참선을 하면 화두를 염하는 것이 더욱 선명하여 화두조차도 놓이는 일심으로 들어갈 수 있습니다. 또한, 위빠사나 수행 시에 만트라명상을 하고 명상에 들어가면 단계를 뛰어넘는 그런 선정의 힘을 느낄 수 있습니다.

그 외에 여러분이 하고자 하는 그 어떤 것에든 적용이 가능합니다. 가령 공부하는 학생이나 어떤 결정을 해야 하는 사람, 삶의 길에 변화를 주고 싶은 사람, 그리고 삶이 힘들다고 느끼는 사람, 창의적인 생각을 하고 싶은 사람까지 아주 좋습니다.

이 만트라가 기존에 나와 있는 것보다 탁월한 점은 양파의 껍질을 벗겨 내고 순수의 본성 자리로 돌아오게 하는 힘이 있다는 것입니다. 그래서 누구나 진심으로 듣고 큰 소리로 따라 할 때 마음 스스로의 자정 작용이 발동하여 문제를 스스로 해결하여 줍니다.

파동이 무심을 만들어 줍니디.

만트라명상은 몸과 의식을 이완시켜 에너지를 활성화시켜 주며 또한 순수의 파동음이 우리의 거친 의식들을 아주 순하게 만들어 줍니다. 이것이 만트라명상의 잠재력이며 그것이 가지고 있는 신성한 힘인 것입니다. 이 일곱 개의 만트라명상을 하면 자동으로 단전 호흡이 되고 천천히 폐가 확장되면서 가슴과 등, 목의 신경과 근육들이 이완되면서 깊은 호흡이 이루어집니다. 그와 동시에 깊은 들숨으로 양질의 공기를 들이마셔 세포에 활력을 불어넣고 또한 안정된 날숨으로 우리의 의식과 몸이 이완되어 차크라 신경을 살리는 데 아주 탁월합니다

이 코로나19의 삶에서 가장 중요한 화두가 '건강'이듯이 이 일곱 개의 만트라만으로 현대인들의 기초적인 병은 단순하게 치유될 수가 있습니다. 그러나 이것 역시 우리들의 고정관념에 묶인다면 제가 아무리 이로움을 설명을 해도 "구슬이 서 말이라도 꿰어야 보물"이 되듯이 여러분이 간절하게 공감하지 않으면 아침 이슬과 같습니다.

코로나19를 겪으면서 우리는 백신을 기다리고 있습니다. 우리가 본래 지닌 면역력을 그 조건을 맞추어서 끌어내는 것이 이 천상의 만트라의 신묘한 공덕이자 힘인 것입니다. 우리에게 이것이 있기에 우리는 일상의 행복으로 돌아올 희망을 전하면서 만트라명상의 행복으로 떠나 봅니다.

2.
만트라명상의
장점

만트라명상을 하고 여러분이 하던 그 모든 것을 적용하면 됩니다. 교회나 성당에서도 이것을 하고 기도나 묵상을 하면 하나님과의 성령 체험을 보다 실존적으로 느낄 수가 있습니다.

그토록 망상과 번뇌가 나오는 것이 당연하다고 생각하고 살아왔지만 그것 또한 줄일 수 있는 방법이 있습니다. 허망된 이야기가 아니라 우리 몸에서 일곱 개의 차크라의 신경이 살아나면 물탱크를 새것으로 교체한 것과 같습니다. 물이 나오는 호스를 새것으로 교체하면 이끼가 끼지 않듯이 인간의 의식 또한 알아차리면 망상이 사라집니다.

이것을 기본으로 일곱 개의 만트라는 우리의 몸과 마음 전신에다 적용이 되어서 그동안 우리가 만든 관념의 염체는 무의식, 즉 잠재의식에 그대로 저장되어 있습니다. 이것이 움직일 때는 모르다가도 고요하고 좌정을 하면 나오듯이 이 무의식을 우리 자성의 자리인 생명의 본파동음으로 따라 하면 정화가 됩니다. 이런 상태에서 명상을 해 보면 깊은 명상으로 들어갈 수 있는 조건이 자연스럽게 만들어지기에 가능한 것입니다. 참고로 여기에서 정화되는 것은 거친 의식을 말합니다.

이 일곱 개의 만트라는 우리의 몸과 그대로 연결되어 있는 주파수이며 하면 할수록 들숨과 날숨이 깊어지고 양질의 산소를 다량으로 흡입하는 폐활량도 깊어져서 추후에 등산을 하든 계단을 오르든 숨이 차는 게 해결됩니다.

가슴이 넓어지다 보니 상대에게 이야기를 하거나 상대의 이야기를 들을 때 마음의 여유가 생깁니다. 또한, 지금까지 나만 바라보던 삶을 살았지만 이제는 천천히 사물을 보고 관찰하는 힘과 상대를 바라보는 의식이 자비심으로 깊어집니다. 그동안 약봉지를 들고 다니면서 의사 선생님의 말씀에 목숨을 걸었는데, 이제는 내 몸과 마음의 문제를 스스로 해결하려는 자주적인 가치관으로 변하여 갑니다.

그리고 지금껏 명상이나 묵상에 집중이 되지도 않았지만 서서히 앉아 있는 것에 힘이 생기며 내면을 관조하는 힘이 자랍니다. 그러니 인생살이가 즐겁고 신바람이 납니다. 전보다 긍정적으로 변하고, 짜증과 화가 자동으로 줄어듭니다.

모든 것은 스스로 체득해야 자신감이 확장되며 나아가 그것으로 응용할 수 있습니다. '지금 나의 삶이 어떻게 하면 즐거울 것이고 어떻게 행복하고 상대를 위하는 삶을 살아야 하는가?'라는 지금까지 생각을 하지 못한 질문이 나오는데, 그것은 바로 우리의 고향의 진원지를 계속 울려 주니 사랑과 자비심으로 옹달샘이 나오는 이치와 같습니다.

세상을 움직이는 것은 단순합니다. 그런데 우리는 그동안 너무도 많은 관념을 계속 덧붙여서 많은 삶의 공부를 하게 만들어 놓았습니다. 무엇부터 해야 할지 모를 정도로 너무도 많습니다.

이 간단한 일곱 개의 만트라를 차분하게 여러분의 삶에 받아들이면 가랑비에 옷 젖듯이 그 모성의 향기가 우리들의 삶을 자유롭게 해 주며 지금까지 우리가 공부한 것에 대한 안목을 넓혀 주리라 확신합니다.

1) 만트라를 지속되게 염송을 하면 건강이 좋아지는 원리

만트라를 꾸준히 하면 폐가 확장이 되어 다량의 산소를 흡인하면서 인체의 기맥과 경혈을 자극하기에 혈액순환이 원활해져서 인체는 스스로 몸의 균형을 잡기 시작합니다(폐포의 모세 혈관이 살아나서 면적이 넓어짐). 그동안 멈추어 있던 근육과 신경이 살아나려면 몸에서는 다양한 통증과 명현 반응도 따라오기 마련입니다.

사람의 체온은 1도만 올라가도 암세포가 활동에 제약을 받는다고 합니다. 만트라를 염송하면 온몸의 온도가 올라가고 특히 손발 차고 생리불순의 기초적인 성인병과 대사증후군 등 기타 각종 성인병을 예방할 수가 있습니다.

좀 더 체계적인 만트라명상 공부를 하면 스스로의 건강과 마음을 정말 행복하게 할 수가 있습니다. 여러분의 삶에서 가장 힘든 것이 경쟁 사회에서 받는 스트레스입니다. 인생을 살아가면서 우리는 저마다 자기만의 삶의 업을 만들고 있기에 경제를 갖추어도, 갖추지 못하여도 피할 수 없는 삶의 번민을 가슴에 담고 살고 있습니다.

지금 정말 삶이 행복하냐고 물었을 때 시원하게 답을 하지 못하는 것은 우리가 존재의 삶에서 벗어나서 실기 때문입니다. 그런 사회적 구조에서 벗어날 수 없다면 지금 내가 처한 현실에서 그래도 지금보다 즐거운 삶을 만들어 가야 하지 않겠습니까?

만트라는 일상에서 일을 하면서, 공부를 하면서 저마다의 환경에서 다양하게 사용할 수가 있습니다. 주머니 속에 있는 휴대 전화처럼 사용하면 얼마든지 기쁜 마음을 증장시키고 슬픔과 우울함을 치유할 것입니다. 무엇인가를 사유를 하고 싶을 때 들으면 삶의 방향을 제시하는 그런 간소하지만 강력한 힘을 지니고 있습니다.

경전은 다 이해를 요하는 것도 아니고 그냥 편안하게 듣고 따라 하면서 그동안 내 안에 응축된 응념을 나의 목소리를 통하여 고운 선율로 만들어 줍니다. 성난 마음도 불안한 마음도 한결같이 평온을 되찾아 줍니다.

우리가 노래를 하면 가슴이 시원하듯이 만트라는 소리를 하기에 들숨과 날숨을 통하여 가슴에 맺힌 이슬을 말끔하게 청소를 하여 줍니다. 즉, 우리의 마음에 이끼가 낄 틈을 주지 않습니다.

기존에 몸이 불편하던 사람도 원리와 이치를 숙지하고 사랑과 자비심으로 하면 됩니다. 인간의 병은 다 마음의 부조화에서 시작되었고 그것조차 내가 만들어서 불러들인 것입니다. 강제로 내보내려 하면 모든 이치에는 항상 반작용이 따릅니다.

앞 장에서도 설명하였듯이 우주자연은 사랑과 자비심으로 굴러 갑니다. 지금 내가 몸이 불편한 곳이 있다면, 이 마음이 힘들어도 내가 모든 사람을 행복하게 하겠다는 마음으로 수정해야 합니다. 그러면 인체는 스스로 자정 능력을 가지고 그 아팠던 부분을 치유하게 하는 힘을 가지고 있습니다.

이 만트라 역시 그 사랑과 자비의 파동이기에 우리가 듣고 따라 하면 마음이 즐거워지고, 마음이 즐거우면 매사에 하는 일이 신바람이 납니다.

우리의 근본을 수정해야 건강과 삶이 변할 수 있는 것을 우리는 알지만 좀처럼 바꾸지 못하는 것은 그만큼 습관이 나를 끌고 가고 있기 때문입니다.

이런 엄마의 자장가 같은 치유의 음을 들으면 우리의 마음속에 잠자고 있던 선한 순수의 마음이 꿈틀거리게 만들게 되어 있습니다. 이것을 익숙하게 연습하면 건강과 삶의 전환점이 될 수 있음을 믿으셔야 합니다. 돈도 필요 없고 병원에 갈 이유도 없이 일상에서 지극한 마음을 내어서 듣고 그 파동음과 하나가 되면 늘 행복할 수가 있습니다.

만트라를 집중하여 사랑과 자비심으로 부르면 엔도르핀이 돕니다. 그러면서 몸과 마음에 경안을 얻어 우리 생명의 원천적인 생명수가 스스로 나옵니다.

이것이 코로나19의 바이러스에서 벗어나는 기초입니다.

2) 현대인의 정신병의 뿌리를 제거한다

사람이 사는 데는 세끼 밥과 한 평의 잠자리와 최소한의 공간만 있으면 되는데 너 나 할 것이 없이 한마디로 개인의 살림살이가 비대해졌습니다. 이런 정보화 시대, 다변화된 세상에서 인간은 욕망과 자극의 누출로 인하어 더 본능적인 삶으로 살고 있습니다. 그렇기에 한시도 마음 편하게 살지 못하고, 사회는 편리하지만 개인의 삶은 더 많은 것을 요구하며 늘 분주한 삶을 살고 있습니다.

이런 세상에서 우리가 바른 영혼을 찾고 갖추어야지 그렇지 못하면 우리 스스로를 지키며 사는 것이 너무 힘들어졌습니다. 사람의 병은 다 욕구 불만에서 오는 것입니다. 그런데 이런 현대인들의 불만족한 정신의 공허함을 물질로 채우려 하니 끝이 없는 것입니다. 그러니 늘 우리는 상대와 나를 비교하는 삶을 삽니다. 늘 밥을 먹어서 마음이 배부른 것 같지만 목마름의 상태로 참으면서 소화하지 못하는 것입니다. 그 화와 성난 마음들이 하루 이틀 쌓이고 모여서 몸은 내 몸이 아닌 통제 불능의 상태가 되는 것입니다.

마음의 슬픔이 머리에 뭉치면 정신병이 됩니다. 이것을 근본적으로 내가 뿌리를 뽑아야 하는데, 이는 막혔던 물을 터 주어야 흘러가는 이치와 같은 것입니다. 몸과 마음의 병은 내가 먼저 의사가 되다는 마음가짐에서 출발해야 완치가 가능합니다.

외과적인 병은 수술하면 되지만 정신과 마음의 병은 약으로 임시는 도움이 될 수는 있어도 장기적으로 보면 상대적인 세포들에게 치명타를 주는 것입니다.

이에 대한 처방 약을 말해 보겠습니다. 바로 나의 몸과 마음을 처음 이 세상에 태어났던 그 순수의 영혼으로 만드는 것입니다. 거창한 것도 아니고 어려운 것도 아니며 조금의 인내와 해내는 힘의 습관만 있으면 누구든지 가능합니다. 늘 만트라를 시간만 되면 듣고 따라 하여 내 몸과 마음이 그 소리와 하나 되게 만드세요. 어떤 것을 얻으려는 마음도 내려놓고 그 일곱 개의 파동음과 내가 일치되는 데에만 집중하고 하루에 최소한 아침저녁으로 두 시간은 꾸준히 하다 보면 스스로 치유됨을 확인할 수가 있습니다.

지금 불치의 병마로 마음고생을 하는 치매 환자도 정신이 들었을 때 이것을 듣고 간절히 따라 해야 효과가 나옵니다. 정말 놀라운 일이 아닙니까? 우리가 본래 다 그런 신묘한 힘을 지니고 있는데 우리는 그만 그것을 잠시 잊고 살았던 것입니다.

치매는 머리에 대고 홈의 만트라로 뇌를 꾸준히 각성하면 뇌세포가 살아납니다. 원리는 간단합니다. 우리는 진동으로 운동하는 생명체입니다(다만 우리는 그것을 느끼지 못할 뿐입니다). 세포는 진동으로 운동하기에 한 생각, 순수의 마음이 지금 건강한 세포를 만들어 내고 있습니다.

머리에 의념을 할 때는 항상 부작용도 따릅니다. 상기도 될 수 있기에 하단전으로 의식을 내리는 것을 병행하면 몸이 조화롭습니다. 초기 치매는 아직 뇌에 세포가 살아 있기에 본인의 노력으로 개선될 수 있습니다. 잃어버린 기억력과 인지 능력은 만트라의 생명 파동으로 치유하면 세포가 재생할 수 있습니다.

3) 번뇌와 망상을 제거하여 깊은 명상에 들게 한다

지금까지 명상을 하고 묵상 기도를 하여도 깊은 명상으로 들어가지 못한 이유는 번뇌와 망상 때문입니다. 또 다른 이유 하나는 몸과 의식이 이완되지 못하여 우주자연의 생명의 에너지의 도움을 받지 못했기 때문입니다.

깊은 삼매는 의식으로 어느 정도까지는 들어가는데, 이때 인체의 차크라 신경이 살아나면 호흡 조절과 장악하는 힘이 매우 탁월합니다. 여기에다 만트라명상을 하고 명상이나 묵상 기도를 하면 몸과 의식이 이완되어 지금까지 깊은 삼매와 깊은 영성으로 하나님의 성령에 깊게 다가가는 데 큰 도움이 됩니다. 의식의 고요와 평온을 찾을 때 만트라가 조건을 만들어 줍니다. 믿고 따라 하면 지금까지 체험하지 못하였던 삼매를 본인의 몸과 의식에 따라 단기간에 체험할 수 있습니다. 더 깊은 보리심으로 들어갈 수 있는 길을 만트라 명상이 만들어 주고 있습니다.

이것은 수행의 단계를 영적으로 몇 단계를 상승시켜 주고 논리와 이념에 멈추었던 여러분에게 성숙의 물꼬로 터 줄 것입니다.

여러분, 이 일곱 개의 만트라와 옴아훙 만트라만 자비심으로 염하면 정말로 무병장수할 수 있습니다. 우리 몸의 세포가 원하는 소리이기 때문입니다. 이것을 하면서 보리심의 지혜(뭇 생명에 대한 자비심)가 생겼다면 우리가 당면한 이 코로나19의 바이러스를 사멸하는 자가 면역 세포는 자동으로 생긴다는 것을 전하는 바입니다.

3.
만트라명상
적용하기

이것이 가지고 있는 에너지가 무궁무진하기에 여러분은 이것을 접하면서 일상의 모든 일에 접목만 하면 됩니다. 다양한 삶의 현장에서 하되 내가 먼저 책을 통하여 기본적인 지식을 습득하고 항상 무슨 일이든지 '문·사·수'를 이용해야 합니다(듣고 사유하고 수련하기). 자연의 원리와 이치를 듣고 사유하여 보고 '과연 그런 것인가!'라고 확신까지 나오면 된 것입니다.

확신이 스스로 나오기까지는 시간과 나의 노력이 필요하며 상대가 이런논리를 설명할 때는 무조건 따라 하기보다 왜 어떤 원리와 이치로 그렇게 될까 하는 궁금증을 가지고 그것에 대하여 관심을 가져야 발전이 있습니다.

세상에는 참으로 좋은 것이 넘치고 있습니다. 그런데 우리는 이미 첫 단추를 끼고 있기에 굳이 다른 것을 공부하고 적용할 필요가 없다고 생각합니다.

그러나 지금까지 공부한 논리로써는 코로나19를 해결할 지혜를 찾지 못하고 있는 것이 지구촌의 현실입니다. 지금 내가 공부하고 배우는 것보다 들어야 할 것이 있다면 공부하는 것이 좋다고 봅니다. 이 일곱 개의 만트라를 누가 만들고 그런 것은 중요하지 않습니다. 종교가 다르다는 생각은 이제 그만 내려놓았으면 합니다. 저는 지금 지구촌 77억 인구를 향하여 보편적 가치로 말하고 있습니다.

이것은 우리 모두가 사용하기 위해 나온 것임을 참고로 알았으면 좋겠습니다. 지금 여러분 각자의 현실에서 적용하는 것입니다. 직장생활을 하는 사람은 출퇴근 시 듣고, 연구실에 있는 사람은 이것을 들으며 산책하면 아이디어가 나오며, 공부하는 학생은 능률이 오르지 않을 때 들으면 몸의 기 순환이 되어 머리가 맑아집니다. 지금 몸이 아프고 삶에 우울증이 있다면 듣고 따라 하면 가슴이 뻥 뚫린 것 같이 숨 쉬기가 시원할 것입니다. 또한, 가슴에 응어리가 풀어지며 뇌의 혈액 공급이 원활하여 잠을 잘 것입니다. 나아가 굳은 몸과 의식을 이완시켜 신체의 균형을 스스로 잡으면서 그동안의 삶의 노폐물을 땀으로 배출할 것입니다. 인체는 좀 더 새로운 메커니즘으로 신진대사가 왕성하여 음식은 소화가 잘되고 입맛을 좋게 만들며 그동안 죽었던 후각과 미각을 하나하나 복원시킬 것입니다.

이것으로 각종 성인병과 불면증, 공황 장애에서 벗어날 수 있습니다.

현장에서 일하면서, 집에서 설거지를 하면서 명상이 잘 되지 않을 때 들으면 집중이 잘 되고 자신감이 생겨 일상의 삶을 즐겁게 시작할 수가 있습니다. 그리고 이것은 지금까지 막혔던 그 모든 것의 물꼬를 터 주는 생명의 원천이기에 마음가짐이 매우 중요합니다. 감사와 겸손의 마음으로 믿음을 갖고 즐겁게 하다 보면 귀가 열려 득음이 될 것입니다.

4.
만트라명상의
자세와 요령

1) 시작하기 전의 자세와 마음가짐

먼저, 무릎을 꿇어앉아 허리를 펴고, 고개를 반듯이 하고, 손은 두 무릎 위에 교차하여 놓습니다(남자는 왼손이 밑으로 여자는 반대). 손을 교차하는 이유는 왼쪽인 양에 심장이 있다 보니 에너지가 왼손에서 오른손으로, 기맥이 교차하게 하기 위한 것입니다(전류는 +

에서 -).

5~10분 정도 호흡을 자연스럽게 합니다. 들숨을 자연스럽게 단전까지 천천히 깊게 들이마시고 날숨을 자연스럽게 토해 냅니다. 처음부터 너무 무리하게 호흡에 힘을 주면 호흡 신경이 흥분하여 오히려 역효과가 나니 나의 폐의 용량껏 자연스럽게 들이마시고 내쉬도록 하세요.

눈은 지그시 감습니다. 탁한 오장의 기운들을 내뱉는 준비 과정입니다(단전의 신경이 살아난 사람은 깍지를 끼는 게 깊은 명상과 묵상으로 들어가는 데 더 수월합니다).

배 속의 가스가 찬 경우, 이 자세로 십 분만 있어도 트림이 나오고 대장의 연동 운동이 일어나 가스가 배출됩니다. 또한, 이 자세는 모든 수련의 기본으로 몸과 의식을 차분하게 만듭니다.

그러고 나서 여러분이 움직이지 않고 오래 앉아 있을 수 있는 편한 자세를 취하면 됩니다. 반가부좌나 결과부좌를 하면 더욱 좋습니다.

걸으면서 하는 만트라명상도 좋습니다. 주방에서 청소를 하거나 등산을 하면서도 얼마든지 가능합니다. 운전을 하면서도 편한 자세로 시작하되 운전에 방해가 되지 않는 선에서 몸과 마음의 긴장을 이완한다는 생각을 갖추면 됩니다.

무엇보다 이 책을 읽고 나서 일곱 개의 만트라명상과 인체의 차크라 신경을 살리는 수련과 보리심의 지혜를 발심하는 것이 매우 중요합니다. 저 역시 오랜 수련의 시간 동안 정말 삼수갑산을 다 가 보고 만난 것이기에 너무도 절실하고 애틋하며 간절하였습니다.

여러분 역시 자신의 몸과 마음으로 코로나19 면역 세포를 만들어 낸다는 것에 공감하기는 쉽지 않을 것입니다. 왜냐하면 우리는 너무도 우리의 모든 것을 과학과 의학에 의존해 해결했기 때문입니다. 그런 학습을 하였기에 우리의 뇌는 이것을 수용하지 않으려고 할 것입니다.

일반인도 그렇고 영성 수행의 삶을 산 분도 전적으로 공감을 하지 못할 것입니다. 그렇기에 이 글의 처음부터 우리가 공부한 고정관념은 잠시 내려놓고 읽고 들어 달라고 부탁의 말씀을 올린 것입니다.

어찌 되었든 내가 지구촌의 고통받는 77억의 가족들을 위하여 코로나19의 백신과 지혜를 찾아야 한다는 마음을 가져야 합니다. 홀어머니가 외아들을 생각하는 아주 애틋한 마음을 가지는 게 핵심입니다. 이 마음이 올라오게 우리 사회와 지구촌을 사유하며 큰 원력으로 끌어올리기만 하면 보물을 찾을 수 있으며 지금 여기에서 궁극의 행복과 자유를 누릴 수 있음을 저는 확신할 수 있습니다.

2) 만트라명상을 하는 요령

말 그대로 천상에서 울려 퍼진다고 상상하면서 들으면 더 새롭습니다.

유튜브나 블로그에서 다운받고 편한 방법으로 반복하여 들으면

됩니다.[7]

- 만트라

1번: 선-와디-히 기-닉마— 갸니 기야니 갸-니 엔디 디엔
데—닉—마—

2번: 양차수—양차수—양차수—에다—도원—수—

3번: 선화엔게-엔—게—닉마닉마-덴포— 덴—포 도원—수—

4번: 니-히 폰-파 산—완-로—갓소—

5번: 앰바—다르마—암—바 도-원—수—

6번: 오화아-오취- 갸니— 폰-바—갸니 도-화아수—

7번: 우-화우취-온—앰바—갸-니 도-원수—취온—

- 옴만트라

옴—아—홍—마—헨-야—나 구—루—파-니-싯디—홍—(반복)

마음을 편안하게 이완하고 어머니가 자식을 평등하게 사랑하는 마음으로 시작하면서 만트라 음을 자주 듣는 것으로 시작합니다. 가볍게 출퇴근 시나 아침저녁으로 자주 듣는 것이 평온함을 넘어 조금 소리가 귀에 안착이 된 것 같으면 따라 하여도 좋습니다.

듣기만 하여도 마음이 평온하지만 내가 그 생명의 파동 소리를 내 입으로 발성하고 그 우주의 생명 소리를 따라 하다 보면 나의 몸과 의식이 그렇게 동기감응이 되어 변하여 갑니다. 조급하게 생

---

7) 유튜브, 블로그: 지구촌 보리심 인문대학

각하지 말고 천천히 하다 보면 그중에 제일 마음이 가는 것부터 하다 보면 익숙하여 일곱 개를 할 수가 있습니다.

이 말과 뜻을 알려고는 하지 말고 중요한 것은 파동음에 몸과 의식이 하나 되어 나의 몸과 의식이 그 파동을 타면서 집중의 힘을 만들어 내는 것이 매우 중요합니다.

귀는 만트라의 파동음에 집중하고 의식은 항상 단전에 두어야 합니다.

- 만트라를 하다 보면 가슴에 뜨거운 희열이 찾아올 것입니다.
- 만트라를 자주 듣다 보면 음과 소리, 파동음이 들려옵니다.
- 만트라 소리를 외워서 따라 하고, 외우지 못할 때는 메모를 보고 하다 보면 외워집니다. 그것을 반복하는 것입니다.
- 만트라 음을 틀어 놓고 큰 소리를 내면서, 가슴의 공명을 일으키면서 하면 진동과 내가 파동을 타고 우주의 에너지가 들어와서 아랫배가 따뜻해지기 시작합니다. 교차된 손바닥에서부터 양쪽 팔을 타고 열에너지가 올라가는 것이 느껴지며 가슴까지 따뜻한 열감과 함께 깊은 평온함을 느낍니다. 열감은 등 뒤와 얼굴, 이마까지 촉촉한 땀을 내는데, 이때 몸과 의식은 이완에 들어갑니다.
- 귀는 열어 놓고 만트라 음에 집중하고 입은 정성을 다하여 만트라 음을 내면서 진동음을 알아차립니다.
- 만트라명상을 하는 동안에도 번뇌와 망상이 떠오르면 인정하고 없애려 하지 않습니다. 만트라 음에 집중하다 보면 자연스럽

게 번뇌는 사라집니다. 들숨과 날숨에 만트라 음률에 집중하면
됩니다.

- 오래 하다 보면 언덕 위에서 강을 내려다보듯이 나와 우주음률
  전체가 하나로 평온하게 잔잔한 강물이 되어 흘러가는 것을 알
  게 됩니다.

- 몇 년을 지속하다 보면 사물이 본래 공하고 성령임을 알게 되며
  늘 각성의 상태가 지속되는 나를 만납니다. 꾸준히 하되 즐겁게
  하는 것이 좋습니다.

- 하면 할수록 중독이 됩니다. 그것은 우리의 몸과 의식이 그동
  안 너무도 배고파서 본래의 소리를 들으니 바람에 태극기가 펄
  럭이는 것과 같습니다.

이것이 코로나19의 비밀을 푸는 첫 번째 비밀번호입니다.

저는 그 비밀번호를 여러분의 손에 넘겨주었지만 받아 지녀서
비밀번호가 맞는지를 확인해야 두 번째의 비밀번호를 받을 수 있
습니다.

먼저 무슨 일이든지 항상 그것에 대한 개념과 요지를 충분히 읽
고 반복하여 그것이 지금 나의 의식에 명료하게 사유가 될 수가 있
는 상태에서 만트라명상을 하면 도움이 될 것입니다.

개념 정리가 되지 않으면 그것을 유추하는 사고의 힘이 부족한
것입니다.

3) 만트라명상 시 호흡하는 요령

복식 호흡이 자연스럽게 이어지려면 들숨은 천천히 깊게 들이마

시고 나야 만트라 음을 자연스럽게 낼 수 있고 날숨 역시 음에 맞추어 자연스럽게 토해 내면 됩니다.

이때 아서야 할 점은 몸은 들숨보다 날숨에 이완이 더 잘됩니다. 이 만트라 음은 날숨이 들숨보다 조금 길며, 평상시 자연스럽게 하시다 보면 폐활량이 커져서 들숨의 산소가 많이 들어옵니다. 그로 인해 인체는 더 큰 에너지를 흡수하기에 세포를 더 활발하게 진동시키고 더 원활하고 쾌적한 호르몬을 분비하게 되어 몸과 의식을 이완시킵니다.

만트라명상만 하여도 단전 호흡이 자연스럽게 되지만 좀 더 폐활량을 키우고 싶다면 교차 호흡을 병행하면 도움이 됩니다.

호흡은 자연스럽게 해야지 인위적으로 멈추고 하는 것은 굉장히 위험한 일입니다. 그러니 내 용량껏 자연스럽게 하시다 보면 익숙하게 될 것입니다.

이것이 몸과 인체의 차크라를 단시간에 열 수 있는 비밀입니다. 많은 양의 산소 흡입과 세포가 좋아하는 태초의 진동이 깃들어 있는 것이 이 만트라의 장점입니다.

4) 만트라명상 시 호흡이 안 되는 증상의 원인

예전에 횡격막 신경이 열리기 전까지는 만트라명상을 하고 명상에 들어가려고 하면 호흡이 매끄럽지가 않아서 깊은 명상으로 들어가는 것이 늘 어렵던 경험이 있습니다. 확실히 횡격막 신경이 살아나고 나서는 호흡이 감미롭게 조절되는 차이점이 있습니다.

- 저는 늘 호흡에 장애를 느끼는 원인을 안고 살았습니다. 단순하지만 그 원리를 모르면 저처럼 고생을 많이 하게 됩니다. 한마디로 몸과 마음의 의식이 굳어서 자율 신경이 파업을 하기 때문입니다.
- 위와 장에 음식물이 많으면 들숨과 날숨이 거북하므로 가급적이면 식사 2~3시간 후에 해야 합니다. 위와 장이 빌수록 몸과 마음의 의식은 가볍습니다. 그리고 위와 장에 가스가 차 있으면 호흡이 들어가지 않습니다.
- 위와 식도에 역류성 식도염이 있으면 가스가 장 속에 잔류하고 있는 시간이 길어서 호흡이 원활하지 않습니다. 또한 역류성 식도염으로 하여금 공황 장애의 원인인 심장 두근거림이 발생합니다. 위와 같은 병들은 약으로는 치료하지 말고 만트라와 자비심, 보리심의 지혜가 처방전임을 알아야 합니다.
- 코에 비염이 있어도 들숨이 자연스럽지 못하고 식도에 염증이 있어도 호흡을 하는 게 불편합니다. 이럴 때는 절대 억지로 하지 말고 등에 작은 베개를 고이고 허리를 이완하고 산책을 하든가 등산을 해서 맑은 공기로 오장의 기운을 바꾸어 주는 것도 좋습니다(질 좋은 죽염도 좋습니다).

지구가 서에서 동으로, 반시계 반향으로 운행하듯이 허리를 좌에서 우로 돌려 주면 대장의 연동 작용으로 가스가 배출이 잘 되어 트림이 나옵니다. 몸과 의식을 이완하려면 만트라 음을 틀어 놓고 대(大) 자로 누워서 한 시간만 들으면 이완이 가장 잘 됩니다. 허리에 고임목을 넣고 차츰 위로 올라가면서 가슴과 등의 신경을 이완시킵니다.

우리의 한 생각인 이기심이 몸과 의식을 굳게 합니다. 사랑과 자비의 마음, 즉 엄마가 자식을 애틋하게 사랑하는 마음인지 늘 우리 스스로를 살펴야 합니다. 시작도 이 마음으로, 나중도 이 마음으로 늘 평상심이 되어야 하며 이런 마음일 때 이완이 잘 됩니다. 몸과 의식 그리고 세포가 원하는 것이 이런 지극한 자비심이라는 것을 늘 상기해야 합니다.

5.
만트라명상을 하면
나타나는 증상들

히말라야 설산이 지구의 따뜻한 온기로 녹아내리듯이 따뜻한 사랑과 자비의 온기가 그동안 음으로 양으로 굳은 몸과 의식들로 들어가니 컴퓨터로 치면 자료 정리가 되어 가는 과정과 흡사합니다.

밝고 환한 영상이 잡히고 악몽이 꾸고 팔과 어깨, 목의 근육들이 굳어지고 어떤 때는 머리가 깨질 듯이 아픕니다(머리로 올라가는 신경이 눌러서 나타나는 증상). 몸에서는 막혔던 신경과 모세 혈관이 뚫리느라고 간지럽고 지렁이가 꿈틀거리듯이 뭔가 꼬물거리는 증상도 동반합니다.

때론 손바닥과 가슴 등줄기 아랫배에 열감이 느껴지고 얼굴도 화끈거리며 평상시 느끼지 못하였던 증상들이 나타날 수 있습니다. 평상시 호흡 신경이 굳어 있다가 이완되는 증상도 동반합니다. 그

중에 얼굴과 등이 심하며 얼굴의 모세 혈관이 가장 늦게 풀립니다.

그러나 안심하셔도 됩니다. 만트라명상은 사랑과 자비의 에너지이기에 우리의 몸을 이롭게 하면 하였지 절대 해하는 것은 없습니다. 하시다 싫증이 나면 좀 쉬었다 하면 됩니다. 얼굴 신경이 최후에 이완됩니다. 늘 근질거리며 가렵고 꿈틀거리는 현상은 좋은 반응이니 개의치 마시고 진심으로 수행을 이어 가면 됩니다.

거듭 주의할 것은 어떠한 현상에도 끌려가지 않고 자비심을 내면서 가면 됩니다. 지구촌의 모든 삿된 기운은 자비심을 이길 수가 없습니다.

6.
만트라명상으로
깊은 이완 체험하기

만트라를 들을 때 위에 놓고 들으면 더 깊은 이완을 체험할 수가 있습니다.

남녀 간의 이성적인 사랑도 사랑과 자비의 마음으로 나누면 아름답고 엄마가 갓난아기를 품에 안고 모유를 먹일 때의 평온함도 너무도 훌륭한 모습입니다. 우리 몸은 대상으로 나누는 사랑이며 혼자서도 얼마든지 행복 호르몬이 니오는 체험을 할 수가 있습니다.

어린아이들은 물에 들어가는 것을 좋아합니다. 엄마 배 속의 양수에서 놀던 기억이 있기에 본능적으로 목욕을 하고 샤워를 하면 상쾌함을 느낍니다. 사우나에 중독되듯이 그런 따뜻함이 주는 평온함은 누구나 좋아합니다. 그런 즐거움 속에서 느끼는 정신적 만족감을 우리는 행복이라고 합니다.

우리 몸의 에너지센터의 신경이 살아나면 만트라명상 시 온몸이 이완되면서 몸과 의식이 환상적인 극치를 체험하게 됩니다. 소리를 내면서 기도를 할 때에도 찬송가나 다른 노래를 부를 때에도 만트라명상을 하는 이유 역시 소리로 하여금 몸과 의식이 하나로 집중되어서 몰입되기 때문입니다.

만트라명상의 장점은 몸과 의식이 금세 이완으로 들어가서 잡다한 일상의 군더더기를 벗어던지는 황홀함을 경험하게 된다는 것입니다. 이것만 되어도 사실 우리는 행복합니다.

늘 관념 속에 응축된 몸과 의식이 자기의 고향으로 돌아가는 그 해방감은 우리의 뇌에서 감사와 나누고자 하는 의식으로 돌아옵니다.

만트라명상으로 몸과 의식이 깊은 이완으로 들어갈 때 세포는 최고로 안정되어 우리에게 선물을 줍니다.

여기에 바른 양심과 참나 그리고 성령의 충만함까지 들어가면 이제 우리의 몸의 세포는 감사해서 떡고물을 던져 준다는 것입니다.

7.
만트라가 이 팬데믹의 삶에
희망을 안내한다

이 무한의 경쟁 시대에 오늘을 살아가는 우리는 어떻게 보면 오늘 하루를 잘 산 것만으로도 감사해야 합니다. 우리는 주변에서 가끔 이생의 삶을 극단적으로 생각하여 자살하는 소식을 접합니다. '오죽하면 그런 마음이 들어서 그랬을까.'라고 동조하는 사람은 없을 것입니다. 사정이야 어떻든 이 소중한 생명을 스스로 저버리는 것은 인간으로서 가장 어리석은 짓입니다.

그런 안타까운 사람들과 행여나 어리석은 마음이 드는 사람들은 이 만트라 음을 그런 상황에서 단 오 분이라도 그냥 들어 보라고 말하고 싶습니다.

나만 생각하는 그런 마음에서는 정말 아무것도 들려오지 않습니다. 스스로 그렇게 되기까지는 망상이라는 허상의 관념에 사로잡힙니다. 스스로 나오지 못할 때의 극 처방은 우리 근원의 마음을 움직이게 하는 파동음을 잠시라도 듣는 것입니다. 그러면 생각은 변할 수가 있습니다. 지금 내 마음이 지쳐 있을 때는 근원을 단박에 건드려 주어야 뇌가 각성이 되어 생각이 변합니다.

또한 불면증과 악몽으로 삶이 힘들 때 도움이 될 것입니다. 우리 몸의 자율신경이 예민해지면 불면증에 시달립니다. 불면증과 악몽은 이것은 뇌의 문제이기에 약으로 치유보다 의식으로 뇌를 이완시키면 뇌는 호르몬을 방출하여 불면증은 없어지고 악몽은 조금의 시간이 필요합니다.

살아오면서 화와 분노 증오심 그리고 충격적인 놀라움은 두려움이란 의식으로 정리가 되지 못하고 쌓여 있기에 두고두고 나를 괴롭히는 것입니다.

악몽을 꾸고 나면 머리가 깨질 듯이 아픕니다. 우리는 이럴 때 약국에 가서 약으로 치료하려고 하지만 근원적인 트라우마는 들어오기는 쉬워도 나가는 것은 항상 두 배의 공을 들여야 합니다. 만트라를 꾸준히 잠자기 전에 듣고 사랑과 자비의 마음으로 부르면 악몽의 염체는 이타심으로 변할 것입니다. 현대인들은 각종 스트레스에 노출되다 보니 의사가 아니라 내가 내 몸을 치유한다는 생각을 가질 때 효과가 나타난다는 것을 참고하시기 바랍니다.

이 팬데믹의 사회에서 평상시 내가 이 만트라와 인연이 있어야 그런 상황과 내 주변의 사람에게 도움이 될 수가 있습니다. 사람은 그런 상황에 서면 아주 단순하게 생각하기에 다른 것은 눈에 들어오지 않습니다.

그런데 내가 그런 명상 음악을 들어 본 적이 있다면 우리는 그 수렁에서 벗어날 수가 있습니다. 그것은 인체의 핵을 자극하여 본성을 각성하게 하기 때문입니다. 혹시 주변에 힘들어하는 분이 있다면 이 명상음악을 추천하여 들으시라고 권하시면 우울하던 마음을 광명으로 밝게 만들어 주고 꿈자리가 악몽인 사람에게도 더 이상 그런 꿈들이 사라지게 만듭니다.

지금 우리의 삶이 어딘가 꼬이고 막힌 기분이 든다면 이 일곱 개의 만트라로 해결할 수 있습니다. 이것이 상대를 이롭게 하는 것입니다.

이 일곱 개의 만트라와 옴아훙의 만트라를 꾸준히 하면 흙탕물이 점차 맑아져서 악몽을 꾸던 사람은 아예 꿈이 없는 뇌가 되어 각종 정신병에서 벗어날 수 있을 것입니다.

그리고 빙의와 허한 마음은 무조건 내치려 하면 항상 반작용이 따릅니다. 미물인 파리에게도 나가는 길을 만들어 주고 나가게 해야 하듯이 우리의 뇌도 그동안 삶의 카르마를 진동하게 해 주어야 합니다. 그러면 밝아져서 어느 것에도 거스르지 않습니다.

우리가 가는 지구촌 여행의 목적은 코로나19의 바이러스에서 벗어나는 것입니다. 우리는 열쇠를 쥐고 비밀번호도 한 개 받았지만, 여전히 더 받을 것이 있습니다. 이를 모두 받아야 비로소 바이러스로부터 안전하게 벗어날 수 있습니다.

그래서 이제 두 번째 비밀번호인 차크라의 신경을 살리는 비밀을 안내합니다.

8.
차크라는 무엇이며
왜 신경을 살려야 하는가?

우리 한의학을 연상하면 이해에 도움이 될 것입니다. 일찍이 우리의 허준 선생님께서는 인체의 내부를 일목요연하게 정리하여 경혈 자리를 만드셨습니다. 그 경혈 자리가 서양에서 차크라라고 말하며 우리는 이것을 줄여서 상단전 중단전 하단전 임맥과 독맥으로 이해하면 됩니다.

차크라란 인간 신체의 여러 곳에 있는 정신적 힘의 중심점 가운데 하나이며 정신적인 힘과 육체적인 기능이 합쳐져서 상호작용을 하는 것입니다. 육체적 수준에서 내분비계와 직접 관련된 회전하는 에너지의 중심 지점으로, 에너지를 받고 전달하는 기능을 담당하며 인간의 온몸 구석구석과 긴밀히 연결을 맺고 있습니다(자율신경과 연결됨). 따라서 차크라가 활성화된다는 것에는 자연의 모든 것을 좀 더 궁극의 상태에 가깝게 경험할 수 있게 된다는 의미가 들어 있습니다.

참고로 1차크라는 회음이며 색깔은 붉은색이고, 2차크라는 배꼽 아래 한 치 단전이며 색깔은 주황색입니다. 3차크라는 복부이고 황색입니다. 4차크라는 가슴 중앙 전중혈에 녹색이며, 5차크라 목이며 옅은 청색입니다. 6차크라는 미간이며 상아색이고, 7차크라 정수리이며 보라색입니다.

여기 나무가 하나 자라고 있습니다. 뿌리는 땅에서 에너지를 받고, 잎사귀는 우주 태양의 에너지를 흡수하여 광합성의 작용을 거쳐 몸통으로 에너지를 연결합니다. 땅의 에너지와 하늘의 에너지를 흡수하여 존재합니다.

인간 역시 태어났을 때는 백회로 자연의 기운을 받았으나 그것은 점차 닫혀 코로 산소를 흡입합니다. 그러면서 한 생각을 일으키는 분별을 시작으로 열렸던 신경은 닫히면서 우리가 본래 가지고 있는 생각과 감정인 오감이 둔화되기 시작합니다.

과학이 발전하지 않았던 시절에는 도움을 받을 수 있는 길이 없었기에 우리 스스로 내면을 탐색하여 인간의 몸에 에너지센터가 존재한다고 깨닫고 발전했습니다. 오늘날 과학과 물질이 풍요로운 세상에 사는 우리는 그런 것조차 모르고 아프면 병원에 가면 되고 추우면 보일러 온도를 높이면 된다고 생각합니다. 우리에게 주어진 본래의 기능을 끌어내지 못하고 주변의 과학에 몸과 마음을 의탁하며 살아가고 있는 게 현실입니다.

그런데 사실 조금만 관찰을 해 보면 나무에는 수액이 흐르는 길이 있고 나무는 그 길을 통해 자연의 에너지를 100% 흡수하며 살아가는 것을 알 수 있습니다. 우리는 과거 동서양에 이미 존재하였던 그런 소중한 것을 잃어버리고 병원에 의탁하며 몸을 맡기고 살아가는 것입니다. 오늘의 우리를 지금쯤 한번 되돌아보아야 할 것입니다.

저도 이런 쪽에 전혀 관심이나 상식이 없이 그냥 가는 길에 돌부리에 걸려 넘어지면서 그 원인을 들여다보았습니다. 이렇게 중요한 것을 왜 우리는 공부하지 않으며 왜 그런 것이 점점 잊히는지, 여기에 아쉬움이 매우 큽니다.

사실 국민과 지구촌의 사람들이 기본적인 단전과 백회의 신경만 살려도 각종 성인병과 현대인들의 스트레스를 해소할 수 있습니다.

특히 화병과 정신병이 새로운 문제로 떠오른 현시점, 해소 방법이 간단한데도 이념과 이기적인 관습에 익숙해진 우리는 있는 것도 못 챙기는 꼴이 되고 말았습니다.

본래 인간은 병이라는 것이 있을 수가 없습니다. 단, 전제는 에너지센터의 일곱 개 신경이 온전해야 한다는 것입니다. 이것을 어릴 적부터 살리면 몸과 의식은 지금처럼 오염이 덜 되고 건강과 마음이 평온합니다.

그런데 우리 몸이 신경이 살리지 못하고 삶을 살아가니 그만큼 더 무디고 영성과 사랑과 자비의 마음이 나오기가 어려운 것입니다.

인체의 에너지인 차크라는 신경이 열리면 자연의 나무와 같아서 몸과 의식이 순일하게 돌아갑니다. 이것이 살아나지 못한 상태에서 행한 과거의 정신 건강과 명상은 지금과 비교를 해 보면 정말 차원이 다릅니다.

이 단전과 백회의 신경에서 복부의 성 신경과 횡격막 신경까지 살아나고 나서의 명상은 더욱 다릅니다. 오랜 시간을 하는 것이 중요한 것이 아니라 짧은 시간이라도 집중의 속도가 현격하게 다른 것입니다.

생명이 존재하는 인간의 몸에는 늘 자연의 순리가 흐르며 매사에 과한 욕망이나 욕심이 나오지 않게 되어 있습니다. 무슨 일을 하더라도 몸을 태초의 몸으로 만들면 지금의 건강과 의식은 완전히 다르게 변합니다.

우리 몸이 어릴 적부터 학교에서 연마되면 아이들의 공부와 성격이 월등히 나아집니다. 그렇게 왕따를 당하여도 스스로 자주적인 힘이 길러져서 삶을 살아가는 방법을 스스로 터득할 수 있습니다. 이러한 원초적인 인간의 본성이 나와야 하는데 그런 것은 성인이 되어도, 아니, 이생의 삶이 마무리될 때까지 들어도 보지 못하고 살아가는 것이 오늘날 우리의 현실입니다.

제가 보니 어릴 적부터 에너지센터가 열리면 좀 더 성숙하고 몸과 마음이 건강하며 영적으로 뛰어난 지도자의 길로 갈 수 있습니다. 우주자연의 에너지를 일찍부터 흡수하니 그만큼 마음속의 사랑과 자비는 깊어져서 밝고 긍정적인 삶을 살 수 있는 것입니다.

역대 성인들은 이 몸을 만들어서 우주자연의 에너지의 도움으로 아주 깊은 영성으로 들어갈 수 있었습니다. 그것을 통하여 과거의 무수한 세월 동안 익혀 온 영적 함량의 도움을 받아 세상에 바른 길을 제시할 수가 있었던 것입니다.

현 우리 사회와 지구촌은 의식으로만 하는 영성의 시대를 살고 있습니다(티베트와 네팔은 제외). 이것이 관습이 되어 버린 지 오래다 보니 우리는 그런 이야기를 하는 사람을 매도하고 의심하고 때론 사이비라고도 칭하며 외도라고 합니다.

저 역시 수십 년을 의식 수련만 하여서 깨달음을 이루어 봤지만 이것은 너무도 빈약하고 초라한 자신을 발견할 뿐입니다. 하나하나 의식이 확정되면서 이런 세상을 접했고, 그것을 스승 없이 독학으로 했습니다. 사유와 검증으로 과연 맞는가 증명하는 시간을 통하여 몸과 마음을 함께 닦는 성명쌍수를 적용했습니다. 그러니 건강이 좋아지고 삶이 행복하다는 간단한 결론으로 돌아왔습니다. 몸의 신경이 살아나면 브레이크를 거는 게 없다는 것입니다.

과거에 개신교나 천주교에서도 이런 수행을 하였습니다. 시간이 지나다 보니 어느 선에서 몸 수행은 하지 않고 의식만 수행하는 시대가 되었습니다. 이런 이야기는 사실 사람들이 잘 공감하지 못합니다.

이렇게 살아오다 우리는 요즈음 코로나19라는 풀리지 않는 거대한 장벽 앞에 섰습니다. 그 문제를 풀지 못하여 우리의 가족들과 지구촌의 가족들이 너무도 힘겨운 삶을 살아가고 있습니다.

코로나19의 백신은 과학자들의 차지가 아닙니다. 참신하게 자연의 이치와 일곱 개의 만트라, 인체의 차크라 신경이 살아나고 보리심의 지혜가 충만한 상태에서 깊은 명상에 들어가야 합니다. 그런 영성 수행자만이 깨달을 수 있는 코로나19의 처방전을 찾아낼 수 있다고 저는 확신합니다.

뜻 있는 사람들이 이 책을 통하여 동참을 호소하며 공감하기를 발원합니다. 수행을 하지 않아도 건강이 좋아지고 일상의 삶이 즐거울 수 있는 이 만트라와 차크라 신경 살리기는 종교를 초월하여 지구촌 모두가 받아들이고 적용해야 할 가치가 충분히 있습니다.

단전과 백회의 신경만 살아나도 기본적인 성인병을 스스로 치유할 수 있습니다. 지금 상황에서는 이것에 개인과 국가가 지출하는 비용이 아주 막대할 것입니다. 그런데 미국 달러의 지폐에도 제3의 차크라가 그려져 있고 피라미드와 교황청 등 이미 다양한 곳에서 그 흔적을 찾을 수 있습니다.

그러나 어떤 인연으로 단절되어 오늘의 우리는 이런 코로나19의 바이러스 앞에 무릎을 꿇는 나약한 인간이 되어 버렸습니다.

어디에서 없는 것을 창조하고 만드는 것이 아닙니다. 우리에게 이미 내재하고 있는 선물입니다. 이를 활용하지 못하고 있는 우리의 삶을 여러분은 어떻게 생각하는지 감히 질문을 던져 봅니다.

우리가 의식으로 묵상이나 명상에 깊이 들어가는 것에는 한계가 있습니다. 깊은 명상 상태로 완전 몰입이 돼야 하는데, 에너지 도움 없이는 의식이 선명하지 않습니다. 번뇌와 망상이 주기적으로 나와서 집중이 어려운 데 반하여 따뜻해지면 생명이 돌아납니다. 이 자연의 법칙은 사람에게도 적용이 되어 몸의 기혈(단전, 백회, 복부 신경, 횡격막 신경)이 살아나면 몸은 깊은 이완이 되어 그토록 우리를 방해하던 망상은 설산에 빙산 녹듯이 본래의 자리로 스스로 돌아가게 됩니다.

몸의 기혈이 막히면 순환이 되지 못하여 망상이 일어날 수밖에 없습니다. 망상 속에서 혼미한 의식으로 명상을 하면 우주의 신성과 하나 되는 의식에 공감할 수가 없습니다.

깊은 삼매와 묵상을 체험하려면 우주 에너지인 파동의 도움을 받아야 쉽게 접근할 수가 있습니다. 참나를 아는 것이나 견성 혹은 하느님의 성령 체험 정도는 몸의 에너지 도움 없이도 가능합니다. 그러나 깊은 영성으로 들어가기 위해선 반드시 우주자연과 연결된 에너지센터인 차크라 일곱 개를 열어야 합니다. 그래야 몸과 마음이 밝고 빛나서 무슨 일을 하든지 늘 우주자연의 감사와 축복 속에서 살아갈 수 있습니다.

이렇게 되는 데 일곱 개의 만트라와 교차 호흡, 준장이 도움이 됩니다. 핵심적인 내용만 안내해 보겠습니다.

1) 일곱 개의 차크라를 열기 전 알아야 할 내용

지금 우리의 몸은 만트라와 교차 호흡을 하여 보면 몸이 얼마나 굳어 있는지 알 수 있습니다. 수련을 하기 전에 항상 허리에 베개를 고여 대자로 누워서 자연 호흡으로 만트라를 틀어 놓고 긴장된 몸을 자주 이완해 주어야 합니다.

여러 가지의 스트레칭 방법이 있지만 저의 경험상 이 정도만 하여도 호흡 신경과 척추 신경은 이완할 수가 있습니다. 본인이 평소에 선호하는 것으로 체조와 스트레칭으로 몸을 이완하면 됩니다.

차크라는 다음과 같은 순서대로 열립니다. 가슴이 열리고 단전이 열리면서 백회가 열리는데 여기까지는 혼자서 수련하여도 됩니다. 복부의 성 신경과 척추 신경, 횡격막 신경이 살아나는 데는 전문가의 도움을 받는 게 좋습니다.

보통 꾸준하게 하루에 4시간 정도를 수련하여도 평균 4년이 걸린다고 하지만 이것은 어디까지나 개인의 차이라는 것을 알면 됩니다. 수십 년이 되어도 아직 단전도 열지 못하는 사람들이 있는가 하면 불과 석 달 만에 단전을 여는 사람들도 있습니다.

저는 굳은 몸으로 단전과 백회가 열리는 데 열흘이 걸렸습니다.

하루에 거의 18시간 정도 폐관 무문관에 있다 보니 수련만 하였던 것 같습니다. 추후에 일기장에서 확인을 하니 일주일 만에 백회에 징조가 왔던 것으로 보입니다. 이는 누가 얼마만큼 원력을 가지느냐에 결정되는 것 같습니다.

단전이 열리는 증상은 뭔가 꼬물거리며 배에서 꼬르륵 소리가 나며 동시에 물 흘러가는 소리가 납니다. 또한, 단전이 따뜻해지며 복부가 이완이 되고 횡격막이 내려오다 보니 들숨이 깊숙이 들어옵니다. 백회는 뭔가 뚜껑이 열린 것 같이 시원한 기운이 나가며 의염을 두면 백회의 신경이 감지가 되며 신경이 움직입니다.

준장하는 요령은 다음과 같습니다. 벽에다 송판을 손가락이 들어갈 정도로 고정합니다. 이것이 없다면 집에 있는 문고리를 잡고 하면 됩니다. 하기 전에 의념을 백회에다 관상합니다. 먼저 문고리를 양손으로 잡으시고 문 앞에 반듯이 서서 호흡을 가다듬습니다. 우주자연의 맑고 밝은 기운을 백회로 흡수하여 단전에다 축기를 한다 하고 들숨을 천천히 들이마시고 의식은 단전을 관하면서 무릎을 굽혀 앉은 자세에서 숨을 잠깐 멈춘 다음 천천히 호흡을 날숨으로 내뱉으면서 백회에다 의념을 두시고 일어서면 됩니다. 에너지 축기에는 아주 좋습니다.

이때, 마무리가 중요합니다. 남자는 왼손을 단전에 대고 여자는 반대로 교사하여 하단전에 두고 축기한 에너지를 단전에서 느껴 봅니다. 온몸의 탁기는 발바닥의 용천혈로 나갔다고 의념을 관하면 됩니다(우주자연의 맑고 밝은 기운이 백회와 척추를 타고 단전에 들어와서 나의 몸이 정화가 되었다고 의념을 두시고 반대로 그동안의 탐내고 성낸 탁기는 발바닥의 용천혈로 나갔다고 의념을 둡니다).

정리하면, 들숨을 천천히 들이마시면서 의식은 단전에 두고 무릎을 굽혀서 앉으며 잠깐 호흡을 멈춘 다음에 천천히 일어서면서 날숨을 뱉습니다. 이때, 의념은 백회에 집중하면 됩니다(준장 틀은 송판으로 6자 정도[8] 손가락이 들어가게 벽에 고정하여 만듭니다).

아무것도 하기 싫을 때는 이 준장만 해도 코로나19의 면역력을 키울 수가 있습니다. 단순한 수련이지만 자연의 깊은 뜻이 함축되어 강력히 추천합니다.

2) 단전과 백회의 신경 살리기

단전과 백회의 신경을 살리는 것은 일곱 개의 천상의 음과 옴아홍 만트라, 교차 호흡, 준장을 병행하면 됩니다. 사람의 체질에 따라 선호도가 다르지만 보통 평균적으로 이 세 가지를 함께하면 단시간에 효과를 보게 되어 있습니다. 매일 꾸준하게 시간을 정하여 놓고 하다 휴일에는 좀 더 집중적으로 시간을 늘려 가는 게 좋습니다.

일반적으로 단전 호흡만으로는 시간이 걸릴 수 있지만 위에서 설명한 세 가지는 우주자연의 원리와 인체의 핵심인 세포를 더 진동하게 하기 때문에 몸에서 일어나는 반응이 현격하게 다릅니다. 특별한 것은 없고 오직 자비심과 보리심의 마음에서 한 호흡과 만트라 한 소절을 하면 단전의 신경과 백회의 신경을 살릴 수가 있습니다.

---

8) 준장 틀의 규격: 송판 두께는 2~3cm에 가로 20~30cm, 세로 180cm이다.

3) 횡격막 신경을 살리는 방법

사실 여타의 경전 등 이 횡격막 신경을 살리는 것까지는 안내하는 책자는 거의 없다고 보아야 합니다. 도교책에나 있을 것입니다. 일반적으로 상단전과 하단전은 들어서 알긴 했지만, 이 횡격막 신경까지는 저 역시 잘 몰랐습니다. 이것 역시 열려고 한 것이 아니라 복부의 성 신경이 살아날 때 그 에너지의 응축된 힘이 여기까지 밀고 올라와서야 조금 감을 잡았습니다.

그런데 여러분, 이 코로나19의 바이러스를 벗어나려면 이것을 통과해야 가장 확실한 열쇠를 지니게 됩니다. 비밀번호도 필요 없이 언제든지 우리들 마음대로 깊은 명상에 들 수가 있다는 것입니다.

이 횡격막 신경이 살아나면 깊은 명상이나 묵상에 들어가는 것이 정말 어린아이들이 잠자는 것과 같습니다. 그만큼 몸의 조건이 형성되니 조금의 집중만 하여도 몸과 의식이 이완되어 세포가 가장 좋아하는 조건을 만들어 줍니다. 그렇기에 우리의 인체에 있는 모든 병을 본래로 돌아가게 하는 것은 신이 인간에게 준 선물이라고 할 정도로 매우 중요합니다.

너무 이야기가 길어진 것 같은데, 이 정도만 안내해 보겠습니다.

교차 호흡과 만트라는 엄청난 들숨과 산소가 들어오다 보니 일반적으로 하는 단전 호흡과는 비교가 되지가 않습니다. 그만큼 축기가 강하고 단기간에 뇌다 보니 성험이 없으면 복부의 성 신경이 이완될 때 한바탕 고통을 호소할 수 있습니다.

저는 무척 고생을 하여서 정말 두 번 다시 호흡과 만트라를 하고 싶지가 않을 정도였습니다. 사경을 헤맨 경험이 있다 보니 여기에선

매일매일 이완을 하여 모세 혈관이 서해부의 신경을 누르지 않도록 따뜻한 보이차나 구기자차를 마시면서 몸을 이완합니다.

단전에 축기된 에너지, 그리고 만트라와 교차 호흡으로 들어오는 축기는 횡격막의 신경즉 갈비뼈 사이사이의 모세 혈관을 뚫어버립니다. 동시에 척추를 타고오르는 신경의 모세 혈관도 정말 분수가 터져 나오는 압력으로 무척세계 치고올라가는 느낌을 받는데 기분이 아주 상쾌하며 오묘합니다.

횡격막에다 의식을 보리심의 지혜의 마음을 집중하여 옴만트라를 하여 주면 도움이 됩니다.

4) 교차 호흡 하는 방법

이 호흡은 인도의 우파니샤드에서 시작되어 요가를 하는 사람들에게는 널리 알려졌으며 장점은 들숨 시 양질의 산소를 다량으로 흡입하게 도와주며 교감 신경과 부교감 신경의 균형을 잡아 주고 인체의 균형을 잡아 준다는 것입니다.

두 손은 깍지를 끼고 오른손 두 번째 손가락으로 오른쪽 콧구멍을 막고 왼쪽 콧구멍으로 들숨을 천천히 깊게 단전까지 들이마십니다. 왼쪽 콧구멍을 두 번째 손가락으로 막고 오른쪽 콧구멍으로 날숨이 천천히 내쉽니다. 주의 사항은 천천히 폐활량을 키워 가며 숨을 멈추지 않고 자연스럽게 해야 한다는 것입니다. 그럼 각종 성인병에서 벗어날 수 있습니다.

5) 몸에 나타나는 증상들

만트라와 교차 호흡을 시작하면 손발이 달아오르고 열감이 느껴지며 가슴과 등, 목덜미, 심지어 머리도 아플 때가 있습니다. 온몸이 근질거리며 때론 얼굴에 무엇인가 기어가는 느낌을 자주 받을 것입니다. 그동안 굳었던 근육과 신경이 이완되어서 나타나는 증상이며 항상 이완으로 대처하면 됩니다.

이것을 하면 단전은 늘 따뜻해지고 식욕도 좋아집니다(과식은 금물입니다). 반대로 굳었던 가슴과 어깨 등의 신경, 호흡 신경이 살아나느라 통증이 동반되고 때론 머리통이 깨질 것 같은 상황도 마주하게 될 것입니다.

몸과 의식의 이완으로 대처하면 되고 과하게 욕심만 내지 않으면 됩니다.

6) 차크라 신경을 살리는 핵심

앞에서도 이야기하였지만 차크라 신경을 살리는 것에서 핵심은 일체 모든 생명을 평등하게 자식같이 사랑하는 애틋한 마음이며 홀어머니가 외아들을 사랑하는 자비의 마음입니다. 어쩌면 세포가 듣고 싶어 하는 마음일지도 모릅니다. 이런 마음가짐에서 나오는 파동은 두 배의 효과를 내며 마음이 몸을 관장하고 몸은 마음을 따라갑니다. 우리의 의식을 담는 그릇이 몸이며 둘은 서로 유기적인 관계로 존재하기에 어느 것 하나가 균형이 깨지면 반드시 두 배의 공을 들여야 합니다.

요즘 같은 팬데믹 사회에서의 마음가짐은 '내가 이 코로나19에서 벗어나는 지혜를 찾겠다.'라는 간절한 사무침이어야 할 것입니다.

이것이 차크라의 신경을 살리는 핵심 마음입니다.

9.
만트라명상 후
참선, 명상, 묵상하기

명상하는 방법을 설명하면서 명상의 결론부터 먼저 말합니다. 떨어지는 폭포수처럼 끊기지 않고 꾸준하게 흘러간다고 설명을 하겠습니다. 떨어지는 폭포수와 흘러가는 물은 그 사이사이가 작은 물방울로 서로 친밀하게 밀착되어 있어서 외부의 그 무엇이 끼어들 틈을 주지 않고 흘러갑니다.

우리가 명상을 할 때도 마찬가지입니다. 망상과 번뇌는 틈을 주면 나오게 되어 있는 것이 우리 몸의 구조입니다. 그런데 그 망상이 나오는 것을 알면 뇌는 일관적으로 흘러갑니다. 이는 집중하다 보면 사그라들게 되어 있습니다.

저 언덕 위에서 흘러가는 강물을 바라보듯 나의 몸에서 일어나는 몸과 마음을 주시해야 합니다. 언덕 위에서는 사물이 다 내려다보입니다. 마찬가지로 몸과 마음이 이완된 상태에서 모든 것을 지켜보아 궁극에는 번뇌망상이 나오지 않는 무의식까지 정화가 됩니다. 그러면 본래 우리 내면에 존재하고 있던 맑고 순수하고 또렷한 의식을 체험하고 그 각성 상태를 이어 가야 합니다. 그것은 지금의 삶을 바르게 잘 살기 위한 것입니다.

명상은 수련을 할 때만이 아닌 일상의 삶에서도 이어지는 훈련으로 돌아와야 합니다. 그것은 거창한 것도 아니고 늘 자신을 주의 깊게 관찰하는 습성을 들임으로써 익숙해지는 것입니다.

이 복잡한 정보의 시대야말로 명상을 하지 않으면 스스로 내면은 더 힘들 수밖에 없습니다. 그런 환경 속에 우리는 살고 있습니다. 이제 명상은 선택이 아닌 필수가 되어야 하며, 그 방법은 좀 더 간소해지고 일상의 삶에서 누구나 할 수 있는 생활 명상으로 전환되어야 합니다.

바쁜 현대인들은 산이나 교회에 갈 수 있는 시간이 많지 않기에 일상에서 늘 자기의 존재를 물어야 합니다. 그런 당위성이 나와야 명상도 스스로 깊어질 수 있습니다. 이런 것은 누가 강요를 하기보다 정말 나의 마음의 행복을 내가 찾아야 한다는 생각이 나와야 합니다. 명상은 따로 하는 것이 아닌 일상의 삶에서 자투리 시간을 활용하여 나의 행복을 지켜 내는 것입니다.

참고로 명상과 묵상을 지속하면 자가 면역력이 강화됩니다.

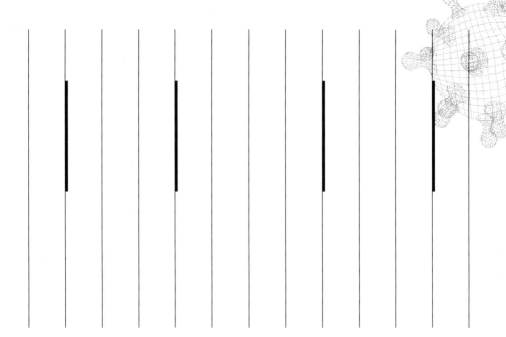

| 제6장 |

깊은 명상과 묵상으로
본래의 자가 면역 시스템을 구축하자

만트라명상을 한 시간 정도 집중하여 하고 나서 명상이나 묵상을 하여 보면 과거의 명상이나 묵상할 때와 다른 점이 나옵니다. 차크라의 신경이 살아나고 만트라명상을 하면 사람에 따라 망상이 안 올라오기도 하고 미세한 번뇌망상은 때에 따라 나오기도 합니다.

초심자와 중참자 그리고 구참자에게 벌어지는 상황과 조건이 다르기에 견성을 한 사람이나 하나님의 성령을 체험한 이들은 무심을 넘어 깊은 영적 선정과 묵상으로 들어갈 수 있습니다.

반면에 명상이나 묵상을 하시지 않았던 초심자들도 이치와 원리를 충분히 숙지하고 만트라의 진동파동음에 동화되면 본래 순수한 참성품인 나를 만날 수 있습니다.

다만 인체의 차크라 신경이 이완되지 않을 때에는 제가 하는 이야기가 좀 황당하게 들릴 수도 있어 의심하는 것도 이해가 됩니다. 과거에 저도 수십 년을 망상과 싸우는 명상을 해 왔습니다.

저 역시 위와 동일한 생각을 하였으나 조건이 형성되니 어느 것도 장애가 되지 않는 것도 몸소 확인하였습니다.

정리를 해 보면, 만트라명상을 하고 명상이나 묵상을 하면 지금보다 더 순수한 의식을 접하게 되어 명상의 참맛인 텅 빈 충만함을 자각하게 됩니다. 또한, 지금 하는 모든 일에 더 신심과 열정을 쏟으며 살아갈 수 있는 삶의 신성한 힘을 부가적으로 받을 수 있습니다.

몸이 이완되지 않은 상태에서 명상과 묵상에 번뇌망상이 더 많이 찾아오는 게 당연한 이치입니다. 어미 닭이 계란을 따뜻한 사랑과 자비의 마음으로 품을 때 병아리는 태어납니다. 몸의 신경이 이완되면 몸 구조상 신경 네트워크는 더 민첩하게 서로 유기적인 관계로 움직이기에 어느 한쪽에 부족함을 느끼지 않습니다. 특히 마음을 만드는 곳이 우리의 뇌이기에 만트라명상으로 뇌가 평화로우니 세로토닌 호르몬이 나옴으로써 더 이상의 훈습의 번뇌는 줄어들게 우리 몸은 태초에 그렇게 이미 만들어졌던 것입니다.

몸이 이완되면 첫째로 오온의 느낌이 사라집니다. 몸의 존재를 느끼지 못하면 무심으로 들어가기에 의식이 이완되면서 호흡이 점차 가늘고 얕아지며 초 집중력으로 들어가면서 몸의 느낌이나 의식을 더욱 선명하게 알아차림을 합니다.

마지막 꽃망울이 열리듯이, 지구에서 발사한 우주선이 몇 개의 과정을 거치면서 분리되어 결국 달에 도착하여 지구와 교신을 하듯이 깊은 선정과 묵상으로 들어가는 과정 역시 자연의 이치와 별반 다르지 않습니다.

몸과 마음이 더 세밀해지고 알아차림이 깊어지면 번뇌망상은 있어도 약하여 힘을 쓰지를 못합니다. 그리하여 결국은 본래 무극의 자리인 더하지도 빼지도 않은, 절대 오염되지 않고 불멸하는 그 자리에서 나와 우주자연이 하나인 지극히 이름을 붙일 수 없는 그런 의식을 만나는 것입니다.

우리가 이런 선정의 힘으로 깊은 명상이나 묵상을 통하여 그 순수하고 또렷한 태초의 순수 의식을 체험하면 할수록 나의 카르마는 스스로 정화됩니다. 그 태초의 의식 속에 본래 갖추어진 사랑과 자비의 마음으로 발심되어 세상에 좀 더 도움과 이로움을 나눌 수 있는 이런 선정이 바르게 나와야 하는 것입니다.

이 세상에서 최고의 맛은 선정과 깊은 성령의 맛입니다. 이는 한마디로 황홀경입니다. 남녀 간의 이성적인 쾌락의 맛하고는 비교가 되지 않습니다. 선정의 느낌에 바른 정견을 흡수하면 우주만물 만상의 지혜를 얻습니다. 이것을 통하여 인간은 감사와 덕분으로 살아갑니다. 그렇기에 이것은 더 성숙한 삶으로 안내할 것입니다.

그리고 '이것이 겸손이구나.' 하는 자각도 생길 것입니다.

1.
무의식이 변하면
희망이 보인다

인간의 뇌는 이미 논리와 이념이 들어가서 좀처럼 변할 수가 없습니다. 뇌 속에 있는 온갖 욕망들 중에 흘러가지 못하는 부정적인 훈습들은 지금 우리의 잠재의식에서 늘 준비하고 있습니다.

그것은 대부분 이타적인 마음보다 이기적인 생각의 염체들입니다. 그렇기에 이 무의식의 저장고에서는 사랑과 자비의 마음으로 초기화되어서 어떤 조건에서도 바로 이타적인 사랑의 마음이 무조건 나올 수 있어야 합니다.

그렇게 하기 위해선 지금의 무의식이자 잠재의식이 정화되어야 합니다. 습관을 들이면 사랑과 자비의 마음으로도 얼마든지 무의식이 변하는 것을 개인적으로 확인했습니다. 그러나 그것은 그만큼 본인의 노력과 의지, 시간이 필요합니다. 지금 이 만트라명상은 우주자연의 원리를 이용하기에 더 효과적이며 인체의 근원을 건드립니다. 그렇기에 더욱 심오한 것입니다.

우리는 지금 현재 의식으로 살아가지만 그것의 밑바탕에는 무의식에 입력된 정보가 있습니다. 그 도움으로 살아갑니다. 무의식은 우리의 의식 중 90%가 넘는 비율을 차지합니다. 다만 우리가 그것을 인식하지 못하다가 어떤 조건에서 과거의 훈습된 습관이 나도 모르게 나오는 것입니다. 그러니 평상시 우리의 현재 의식에 사랑과 자비의 싹을 심어야 합니다. 그러면 무의식에는 어떤 조건에서도 맑고 밝은 긍정의 마음이 나오게 되어 있습니다.

앞에서도 누차 설명드렸듯이 우주에 있는 모든 물질은 다 진동으로 움직입니다. 그 진동은 파장을 일으키고, 파동의 영향으로 우리의 몸과 의식은 주파수와 공명하면서 움직입니다.

인간은 공기를 마셔야 살 수 있습니다. 이처럼 우리의 몸과 의식은 진동의 파동으로 세포를 더 활발한 조건을 만들어 줍니다. 뇌세포에 이미 입력된 정보, 즉 진리의 측면에서 보면 부정적인 카르마를 좀 더 이타의 순수한 의식으로, 거친 마음을 차분한 마음으로 우리의 본마음으로 교정하여 주는 것입니다. 좀 더 긍정적이고 밝은 마음 밝은 생각이 나온다는 것입니다.

위의 설명에서 이치로 조금 이해가 가지 않더라도 백문이 불여일견이라고, 직접 일곱 개의 만트라를 염송하여 보면 제가 미처 설명하지 못하고 또한 찾아내지 못한 것을 좀 더 발전하고 연구하여 우리의 삶에 적용할 수 있을 것입니다. 그런 길이 지금은 어려워도 시간이 지나면 인간은 점차 물질의 풍요에서 환멸을 느낄 것입니다.

인간이 더 영적으로 깊어지면 지금의 이런 방법을 고수하지 않을 것입니다. 우리는 그 과도기에 살다가 가는 사람이기에 누군가는 이런 공부의 길에서 작은 지침이라도 만들어야 합니다. 이는 후학들이 배우고 공부할 수 있는 길을 만들어 주어야 할 지구촌의 공동 책임인 것입니다.

우리 역시 역대 조상님들의 공으로 이렇게 잘살 수 있었기에 후손들을 위하여 바른 삶을 살 수 있는 길을 안내해야 합니다.

이미 과거에 우리 몸으로 하는 수행은 존재했습니다. 그러나 인간의 욕심으로 묻혔고, 우리는 좋은 정보들을 두고 실은 돌아서 공부를 하고 있을 수도 있습니다. 그 배경에는 문화와 국가의 존속을 위한 깊은 이기심이 존재합니다. 우리는 본래 하나이지만 문화와 종교, 이념 등 수천 가지로 삶을 나누는 세상에 살고 있습니다. 다 좋습니다. 모두 우리가 그 상황에서 필요하였기에 만든 것이기에 우리는 그것을 존중하고 인정하면서 서로 화합과 상생하는 길을 차분하게 공유해야 할 것입니다.

결국 우리의 무의식에서 사랑과 자비의 마음이 나와서 지금 내가 행하는 일상의 모든 일을 바르게 생각하고 보아야 합니다. 그런 순간순간의 지혜가 나와 우리가 주어진 삶을 잘 살 수 있게 합니다.

이 만트라는 아주 특별한 태초의 신성의 파동음이기에 종교를 넘어 지구촌의 모두가 듣고 따라 하여 본래 우리의 신성을 회복할 수 있습니다. 각자의 삶에 적용하면 지금까지 살아온 이기주의의 삶에서 서서히 벗어나 '우리는 본래 하나'라는 공동체 의식이 발현되어 나와 세상 그리고 지구촌이 좀 더 진정한 평화를 누릴 수 있을 것입니다.

이 코로나19를 겪으면서 앞으로 지구촌이 지향할 삶에 이 일곱 개의 만트라기 훈풍을 타고 미국의 트럼프 대봉령과 중국의 시진핑 주석, 일본의 아베 총리, 북한의 김정은 위원장 등에게 전파되어 그들이 이 지구촌에 여행을 온 참목적을 반드시 깨달아서 거듭 우리들의 삶에 희망의 소식을 가져오기를 정말 간절히 기도합니다.

2.
거친 번뇌망상을
제거하라

우주대생명의 실상의 자리에는(참나, 양심, 하나님, 알라) 번뇌니 망상이니 하는 것이 없습니다. 본래 좋고 나쁜 것이 없는데 우리가 이름을 번뇌니 망상이니 해서 그것을 제거하고 내쳐야 한다는 강박관념을 가지는 것입니다.

선종에서는 번뇌가 즉 보리라고 합니다. 좀 더 생명의 실상적 차원에서 거친 번뇌를 보리로 만드는 지혜를 나누어 보겠습니다(이기적인 마음에서 이타심으로).

우리가 한 생각을 일으켰기에 파도가 출렁거리듯이 한 생각이 이타심의 선한 마음일 때는 물결만 일지 파도는 동하지 않습니다. 나에 대한 집착과 애착의 마음일 때 그 한 마음의 생각의 염체는 파동을 찌그러지게 일으키지만 반면에 긍정적이고 친절한 마음의 파동은 사인파같이 주변에 공명을 일으켜서 바다는 잔잔하다는 것입니다.

청명한 가을 하늘 같은 긍정의 마음엔 구름이 일지만 맑은 구름이어서 비를 만들지 않습니다. 매사에 나를 낮추고 상대방을 칭찬과 공경하는 자비의 마음에는 밝은 광명이 들어 있어 말을 하는 사람과 듣는 사람에게 흔적을 남기지 않습니다. 이처럼 거친 번뇌와 망상을 대적할 수 있는 것은 선한 사랑과 자비의 마음입니다. 이때 자연스럽게 밀려나는 것입니다.

명상이나 묵상 기도를 할 때 역시 이런 자비심의 마음을 가져야 거친 번뇌와 망상은 자연스럽게 줄어드는 것입니다. 거친 번뇌가 얼마나 큰지는 우리가 고요하게 앉아서 자신을 관하여 보면 스스로 알 수가 있습니다.

이 거친 번뇌를 잊으면 우리는 무엇을 하여도 올바른 집중을 할 수가 없고 그것과 싸움을 하다가 결국은 또 망상이 망상을 만드는 꼴을 만들고 맙니다. 그렇기에 우리의 무의식에 지금 들어 있는 거친 번뇌와 망상을 제거해야 우리는 일상의 삶을 온전하게 집중할 수가 있습니다.

이 거친 번뇌와 망상을 제거하는 방법에는 여러 가지가 있을 수가 있겠지만, 일곱 개의 천상의 음의 진동으로 거친 의식의 파동을 본래의 자리로 돌려주면 됩니다. 근원의 자연의 법칙으로 정화할 때 좀 더 깔끔하고 말끔하게 정화가 되는 것입니다.

의식의 근원은 세포입니다. 세포에 입력된 정보를 우리 몸의 세포가 원하는 것으로 치료하여 줄 때 모든 병은 근본적인 치료가 되는 것입니다. 세포가 원하는 것은 사랑이며, 자비의 파동을 원하는 것입니다. 이 순수하고 맑고 고운 진동의 파동으로 인해 거친 망상의 파동은 사랑과 자비의 파동으로 돌아옵니다. 이것이 거친 번뇌를 제거한다고 말할 수 있습니다.

이러면 그토록 빈번하게 나오던 번뇌와 망상도 확연하게 줄어듭니다. 그 번뇌와 망상이 줄어들었는지는 본인만이 알 수가 있으며 평상시에는 잘 모르다가도 고요히 좌정을 해 보면 확인할 수 있습니다.

3.
미세한 망상과 산란함을
끝까지 제거하는 방법

전기밥솥은 밥이 다 되고 나서 뚜껑을 열면 마지막에 미세한 수증기가 나옵니다. 이것과 같이 깊은 선정이나 하나님의 성령에 들기까지 미세한 망상과 산란함이 나오는 것은 저 역시 완전히 제거하지는 못했습니다. 그러나 선정의 힘에서 얻은 지혜를 말해 보겠습니다.

전기밥솥의 예처럼 작은 수증기와 물방울을 없애려면 밥을 할 때 물을 적게 붓고 뜸을 더 들이면 됩니다. 이렇게 수증기를 줄일 수가 있듯이 무의식의 뿌리에 사랑과 자비심의 씨앗을 깊숙이 심어 놓아야 합니다.

틈만 나면 보리심의 지혜를 나의 의식에 집어넣어서 그것이 꿈속에서도 나올 수 있게 만드는 것입니다. 모든 생명을 평등하게 사랑하고, 모든 생명을 고통에서 벗어나게 하며 또한 모든 생명이 그런 어리석음에 들지 않게 내가 돌봐야 한다는 이런 발심을 하면 번뇌와 망상은 갈수록 미세하게 줄어듭니다.

이것을 반복하면 미세한 망상과 산란함은 나와 상대를 불편하지 않게 합니다. 그렇기에 어떤 조건에서 유와 무의 분별하지 않고 또한 존재의 실상을 어떤 선입관과 철학적인 개념 없이 일어나는 그대로 보고 그것에 대한 알아차림을 하게 됩니다.

또 한 가지는 무의식에 우주대생명의 고운 파동을 계속하여 넣어주면 그동안 정보가 대기 상태에서 본래 한 생각 일으키기 전, 즉 분별하기 전의 순수한 마음으로 전환되어 우주자연으로 회향한다는 것입니다. 이 무의식의 뿌리가 이타심이 되어야 어떤 상황과 조건에서 대긍정의 '예'라는 시원하고 명쾌한 소리가 나오는 것입니다.

이것이 본래 우리의 본마음이며 본생명의 소리입니다.

4.
무심을 체험하기

무심을 체험하는 방법은 여러 가지가 될 수가 있습니다. 제가 경험한 것을 소개하여 보면 인체의 에너지센터의 신경이 열리고 만트라명상을 하면 호흡을 장악하는 힘이 아주 탁월해집니다.

거친 호흡에서 가늘고 얕은 호흡이 되며 만트라 음률은 우주 생명의 에너지 파동음으로 진동하기에 인체의 차크라를 활성화시키니 온몸이 따뜻해져서 마치 목욕탕에서 온몸을 이완시키듯이 육신의 무게를 잊게 됩니다.

명상 중에 신체의 일부가 불편하면 우리는 그것에 대한 의념을 일으키게 되면서 하나의 생각은 또 만들어지는 것이지요. 몸에 에너지가 강하게 작용하여 굳은 몸, 즉 신경과 모세 혈관들이 풀리면 몸은 한마디로 평온합니다. 한마디로 구함이 없는 상태입니다.

몸이 이완되면 비로 의식도 이완되는 과성이 진행되는 깃입니다. 그런데 몸이 이완되어 나의 육신의 무게를 느끼지 못할 때는 느낌과 취하려는 의념이 일단은 덜 일어나서 몰입을 할 수 있는 것입니다.

일단 몸에 대한 일체의 상만 사라져도 마음은 생각을 일으키지 않아 본래 청정한 자성과 성령을 가볍게 맛볼 수가 있습니다. 무심이란 한 생각도 일으키지 않은 상태로 완전히 진입하기 전에 완전한 의식의 이완은 부족한 상태이지만, 몸과 마음이 구함이 없는 상태에서 각성을 하는 상태라고 말할 수 있습니다.

무심이 깊어지고 성령이 충만해지면 몸의 작용에 따라가지 않습니다. 우리는 어떠한 수행이나 묵상 기도를 하더라도 무심을 통과해야 더 깊은 영성으로 들어갈 수 있습니다. 그러니까 무심은 깊은 영성으로 들어가기 전 단계를 말하는 것입니다.

꽃으로 설명을 해 보면 개화는 하였어도 아직 향기를 발산하지 않아서 벌들이 찾아오지 않은 상태이며 더 향기로운 꿀향이 지금 꽃 전체에서 스스로의 자정 작용으로 만들고 있는 상태라고 할 수 있습니다.

5.
어떻게 하면 깊은 명상이나
묵상으로 들어갈 수 있을까

앞에서 이야기를 하였듯이 깊은 명상으로 들어가려면 조건이 있습니다.

깊은 명상이나 묵상으로 들어가는 조건을 장미 한 송이가 피는 것을 예를 들어 설명을 하였듯이 꽃이 피어나려면 따뜻한 온도와 햇볕 그리고 수분이 필요합니다. 이처럼 깊은 명상으로 들어가려면 위의 무심의 단계에서 더 깊숙이 들어가기 위한 일곱 개의 차크라의 신경이 살아나야 합니다. 만트라로 무의식이 정화되면 번뇌망상이 현격하게 줄어들어 몸과 의식은 이완되고 호흡은 거의 무호흡인 피부 호흡을 합니다. 이는 거의 느끼지 못할 정도로 얕은 상태에서 의식의 명료하고 또렷한 본래 순수의 의식을 느끼는 것입니다.

이 상태에서 우주 태초 생명의 실상의 자리(참나, 영성, 양심)를 확인하고 내가 우주자연과 연결되었다는 의식의 확장이 이루어집니다. 우주자연은 사랑과 자비심으로 돌아가기에 이것이 깊어지면 보리심으로 발심되는 것입니다.

(보통 우리는 참나와 본성, 영성, 양심을 확인하고 그 분별이 없는 청정한, 이름 붙일 수 없는 자리는 찰나의 확인으로 끝납니다.)

그런데 깊은 명상 상태에서는 그것이 더 확장됩니다. 본래 이것이 우주자연의 주인공으로, 대가를 바라지 않는 무조건적인 사랑을 베푸는 태양을 보며 '아, 우주자연이 사랑이며 자비이구나.'라고 인식해야 합니다. 그와 동시에 나와 우주자연이 본래 하나라는 의식을 해야 합니다.

그리고 태양은 모든 생명을 키우고 도움을 주어도 생색을 내지 않는, 한마디로 뭇 생명에 대한 자비심이 깊은 존재입니다. 그래서 우주자연은 보리심의 지혜로 충만되어 있고 우리가 궁극에는 이런 자연의 지혜와 하나가 되어 그런 의식과 행을 갖추어야 한다는 것입니다. 태양은 평등심으로 우주삼라에게 골고루 공평하게 비추는 사랑이자 자비이며 곧 보리심의 지혜라고 이해하면 됩니다.

이것은 좀 이해의 난도가 높은 것이지만 개념을 사유하고 그것에 대한 자연의 관찰을 통하여 나의 의식에 확신이 들면 되는 것입니다. 지금의 수련처럼 관념과 의식 수련만으로는 깊은 영성으로 들어가기에는 좀 부족한 것입니다. 위의 꽃을 예로 들어 설명을 한 것처럼 에너지의 도움을 받으면 누구든지 더 깊은 영성으로 들어갈 수 있습니다.

깊은 삼매와 깊은 묵상이 에너지의 도움을 받으면 자연스럽게 들어가도록 우리 몸은 그렇게 기본을 갖추고 있는 것입니다. 그런데 우리는 오랜 수행을 하여도 이런 깊은 명상을 체험하지 못했기에 그런 깊은 성자의 마음인 보리심의 지혜가 나오기 어려운 것입니다.

꽃이 피어 열매를 맺고 씨가 발아되어야 주변을 이롭게 할 수가 있습니다. 그런데 우리는 이 깊은 선정을 체험하지 못했습니다. 하여도 바른 정견을 갖추지 못한 상태에서 이루어지다 보니 보리심의 지혜를 발하지 못하는 것입니다.

앞에서 말한 이런 의식이 나오면 그것이 곧 성자의 삶인 것입니다.

6.
번뇌와 망상이 줄어도
습기는 제거해야 한다

과연 인간의 탐욕은 제거할 수 있을까요? 지구촌 77억 인구 중에서 이 사실을 믿는 사람은 아주 극소수일 것입니다. 이것이 사실이고 과학적이고 논리적이라면 지구를 살리는 길이지만 불행하게도 인간은 새로운 것에 대한 거부감을 가지고 익숙함을 즐기려고 합니다.

횡격막 신경이 이완되면 우리의 몸은 그렇게 많은 양의 산소를 필요로 하지 않고 적은 산소로도 서로 유기적인 관계를 잘 이어 갑니다. 깊은 이완과 에너지체가 함께 동시에 진행되다 보니 오랜 시간 앉아야 삼매에 드는 것이 아니라 (몸의 이완에 따라 차이는 있지만) 일단 몸이 이완되고 의식은 고요하고 또한 군더더기 없어야 맑고 또렷한 의식이 드러납니다.

이완의 몸속에서 의식은 더 확장되는데 이 느낌은 사람마다 다르지만 태초 근원의 시간으로 영적 여행을 합니다. 우주의 시작 없는, 무한한 넓은 공간에서 빛과 함께 영원불멸의 또렷한 의식을 체험하게 됩니다.

삼매를 체험한다고 습관이 사라지는 것은 아닙니다. 단지 삼매는 우리의 신성인 참나와 성령을 확인하는 것이며 지금껏 살아온 습기는 제거해야만 되는 것입니다. 그 습기를 제거하는 가장 효과적인 방법은 보리심의 지혜를 발하는 것입니다. 그렇게 하면 습기는 있으나 미약하여 햇볕 앞에 이슬같이 줄어들고 이때의 습기는 상대를 이롭게 하기에 걸림이 없는 것이 되는 것입니다.

삼매나 성령을 바로 체험하면 진정한 삶의 행복과 평화라는 것이 보리심의 지혜로 나옵니다. 그러나 자신의 안위만 돌본다면 진정한 삼매를 바르게 보지 못하였다고 말할 수 있습니다. 본래 그 자리는 우주가 인간과 연결되어 있는 순수하고 또렷하고 맑고 밝은 텅 빈 각성의 상태인 것입니다. 그래서 그 자리는 사랑과 자비를 가진 이타의 삶으로 나올 수밖에 없는 자리이기도 합니다(그 자리는 순수생명의 자리입니다). 그 자리는 무한하며 그것에 감동된 만큼 각자의 역량이 나옵니다.

7.
컵 안의 흙탕물이 가라앉는 것으로는
아직 부족한 명상이다

　기도를 하든 명상을 하든 다양한 방법으로 들뜨는 번뇌망상을 가라앉힐 수는 있습니다. 그러나 번뇌와 망상을 근본적으로 제거하지 않으면 또 조건이 되면 나올 수가 있다는 것입니다. 아예 처음부터 번뇌의 싹을 잘라 주어야 조건이 되었을 때 흙탕물이 만들어지지가 않습니다. 흙탕물 속에서도 태양은 뜨지만 투영이 되지 않아서 역할을 할 수가 없습니다.

8.
어떻게 해야 컵 안의 가라앉은 흙탕물을
완전히 제거할 수 있을까

　저는 이것을 자연의 이치로 설명하겠습니다. 컵 안의 가라앉은 흙탕물을 정화하려면 나가는 물꼬를 터 주고 들어오는 입구를 나가는 쪽보다 더 크게 넓혀서 들어오는 샘물이 고여 있는 흙탕물을 밀어내면 됩니다.
　이와 같이 기존에 살아온 잠재의식인 무의식 속에 언제 어떤 조건이 되면 과거의 습관이 나올 수 있는 흙탕물이 대기하고 있는 상태입니다.

일곱 개의 만트라명상으로 우리의 무의식(잠재의식)이 정화가 되고 횡격막 신경이 이완되면 들숨과 날숨이 하늘과 땅과 같이 조화로워 흙탕물인 번뇌망상이 자연스럽게 파동음을 타고 인연 따라 가는 것입니다. 이것은 결론이지만 이것에 도달하기까지는 부지런히 수년간 정진해야 합니다. 그렇지만 무의식이 정화되어 횡격막 신경이 열린 뒤에는 누구나 가능한 일입니다.

우리 몸은 생각의 집이며 또한 의식을 담고 있는 그릇입니다. 그릇 속에 있는 의식, 의식 속에 있는 그릇은 서로 불가분의 유기적인, 즉 이원성이 아닌 하나의 '통의식' 상태인 것입니다. 그렇다고 하여 인간의 육신을 가지고 있는 한 번뇌 망상을 완전히 제거할 필요는 없습니다. 또한 제거도 되지 않습니다.

다만 법의 요지까지만 필요한 것입니다(진리의 상식선). 때론 에고가 있어야 참나를 인식하듯 서로를 해하지 않는 선한 마음이 더 많이 존재하면 이기심은 있어도 상을 만들지 않습니다.

9.
수행과 삶이 진전되는
두 가지를 공부하라

우리가 인생을 살아가면서 삶이 무기력할 때 보통의 사람들은 여행을 떠나 환경을 바꾸어 다른 사람들이 살아가는 모습을 지켜보고 또한 대자연을 보면서 삶의 희로애락을 정리합니다.

　수행이나 종교를 가지고 있는데 뭔가 진취적이지 못하고 그냥 세월이 간다고 생각하면 이런 방법을 추천합니다. 지금 우리가 신앙을 믿는 성인들은 지금으로부터 수천 년 전에 존재하셨던 분들입니다. 그분들처럼 웬만한 신심이 있지 않은 한 누구든지 관념적인 방식의 의식과 마음이 들 수가 있습니다.

　한번 생각해 보세요. 우리를 낳아 주신 부모님들도 돌아가시면 짧은 시간 안에 잊히지 않습니까? 하물며 수천 년의 성인이라도 내 가슴에서 늘 사랑과 자비의 마음이 한결같이 나오는 것이 참으로 어려운 부분인 것이 사실입니다.

　먼저 마음가짐을 이렇게 준비를 해 보세요. 성인의 그 넓고 넓은 사랑과 자비의 마음에 일단 들어가서서 아이가 엄마의 풋풋한 사랑을 그리워하듯이 여러분도 그 성인의 가슴에 아이처럼 그 사랑과 자비의 넘치는 사랑과 하나 되는 마음을 깊게 관상을 하는 것입니다. 그 사랑과 자비의 싹을 우리 가슴에서 불쏘시개로 써서 피어나게 하는 것입니다.

　이것을 할 때에는 꿇어앉아서 성인에 대한 헌신과 공경심 그리고 그리워하는 마음이 있는지 없는지를 늘 들여다보아야 합니다. 이 마음이 생기도록 하여 실제 타임머신을 타고 올라가 수천 년 전의 여러분이 믿는 성인 앞에서 직접 내가 그 당시 상황에서 예를 올린다고 하면 여러분의 마음과 태도에 더 공경심이 생길 것입니다.

　이것이 지금의 방황하는 우리가 영적 성숙의 길을 갈 수 있는 극 처방입니다. 이렇게 마음이 준비되면 몸과 의식이 정화도 빠르고 또한 정화가 된 만큼 영적 성숙도 깊어질 것입니다.

이런 마음의 연장에서 수행과 삶의 길에서 두 가지의 공부를 시작해야 합니다. 그 하나는 우주대자연이 어떻게 존재하며 움직이는가 하는 자연의 법칙을 아는 것이고 두 번째는 그 자연의 법칙 안에 인간이 살아가는 존재의 실상과 고통에서 영원히 벗어나는 길을 배우고 실천하는 것입니다.

이 두 가지가 여러분이 공부하는 길하고는 다를 수 있겠지만 좀 더 대자연의 법도를 알아야 참다운 영성을 꽃 피울 수 있습니다. 역대 성인들도 다 대자연에서 스스로 사유하여 이치와 존재의 실상을 실감 나게 규명할 수 있었던 것입니다. 제가 말씀드리는 이야기는 좀 난도가 높게 들릴 수도 있을 것입니다.

이미 여러분은 이미 오랜 시간 기본적인 논리와 이념을 공부하였기에 지금보다 더 높은 이념을 공부해야 전체를 볼 수 있고 그래야 삶에 자신과 확신을 스스로 가질 수 있습니다.

이런 공부가 깊어져야 큰 지도자가 될 수 있습니다. 하느님이 천지를 창조하셨다고 믿는 사람들은 '어떻게 하면 하느님께서 창조하신 우주대자연을 잘 사용할 수 있을까?'라는 물음을 던지고 그 해답을 찾으면 하느님께서 얼마나 기뻐하시겠습니까?

무작정 하느님이 천지창조를 하셨으니 우리는 신경을 쓸 필요가 없다고 생각하면 그것은 하느님의 사랑의 능력을 온전히 이해하지 못하는 꼴이 되는 것입니다.

성인의 가르침을 따르는 우리는 늘 가슴 속에 그분처럼 실천하며 살 수 있는 마음 그릇을 키워 가야 한다는 것이 저의 생각입니다. 우주대자연 생명의 법칙을 공부해야 더 깊은 영성의 세계로 들어갈 수 있습니다. 본래 우주자연이 무한한 사랑이고 자비인 것을 만날 수가 있기에 우리는 좀 더 깊은 사랑과 자비의 삶을 살 수 있습니다.

10.
만트라명상으로
수행과 삶에 지혜를 찾다

운동선수가 100m 달리기에서 수십 년을 노력하여도 기록이 갱신되지 않을 때에는 본인은 참 곤혹스러울 것입니다. 우리가 삶과 영적인 길에 있어서 기초는 마쳤는데 수십 년을 수행하여도 진전이 없을 때, 열심히 가족들을 봉양하며 일상의 삶을 충실하게 살아왔지만 노후에 대한 불안감과 죽음에 대한 두려움이 닥쳐올 때는 현실이 불안하고 어떻게 할 수가 없습니다.

수십 년을 명상이나 묵상 기도를 하여 하느님의 성령과 하나 되지 못하였을 때에는 체험한 사람들이 하는 말에 의심이 생기고 자기만의 생각으로 때론 공감을 할 수 없을 수도 있습니다

왜냐하면 제가 말씀드리는 것은 접하여 보지 않은 것이기에 더더욱 받아들이고 이해하기가 좀 어려운 것이 있습니다. 그래서 우주자연의 근본적인 원리의 법칙을 적용하여 우리 몸과의 근본적으

로 연결된 이런 이야기는 우리 사회에서 흔하게 접할 수 없는 이야기입니다.

이런 말을 전하는 저 역시 수십 년을 그런 생각으로 공부를 해왔습니다. 그것을 토대로 지금까지 올 수 있었고 좀 더 단순하면서도 쉽고 간단하면서도 깊은 뜻이 담긴 만트라명상을 접하고 수년을 공부하여 보니 참으로 놀라운 것들이 있어서 꼭 전하고 나누어야 할 사명감으로 이 글을 씁니다.

만트라명상을 하고 번뇌와 망상이 줄어들고 무심의 맛만 보아도 삶과 영적인 길에서 물러설 수 없는 자신감을 회복하는 것입니다.

관념적인 단계에서 내가 기록을 1초 단축을 하여 더 노력할 수 있는 자신감이 생기면 되는 것입니다. 궁극의 실상의 맛이 삼매이고 하나님의 깊은 성령의 충만을 체험해야 인간은 삿된 삶을 살지 않고 좀 더 존재 지향적인 삶을 살 수 있는 것이지요.

연어의 회귀 본능처럼 인간의 DNA를 복원하게 하는 것입니다. 낙숫물이 바위를 뚫듯이 꾸준히 만트라명상을 즐거운 마음으로 즐겁게 하시다 보면 번뇌망상이 줄어들고 무의식이 정화되어 누구든지 깊은 영성으로 들어갈 수 있습니다.

번뇌망상이 나와도 몸과 의식이 이완되면 몰입의 힘이 원체 강하다 보니 호흡을 관찰하는 힘이 세밀하여 미세한 번뇌망상이 맥을 못 추고 사라지는 그 과정을 스스로 확인할 수 있습니다.

끝까지 호흡을 관하다 보면 강물이 흘러가듯이 자연스럽게 들어가게 되어 있습니다. '내가 꼭?' 그런 마음도 내지 말고 한 호흡에 정성을 다하여 몰입의 힘을 키우면 결코 그렇게 어려운 것이 아님을 스스로 확인하게 됩니다.

　살아온 만큼 무명의 업식은 높습니다. 이 태산 같은 무명의 무의식에 담긴 정보를 우리가 가진 근원의 생명의 파동으로 녹일 때, 그것이 설산의 빙산처럼 녹아내린다는 것을 저는 경험을 통하여 확인하였고 또한 과학자들의 실험을 통하여 이것이 입증이 되었습니다. 그리고 천재 시인 괴테도 진동하는 힘이 생명의 원천임을 말하였습니다.

　과학자의 말도 중요하지만 인간보다 더 순수한 영적 깊이는 자연입니다. 그 원리를 과학이 따라잡는 데는 어디까지나 한계가 있습니다. 눈을 감고 평온하게 앉아서 이 허공에서 만트라의 음률이 파동으로 내 몸과 마음을 치유하고 있다고 생각하면 저 빛나는 태양 빛이 달리 보일 것입니다.

　그리고 마음이 더 차분해지면 우주 삼라만상에서 진동하는 자연의 진동파동을 느끼고 들을 수 있습니다. 늘 그것이 밀물과 썰물 같이 들숨과 날숨으로 자연스럽게 들어왔다 나갈 수 있게 마음을 어디에도 묶지 않고 정하지도 말아야 합니다. 지금 이 느낌 이대로를 알아차리면 하늘에만 태양이 뜨는 것이 아니라 내 마음에도 태양이 빛의 광자로 빛나는 것으로써 곧 내가 길이요, 진리요, 생명인 것을 확인할 수가 있습니다.

　마음은 지수화풍이며 곧 빛이며 원소인 입자입니다. 영적 수행의 길에서 저의 생각은 이렇습니다. 어느 정도 이론을 공부하고 그것을 문·사·수의 과정을 통하여 사유를 하여 그것에 대한 스스로의 문리와 이치가 드러나야 합니다. 지혜는 에너지이기에 차면 드러나게 되어 있습니다.

스스로 내면을 통하여 우주자연이 무엇으로, 어떤 조건으로 운행하는지 자연의 법칙을 이해해야 어떤 어려움에든 적용할 수가 있습니다. 남의 이야기만 되풀이하여서는 영적 발전이 있는 것이 아니라고 생각합니다. 가령 그렇다 하더라도 나의 사유로 그것에 확신이 서야 공부가 정리됩니다. 저의 경우는 이 만트라명상을 통하여 궁극의 지혜를 밝힐 수가 있었습니다.

우리의 손은 하나이지만 손가락은 5개가 다 다르듯이 제가 이야기하는 것을 모든 사람이 받아들일 수는 없으며, 그중에 인연 있는 사람에게 도움이 되었으면 하는 간절한 마음으로 저의 생각을 나눕니다.

11.
만트라명상은
오대산 전나무숲의 맑은 공기와 같다

만트라명상을 하고 명상을 해 보면 예전에 비해 호흡과 느낌, 마음, 그리고 법에 대해 관찰하는 집중력은 아주 명쾌해집니다. 예를 하나 들어보면, 밀가루와 물은 엉거서 반죽이 되기 전까지는 서로 따로따로였지만 둘은 연기적 조합으로 쫀득쫀득하게 틈 하나 없이 밀착된 한 덩어리가 됩니다. 몸과 의식이 이완되지 않았을 때는 몸에 대한 마음이 일어나는 느낌을 포착하는 것에서 세밀한 부분이 떨어질 수밖에 없습니다.

만트라명상을 접하면 지금 내가 수행하는 밀도보다 더 예리하고 날카롭게 집중하는 경험을 할 수 있습니다.

서울의 공기를 마시다가 강원도 오대산 전나무숲의 공기를 마시는 순간 숨쉬기가 편함을 느낍니다. 이 둘의 차이는 오직 내가 직접 경험을 하여 보는 것밖에 없습니다. 제가 아무리 만트라명상을 하고 명상이나 묵상을 하시라고 하여도 받아들이는 부분은 미약하다는 것을 알고 있습니다.

늘 우리는 불편하여도 기존의 익숙함을 수정하려고 하지 않기 때문입니다. 한번 경험해 보면 됩니다. 오대산의 맑은 공기는 우리의 몸을 거스르지 않고 자연스럽게 들락거리면서 어느 것 하나 거스르지 않습니다. 마찬가지로 몸과 의식 그리고 무의식을 좌정하게 하고 나서 여러분이 행하는 명상이나 묵상을 하여 보면 지금보다 더 단순한 진리를 선물 받을 것입니다.

그동안 경험한 너무 복잡한 영성 수행 체계와 삶의 다양한 논리 대신 간단하면서도 파격적인 신성한 힘을 적용한다면 삶과 영성 수행의 늪에서 벗어나 좀 더 순수한 자기의 영성과 일상의 삶을 빠르게 회복하는 힘을 반드시 가지게 될 것입니다.

몸과 마음, 의식이 굳어진 상태에서 몸과 마음의 알아차림은 순일한 것 같지만 망상과 번뇌가 늘 먹구름같이 가려져 있다가 조건이 되면 계속 나옵니다. 그렇기에 좀 더 근원적이고 원천적인 진리의 파동으로 계속하여 정화하면 번뇌와 망상이 사랑과 자비의 씨앗으로 발아하게 되는 변화의 과정을 겪게 될 것입니다.

12.
천상의 음을 듣기만 하여도
우리의 영성은 깊어진다

삶과 수행의 길에서 우리에게 지금 인연이 되는 것은 내쳐야 할 것이 아닙니다. 모든 것을 거름과 디딤돌로 받아들이는 수용의 자세가 중요합니다. 과거에는 그 시대와 환경에 맞았기에 논리와 이념이 나오는 것이며 지금 내 앞에 보이는 것은 때가 되니 만나는 것입니다. 이 원리를 삶과 영성 수행의 길에서 잘 사유하여 함께 공존하되 서로를 인정하고 받아들이면 그때는 함께 살아가는 것입니다.

좀 어려운 이야기 같지만 삶과 영성의 길의 마무리는 어느 것과도 다 수용하고 더불어서 사랑하며 살아가는 것입니다. 또한 세상 만물의 물질인 자연과 공감하면서 나무의 물 올리는 소리부터 이름 모를 풀벌레 소리와 새 소리, 매미 소리가 다 천상의 음으로 들리므로 우리의 귀와 눈이 열리는 것입니다.

명상은 나에게서 출발하여 너로, 그리고 우리로, 마지막은 무시이래로 시작된 나로 돌아가는 지구촌 여행인 것입니다. 우리의 굳은 몸과 이기심의 마음, 나라는 아상의 집착 속에서 지금의 명상은 물이 언덕을 만난 것과 같습니다. 물이 언덕을 만나면 빙글빙글 돌면서 때를 기다립니다. 본인의 힘만으로는 저 언덕을 넘을 수가 없기에 천둥·번개를 만나야 문살의 힘으로 언덕을 넘을 수 있습니다. 우리가 지금껏 하여 온 명상은 이렇게 언덕을 만난 것과 별반 다르지 않습니다(다소 생각이 다를 수 있음). 저도 명상을 한 지는 오래되었어도 진정한 명상의 몰입은 하지 못하였습니다.

그런데 몰입되어 온갖 번뇌와 망상이 존재하지 않는 그런 명상은 우리 모두 존재할 수가 없다고 생각합니다. 왜냐하면 명상의 시작부터 번뇌와 망상이 올라오면 알아차림으로 공부를 하였기에 그것이 익숙하기 때문입니다. 그런데 우리가 명상을 할 때 번뇌와 망상이 없고 오로지 알아차림만 지속될 수 있다는 논리는 아직 지구촌에 등장하지 않았습니다.

그런데 저의 경험으로는 이것이 가능하다는 이야기를 전하고 싶습니다. 정말 명상과 묵상을 하는 분들에게는 놀라운 사건이자 매우 흥미로운 일입니다. 또한 그것에 도달하고픈 마음에는 솔직히 우리 모두 공감할 것입니다.

이 이야기는 이 정도만 던져두고 추후에 나누고자 합니다.

이것과 무의식, 그리고 일곱 개의 천상의 음인 만트라조차 여러분은 적응을 할 수 있는 시간이 필요합니다. 너무 과하면 체하듯이 무엇이든지 단계적으로 올라가야 합니다. 그러나 이런 것이 있을 수 있다는 생각을 하여 보셔야 도움이 될 수가 있습니다.

지구촌에 논리는 넘쳐 나도 그런 성인들의 깊은 영성을 체험하는 안내는 부족하고 지금도 역시 지구촌의 수많은 사람이 영성의 길을 가지만 그렇게 체계적인 과정을 거치는 소위 깊은 영성을 체험하는 과정과 안내서는 부족하다고 봅니다. 논리는 쉬어도 깊은 선정과 성령을 체험 후 삭혀서 그것을 후학들을 위하여 토해 내는 것은 자기의 경험이 있어야 하기 때문입니다.

그런데 인간은 아는 것보다 실제 오대산의 전나무숲의 공기를 마셔 봐야 합니다. 백 권의 책에서 이익을 구하는 것보다 단 한 번의 깊은 영성 체험을 해야 합니다. 거기서 나온 가르침을 바탕으로 삶의 궁극의 지혜를 만날 수 있기에 그만큼 깊은 영성의 체험은 매우 중요하다고 봅니다.

지구촌의 몇 사람만 깨어나고 대부분의 사람은 그런 깊은 명상 속으로 들어가지 못하는 것은 한마디로 조건이 부족해서입니다. 우주 에너지의 기운을 받고 원력을 세우고 정진하면 깊은 선정과 묵상의 지혜를 얻어서 나와 세상에 도움을 줄 수가 있습니다.

결론을 말하자면 삶과 영성의 길에서 깊은 영성으로 들어가서 삶의 지혜를 얻고자 하는 이들은 이 일곱 개의 만트라를 들고 하루에 최소한 2~4시간씩 몇 년을 하면 명상이나 묵상이 더 진일보될 것입니다. 그러니 선정과 묵상의 지혜를 얻어서 우리 사회와 지구촌에 회향하는 그런 사람이 많이 나오기를 희망합니다.

우리 모두는 지금껏 논리는 충분히 갖추었으니 이제는 좀 더 깊은 영성으로 들어가는 지혜를 얻어야 합니다. 그로 인해 여러분의 삶과 영적 여행이 더없이 구함이 없는 여행으로 마무리되기를 발원합니다.

13.
만트라명상 후
참선, 위빠사나, 묵상 기도 등

1) 만트라명상 후 간화선·화두 참선 하는 방법

일상의 좌선 시 화두를 먼저 들지 말고 일곱 개의 만트라를 최소한 한 시간 정도 집중하여 하고 참선에 들어갑니다. 기존에 좌선 시작부터 화두를 들고 좌선에 들어가면 사람에 따라 화두와 내가 하나가 되는 시간이 다 다를 것입니다. 그렇게 좌선을 하였다면 이번에는 한 시간 이상을 만트라염송 하고 좌선에 들어가 보시면 다른 점이 분명히 나올 것입니다(하루에 최소한 두 시간 이상). 화두를 들려 하지 않아도 화두가 들어지며 그토록 떠오르던 번뇌와 망상이 전보다 잔잔해지며 호흡을 장악하는 힘도 생기며 몸과 의식이 더 고요와 경안으로 집중하는 힘이 더욱 강화됨을 확인할 수가 있습니다.

우리가 화두를 드는 것은 강아지가 도망가지 못하게 목을 묶어 그 목걸이로 하여금 번뇌망상이 침입하지 못하게 정문에 경비병을 세우는 것과도 같은 것입니다.

사실 화두 공안은 저 역시 수십 년을 하여 왔습니다. 근기가 되는 사람에게는 상당한 깨달음으로 가는 지름길은 맞습니다. 반면에 그러하지 못한 사람에게는 때론 그것의 개념과 의정이 올라오지 않으면 별 도움이 되지가 않습니다.

우리가 무엇을 하든지 간에 맛을 보아야 합니다. 일단 선정의 맛을 보게 되면 좌선을 하지 말라 하여도 그냥 길을 가면서도 명상이 되는 법입니다. 그런 체험과 맛을 경험할 수만 있다면 모든 것은 다 하나로 연결되기에 결국은 다 한곳에서 만날 것입니다.

만약에 좌선의 선정 환희를 체험하지 못하였다면, 그리고 깊은 삼매를 체험하고 싶다면, 저의 말대로 한번 해 보시면 도움이 될 것입니다. 만트라명상을 한 시간 정도 하고 화두를 처음부터 들지 마시고 일단 만트라명상이 끝나면 바로 호흡을 주시하시길 바랍니다.

이때, 호흡은 파도를 타는 것과 같이 들숨에 올라가고 날숨에 내려가는 것을 관상하면서 차츰 자연스럽게 파도를 줄여 갑니다. 이럴 때 절대 파도를 놓쳐서는 안 되기에 들숨의 파도, 날숨의 내려감을 온전하게 하나 되어 집중을 이어 가면 됩니다.

호흡은 들숨과 날숨을 집중하여 몸이 이완되고 점차 세밀하게 의식이 이완되어 가는 것을 지켜봅니다. 호흡이 더 가늘어지고 몸과 마음에 흔들림이 없을 때 그때 여러분이 드는 화두를 들고 관하여 보는 것입니다.

이때, 힘을 주지도 빼지도 말아야 합니다. 왜냐하면 지금 의식의 뇌파는 점점 더 세밀하고 가늘어지고 낮아진 상태이기에 의식을 강하게 일으키면 깊은 명상으로 들어가던 것이 다시 처음으로 돌아가게 됩니다. 화두를 미세하게, 약하게, 그리고 의식으로 집중해 보면 화두와 내가 하나가 되는 시간이 옵니다. 그 시간은 내 몸과 의식이 얼마만큼 이완이 되어 있느냐에 따라 차이는 있을 수가 있습니다.

결국은 또렷한 의식에 화두도 사라지는 시점이 오면 그것마저 놓아 버리고 이제는 우주자연 태초의 본래 신성한 순수 의식을 느끼면 되는 것입니다. 이름 붙일 수 없는 그 절대 무극의 자리를 체험하면 인간은 더 순수하게 돌아올 수밖에 없습니다. 그 속에 이미 다 구족된 것을 확인만 하면 되는 것입니다.

에너지 차크라도 신경이 열리면 참선의 맛을 더욱 강화할 수 있습니다. 우리의 선지식분들은 하나같이 다 간화선으로 깨달음을 얻었습니다.

그런데 좀 더 개인적으로 아쉬움은 보리심에 대하여는 접근한 사람을 찾아보기가 드물다는 것입니다. 우리는 오로지 깨달음으로 시작하여 깨달음이 최고였습니다. 그런데 사실 이것은 갈 길이 더 있는데도 두루뭉술한 육바라밀로 말하고 그것으로 보림을 삶은 것입니다. 제 생각에는 여기에 한계가 있습니다. 깨달음을 얻고 보리심의 지혜를 갖추려고 항상 지금 나의 마음이 뭇 생명에 대한 자비심이 깊은지 살피는 점에서 말입니다. 적어도 이런 것을 우리가 보림으로 삼아야 하지 않을까 하는 생각입니다.

물론 이것은 저의 생각이지만 앞으로는 좀 변화를 해야 세계 속에 한국의 간화선이 존재할 수 있다고 봅니다. 몸의 에너지 차크라의 신경이 살아나고 만트라명상을 하고 참선을 하여 보시면 왜 이런 것을 이제야 공부할 수가 있었는가 하는 아쉬움을 느낄 수가 있을 것입니다.

깨달음에 보리심의 지혜를 갖추어야 천지의 궁합에 부합하는 것입니다. 이제라도 몸 수행을 통하여 좀 더 한국 불교의 선지를 세우고 위대한 간화선의 선풍을 반드시 되찾아야 한다는 충심의 마음에서 글을 적으니 오해가 없으시기를 바랍니다. 만트라명상이 충분히 도움이 될 것입니다. 꾸준히 해야 나의 무의식이 정화되고 참선수행의 이익이 함께할 것입니다.

2) 만트라명상 후 위빠사나 수행하기

만트라명상을 하고 사마타와 위빠사나를 하여 보면 다른 점은 호흡과 사물에 집중하는 힘이 탁월하게 나아진다는 것입니다. 명상시 몸과 의식이 더 금세 이완되며 번뇌와 망상을 알아차림으로 제거하던 것도 인체의 일곱 개의 에너지센터 신경이 살아나면 정말 번뇌와 망상이 있었나 싶을 정도로 확연하게 줄어듭니다.

걷기 명상과 일상에서 지금껏 내가 몸과 마음에서 일어나는 것을 알아차림의 근본적인 집중의 힘이 이 만트라명상의 힘인 것을 여러분이 느낄 수가 있습니다.

인간의 몸을 가진 이상 번뇌와 망상이 나오는 것이 당연하지만 몸과 의식 그리고 인체의 일곱 개의 신경이 살아나면 지금껏 위빠사나 수행이 두 개의 날개를 단 것과 같은 효과를 여러분 스스로 느낄 수가 있습니다.

지금껏 깊은 명상의 장애가 번뇌와 망상을 진동파동음으로 무의식이 정화되면 여러분들의 수행이 더욱 기쁨과 희열로 가득할 것입니다. 자신 있게 권하니 여러분께서 직접 꾸준히 하여 보시면 이 영적 수행의 대자유를 누릴 수 있을 것입니다.

위빠사나 수행은 논리가 순차적으로 연결되기에 기초를 하든 하지 않든 이 일곱 개의 만트라를 늘 적용하면서 수행과 교리를 공부하고 특히나 명상에 들기 전에 하여 보면 더 깊은 영성으로 들어갈 수 있습니다.

부처님 역시 다양한 논리를 다 섭렵하고 깊은 명상에서 선정과 지혜를 얻을 수 있었습니다. 그 원동력은 에너지, 즉 몸의 에너지 차크라 일곱 개의 신경이 다 살아난 것이었습니다. 이로 인해 우주 자연의 에너지 도움을 받아서 깊은 선정 속에서 고통에서 벗어나는 길을 찾을 수가 있었습니다.

그런데 우리는 이것처럼 어느 정도까지는 삼매를 체험할 수 있지만 해탈의 길을 찾으려면 깊은 선정 속에서 지혜가 나와야 합니다. 기존의 수행 체계에서는 몸과 마음만 이용하지 자연의 에너지의 도움을 받는 그런 것을 공부하지 않기에 부처님처럼 깊은 삼매로 들어가지 못하는 것입니다.

교차 호흡과 준장, 여기에다 일곱 개의 만트라명상까지 곁들여서 명상을 하여 보면 모든 면에서 수행이 더 영글지 퇴보는 절대 있을 수가 없습니다.

이런 말과 내용이 다소 생소하고 공감이 덜 갈 수 있습니다. 여러분과 같이 저도 그런 과정을 거치면서 이것을 만나서 적용을 하여 보니 정말 놀랍고 모든 면에서 다 좋습니다. 알아차림과 호흡을 보는 힘과 또 호흡을 장악하는, 조절하는 힘이 아주 탁월하며 여러분의 명상이 무엇인지 더 확연하게 도와줄 것입니다. 수행의 이익이 하도 많아서 일일이 나열하는 게 구차스럽습니다. 직접 몇 년을 꾸준히 해야 합니다. 저 역시 수년이 걸렸습니다. 아무리 좋은 이야기라도 그것이 나에게 익숙하게 되기 위해선 적어도 몇 년은 꾸준히 해야 합니다. 그래야 수행의 이로움을 몸소 체험할 수가 있습니다.

에너지 차크라 중에서 횡격막 신경이 이완되어야 깊은 삼매로 들어갈 수 있습니다. 기존의 위빠사나를 가르치는 한국의 스님들과 남방의 스님들은 이런 것이 다소 생소하게 들릴 것입니다. 저 역시 일찍이 한국의 위빠사나를 초기에 도입하신 거해스님으로부터 배웠지만 그렇게 깊은 삼매는 생각도 하지 못하였습니다.

아마도 여러분께서 저의 이야기를 공감하는 분들은 귀담아들으

서서 좀 더 깊은 선정으로 들어갈 수 있을 것입니다. 기존의 의식으로는 부처님의 선정을 맛보기엔 부족하다고 저는 생각합니다. 반드시 몸의 신경이 살아나고 만트라명상을 한 뒤에 여러분의 명상을 적용하시면 정말 놀라울 것입니다. 그것은 곧 무의식이 정화된 상태에서 들어갑니다. 그렇기에 더 근원의 나를 만날 수 있을 것입니다.

이렇게 되어야 우리는 부처님의 사랑과 자비를 몸소 느낄 수가 있습니다. 깊은 선정을 자주 체험을 해야 사람의 의식이 더 순수해지고 발심도 깊어져서 보리심이란 마음으로 승화되어 우리도 부처님처럼 살 수 있습니다. 차근차근 적용해서 여러분의 영성이 더욱 평화로워지길 진심으로 응원합니다.

3) 만트라명상 후 개신교와 천주교 적용하기

한국 개신교와 천주교 역사에 이런 이야기를 전할 수 있어서 너무도 감개무량합니다. 그동안 우리는 너무도 배척하고 시기하며 질투하며 살아왔습니다. 그러나 이제는 그 모든 것을 코로나19가 다 거두어 갔고, 우리는 종교 간의 화합으로 나아가야 합니다. 지금의 삶을 함께 더불어 잘 살라는 메시지로 받아들입니다. 오늘 저는 모든 종교가 다 상생하는 마음으로 이 지구촌의 난국에서 벗어나는 길을 다 같이 공유하고픈 마음에서 개신교와 천주교에 부족하지만 그동안 연구한 이 일곱 개의 만트라를 적용하면 좋겠다는 순수한 생각을 전합니다.

행여나 누를 끼칠 점이 있다면 너그럽게 양해를 구합니다. 하나님의 사랑을 어떻게 하면 좀 더 실존적으로 느끼고 체험하며 우리 모두 어떻게 하나님처럼 사랑을 승화할 수 있을까 하는 연민의 마음을 가지고 다 함께 사유하여 보겠습니다.

기존 기도나 예배 중 찬송가를 부르는 시간에 이 일곱 개의 만트라를 부르고 기도나 묵상을 하는 것입니다. 또한 어떤 시간에 적용할 것인가는 목사님이나 신부님, 수녀님이 교회나 성당에서 알아서 하는 것이 좋을 것 같고 개인은 집에서도 편하게 적용하면 될 것입니다.

중요한 것은 고정관념을 내려놓고 하나님의 목소리를 친견한다는 마음으로 몸과 마음에 집중하여 하나님을 맞을 준비를 하는 것입니다. 하나님의 깊은 성령을 우리는 반드시 체험을 해야 그런 하나님과 같은 깊은 사랑을 가질 수 있습니다. 하나님은 사랑입니다. 그 사랑은 어디에서 나왔을까요?

바로 깊은 성령 속에서 사랑이 더욱 깊어지니 숭고하게 발현되는 것입니다. 교리를 많이 아는 것도 중요하지만 제가 볼 때는 이 신앙생활은 한마디로 늘 하나님과 같은 마음을 나도 행하고 그런 마음으로 사는 것입니다. 그러려면 무엇보다도 여러분의 의식이 순수하고 맑아야 합니다.

하나님의 깊은 성령을 바르게 체험하기만 하면 그 성령의 힘으로 깨어나게 되어 있습니다. 정말 하나님의 품에 내가 들어가서 그 사랑을 받으려면 나의 몸과 마음을 하나님의 사랑의 주파수에 맞추고 회개해야 합니다.

진심으로 나의 삶을 반성하고 그 넓디넓은 하나님의 사랑의 품에 안길 수만 있다면 그 사람은 늘 주와 함께 있으며 영생하여 하나님의 나라로 가는 것입니다.

사실 수십 년을 신앙생활을 하여도 어느 곳이나 너무 교리에 치중하다 보니 진정한 하나님의 깊은 사랑을 맛도 보지 못하고 그냥 다니게 됩니다. 그게 우리 모두의 현실입니다. 그러나 내가 지금 알고 있는 것으로도 충분합니다. 그냥 내 마음속에 올라오는 그 애틋한 마음이면 우리는 얼마든지 하나님과 하나 될 수 있으며 그 애틋한 마음만 있으면 늘 이 현실의 삶에서 하나님의 사랑을 실천하며 살 수 있는 것입니다.

　기도는 일상의 삶에서 우리에게 그래도 슬픔에서 희망으로 안내하는 매개체입니다. 기도를 할 때 무엇을 달라는 등 무언가 원하는 마음은 이제 그만 내려놓아야 합니다. 그동안 하나님께서는 충분히 이미 우리의 소원을 다 들어주었습니다. 그만큼 우리의 의식도 성숙되었기에 이제는 기도를 할 때는 '저도 하나님의 사랑을 실천하는 사람이 되겠으니 저를 늘 일상의 삶에서 바른 지혜로 살아갈 수 있게 이끌어 주세요.'라고 해야 합니다.

　이런 마음을 내면 하나님께서 제일 좋아하고 미소 지으며 여러분에게 진정한 용기를 늘 불어넣어 줄 것입니다. 그런데 우리는 늘 지금껏 바라는마음으로 기도하고 한 번도 하나님의 마음을 즐겁게 하여 줄 생각은 하지 못하였습니다. 너 나 할 것 없이 앞으로 우리가 해야 할 일은 바로 하나님이 기뻐하고 좋아하는 일을 하는 것이며 이것이 곧 나를 위한 기도이며 나를 복되고 바르게 살아가는 길이기도 합니다. 여기에서 좀 더 성숙되면 하나님의 사랑을 나의 이웃에게 실천하며 살게 됩니다. 이때, 내가 이 진리를 만나서 적어도 밥값을 하는 것이니 추후에 하나님을 뵐 때도 부끄럽지가 않아야 합니다.

늘 조석으로 그 애틋한 마음, 엄마가 자식을 무조건 사랑하는 마음이 있는지 없는지 점검해야 합니다. 이 마음이 여러분의 신앙과 삶을 행복하게 하는 원천이며 이 이상의 말씀도 없습니다.

때때로 찬송가를 부르고 기도나 묵상을 하였다면 이 일곱 개의 천상의 만트라를 듣고 하나님을 관하여 보세요. 하나님의 더욱 단순하고 청빈하며 사랑으로 살라는 목소리를 들을 수가 있을 것입니다.

여러분이 지금껏 살아오면서 음으로, 양으로 일으킨 생각의 번뇌는 살아온 것만큼 높습니다. 아무리 교회나 성당에 가서 하나님을 외쳐본들 천상의 하나님께 전달되지 않습니다.

이왕 하는 것 나의 진심이 하나님께 전달이 되어야 하지 않을까요? 방법은 간단합니다. 바라는 마음 없이 지구촌 77억 인구가 다 고통에서 벗어나 행복하기를 바라는 마음으로 하나님과 소통하면 여러분의 마음에 그토록 체험하고픈 깊은 성령이 자리 잡게 될 것입니다.

저는 여러분이 모두 깊은 하나님의 사랑의 성령을 체험하여 늘 하나님의 품속에서 살기를 간절히 바라는 마음밖에 없습니다. 그 방법의 하나가 여러분의 들끓는 마음을 가라앉히는 것이니 그 방법을 안내하는 것일 뿐입니다.

자, 그럼 무릎을 꿇고 하늘에 계신 아버지 하나님을 그리워하는 마음으로 준비합니다. 지금 허공에서 직접 하나님께서 나에게 그 맑고 오염되지 않은 목소리, 천상의 음으로 말씀하십니다. 우리가 지금껏 살아오면서 지은 삶의 죄를 씻어 주신다고 말입니다. 하나님을 사랑으로 관상하여 봅니다.

다시 한번 이렇게 생각을 되뇝니다. 이 만트라를 하나님께서 직접 여러분께 들려주신다고 생각합니다. 아마도 그렇게 생각하면 여러분이 더 분별하지 않고 진심으로 하나님과 소통을 할 수가 있을 것입니다.

그리고 마지막으로 이 만트라를 부르시고 하나님께서 여러분의 몸과 마음을 어루만져 사랑의 축복을 주신다고 생각하면 더욱 깊은 사랑을 체험하게 될 것입니다. 그리고 나의 몸과 마음에 하나님의 사랑과 자비의 싹이 들어왔으니 당신처럼 거룩하게 빛나게 하겠다고 늘 하나님께 다짐을 하면서 이 험난한 세상에 나도 아버지를 닮아 가겠다고 큰 발심을 해야 합니다.

정리를 하여 보면, 우리는 하나님의 사랑에 감화가 되어 교회나 성당에 나갑니다. 그 시들해진 여러분의 가슴 속 사랑을 이 일곱 개의 만트라를 통하여 아버지 하나님의 사랑을 다시 샘솟게 해야 합니다. 그리고 나와 세상 그리고 지구촌을 위하여 참다운 삶을 바르게 살아야 합니다. 나아가 지금 여기에서 만나는 이웃에게 그 발아된 사랑을 나누어 주어야 할 때인 것입니다.

우리 사회와 지구촌엔 지금 진정한 하나님의 사랑이 필요합니다. 그 사랑은 지금껏 천상에 있는 것 같았지만 사실은 우리들의 마음에서 발아되어 천상으로 가는 것이었습니다. 이제 그 사랑만이 모든 것을 해결하고 하나로 맺어 주는 유일한 길입니다. 여러분의 마음에 하나님의 깊은 성령이 더욱 성숙되기를 바라는 마음입니다. 아멘.

14.
만트라명상을 지속하면
사물을 있는 그대로 보게 된다

본래 하늘은 청명 그 자체입니다. 거울 역시 본래 깨끗하였지만 닦아 주지 않은 결과로 먼지가 끼었고 사람의 마음도 본래 순수하고 깨끗하고 맑았는데 의식주를 해결하려는 마음으로 하여금 삶의 무게가 고스란히 쌓여서 스스로를 힘들게 하고 만 것입니다.

어릴 적 아이는 뜨거운 것에 대한 분별을 하지 않고 그냥 접촉을 한 결과로 호되게 뜨거움을 체험합니다. 그리고 이 아이의 마음속에는 뜨거운 것을 만지려 할 때는 조심해야 한다는 생존의 기본적인 의식이 자리 잡습니다.

강물도 사람들이 오염을 시키니 일 년에 한두 번씩 태풍과 장마로 오염된 이끼와 물청대를 청소합니다. 그래야 미생물이 다시 살아나고 고기들이 살아가고, 그로써 철새들이 다시 찾아듭니다. 이런 자연의 질서를 보면 우리들의 마음도 역시 살면서 먹구름을 걷어 내는 자정 작용을 해야 함이 자연의 순환의 법칙이기도 한 것 같습니다.

우리들의 밝고 맑은 순수의 마음을 드러내는 것은 반대로 순수의 파동으로 씻어 주면 거칠고 사나운 것도 본래의 자리로 돌아갑니다. 우리들의 마음속에 본래 있는 사랑과 자비의 마음을 내면 복덕은 되지만 좀 더 근본적인 대책은 되지 못합니다. 사랑과 자비는 우리들의 몸과 의식을 물들지 않게는 하지만 근본적인 지혜를 나오게 하기는 좀 부족한 것입니다.

만트라명상은 태초의 순수한 진리의 파동음이기에 우리들의 몸과 의식 중에 뇌에서 극도로 세밀하게 업식을 정화시킵니다. 수년을 지속하여 보면 스스로의 자정 작용의 효과를 느끼며 사물을 보는 것이 전보다 더 있는 그대로 볼 수 있는 힘을 부여받습니다.

마치 무성하던 낙엽을 홀홀 털어 버리고 자연의 풍상처럼 있는 그대로 불어오는 바람을 맞은 나무가 또다시 생명을 잉태하는 그런 원리라고 할까?

지혜는 좀 더 근원적으로 사유를 하여 보면 존재하는 사물의 실상을 바르게 보는 힘입니다. 나무가 나뭇잎을 털어 내고 겨울바람을 실상으로 맞고 알아차려서 어느 것도 가감하지 않았을 때 스스로 내면의 힘으로 새싹을 내밀 듯이 말입니다.

사실 삼독번뇌는 실집9)과 아집에 의하여 만들어지고 있습니다. 그러나 내면의 실상을 보는 지혜가 자라면 삼독번뇌는 물러가는 것입니다.

우리들의 마음속에 있는 탐·진·치 삼독을 만트라명상으로 제거하고 나서 사물의 실상을 관조하는 힘이 더욱 자라게 됩니다. 마음속에 거친 번뇌가 줄어들면 일상의 삶에서 집중력이 강화됩니다. 눈앞에 보이는 것이 실제로 손재한다는 것에서 고찰해 보면 상호 의존에서 이름으로 존재한다는 실집의 무자성을 보는 내면의 힘도 배

---

9) 실집: 눈에 보이는 것이 실제로 존재한다고 믿는 것을 말함.

양됩니다. 그렇게 공성으로 바라보는 힘이 내 안에서 자연스럽게 우러나와 지혜가 드러나게 만트라명상이 힘을 보태어 준다는 것입니다. 사물의 모습, 즉 거울의 때를 벗겨 주는 게 일곱 개의 천상의 음의 도움으로 가능한 것입니다.

사랑과 자비의 마음을 갖추고 보리심의 지혜가 깊어진 상태에서 일곱 개의 만트라명상은 우주의 보약과 같으며 이처럼 단순한 것인데 그 높은 관념 때문에 이것을 들려주어도 느끼는 것이 그리 개운치가 않은 것이 아쉽지만 그래도 계속하여 듣고 사유하다 보면 결국에는 먼지가 벗겨질 수밖에 없을 것입니다. 일단 하다 보면 길이 보이고 가까이 가는 것입니다.

15.
만트라명상 후
직관력으로 나의 문제 해결하기

인간의 삶은 눈만 뜨면 의식주를 해결하는 데 인생의 목적을 두고 살기에 잠시도 멈출 수가 없는 현실이 되어 버렸습니다. 반면에 겨울나무처럼 화려했던 때도 있었지만 한철을 맨몸으로 불어오는 바람과 햇볕을 받습니다. 그동안 누리지 못하였던 존재의 무게를 내려놓고 비움으로 전체와 하나 되어 그 숨소리를 듣고 있지만 우리는 무엇이 그리 바쁜지 몸은 분주하게 뛰어다니고 마음은 계속하여 무엇을 채우려 하는 삶을 삽니다. 그것을 알지만 좀처럼 벗어날 수 없는 행복한 인드라망 속에 살고 있습니다.

이런 관계 속에서 그때그때 우리는 늘 지금에 벌어지는 일 속에서 바른 분별의 판단을 해야 함은 자명한 현실입니다. 그 판단이 때론 나만 생각할 때도 있고 의식이 확장되신 이들은 상대도 배려하고 전체를 이롭게 하는 결정을 내리기도 합니다. 그 결정은 개인보다는 공적인 관계에서 내릴 때가 많습니다. 때때로 우리는 풀리지 않는 문제에서 중요한 결정을 내려야 합니다.

저마다의 삶의 지혜를 찾을 수 있겠지만 오늘 제가 말씀드리는 방법은 상대에게 의존하지 않고 내가 지니고 있는 순수한 의식으로 그 느낌을 판단하는 것입니다.

만트라명상을 편안한 마음으로 구함이 없는 마음으로 하고 싶은 데까지 하고 나서 그 부분을 사유하여 보시면서 자연 속에서 걸어봅니다. 한적한 자연을 바라보면서 그냥 걷습니다. 어느 정도 몸과 의식이 안정되면 아주 단순한 것으로 문제가 정리되어 문제를 바르게 해결할 수 있는 원천적인 힘이 나옵니다. 사실 문제의 해법을 알고 나면 아주 지극히 단순하고 소박한 논리가 나옵니다.

그런데 이런 것이 나오지 못하는 이유는 늘 나를 먼저 생각하기에 힘들어하기 때문입니다. 나도 이롭고 상대도 이로울 수 있는, 모든 것은 항상 상대적으로 존재한다는 자연의 이치를 관조하면 좀 더 명쾌한 길을 찾을 수가 있습니다.

그리고 좀 더 바른 지혜를 얻기 위해서는 이런 것을 통하여 어리석은 일을 만들지 않으려는 삶의 교훈을 늘 반복하여 습관으로 들여서 익숙함이 나올 때까지 계속하여 수련해야 합니다. 그리고 수시로 홈명상을 통하여 좌뇌와 우뇌를 번갈아 가며 신경을 자극하여 최적의 상태로 만들어 놓아야 합니다. 맑은 물이 가라앉으면 보름달이 비춥니다. 우뇌를 활성화시키면 바로 한 생각을 하지 않고 상대의 말에 직관력이 나옵니다.

이것은 좋다 나쁘다는 분별하지 않고 내 안의 순수 의식이 가감하지 않는 말이기에 사물을 정확하게 바르게 전달을 한다는 것입니다. 만트라명상 속에 자기만의 지혜를 찾기를 발원합니다.

16.
만트라명상 후
영감받기

초등학교 시절부터 자연을 관찰하는 습관이 무르익어 20대에도 늘 '인생은 도대체 어디서 와서 어디로 가는 것인가?'라는 철학적이고 거창한 질문을 했습니다. 이는 자연 속에서 그냥 바라보면서 이치로 터득하게 되었습니다.

눈만 뜨면 앞산을 보는 것이 반가운 시절, 산골이라 온통 산으로 둘러싸인 작은 마을에서 산과 자연은 나의 동무이자 유일한 삶의 길의 안내자였습니다.

그렇게 시작된 자연과의 사유의 삶에서 만트라명상을 만나면서 그냥 밤나무에서 알밤이 툭툭 떨어지듯이 애쓰지 않아도 모든 것이 자연스럽게 나오는 것을 알게 되었습니다.

사실은 우리가 보기에 밤나무가 애쓰지 않고 알밤을 떨어트리는 것 같지만, 가을이 오기까지 얼마나 인고의 삶을 살았을까요? 저 역시 말이 그렇지 이때가 오기까지 인고와 침묵의 시간이었습니다.

말을 하고 싶어도 들어 줄 사람이 없고 그렇다 보니 긴 침묵의 시간이 이어지고 그것이 만트라의 비밀을 볼 수 있는 혜안이 되었습니다.

오체투지를 할 때도 그렇고 만트라명상을 하는 과정에서도 영감이 나오고 명상 중에서도 영감이 그냥 나옵니다. 무엇을 어떻게 하려고 하는 조작된 마음이 없고 순수의 진동파동이 나와 한 몸이 되어 흙탕물 뒤에 맑은 샘물이 나오듯이 나왔습니다.

무엇을 정하고 '남이 그러니까 나도 그렇게 되겠지.'라는 마음이 안 들 수는 없지만 어디까지나 다 그냥 참고만 하고 그것에 너무 현혹되지 않고 지금 내 앞에 나와 인연된 것을 참신하게 진심으로 하면 우리는 만날 사람과 다 연결이 되게 되어 있습니다.

다만 조금의 차이가 있을 뿐입니다. 만약에 지금 내가 행하는 영적인 공부와 삶에 수정이 필요하다면 과감하게 변화하여 공부건 삶이건 한 번쯤은 목숨을 걸 만큼 최선을 다해야 합니다. 영감이란 것도 따로 있는 것 같지만 실상에서 보면 우리는 그 영감의 의식 속에서 살 뿐 탐·진·치 삼독으로 하여금 다만 보지 못하는 것입니다.

바른 마음속에 바른 생각이 나오듯이 내가 일상에서 어머니가 외아들을 사랑하듯 헌신과 공경의 마음일 때 바른 영감은 그냥 나오는 것입니다. 좀 모자랄 것 같으면 다람쥐가 보태어 주고 산뻐꾸기가 도와주니 아무런 걱정도 하지 말고 내가 그런 마음을 갖추기만 하면 된다는 것으로 정리를 해 봅니다.

17.
이완은 우주자연의
어머니 마음이다

참 거창한 질문입니다. 영성 공부와 일상의 삶을 좀 진실되게 살아오셨다면 누구나 다 이런 말이 나와야 하며 이 정도의 사유를 하였다면 그래도 잘 살아오셨다고 저는 말씀을 드리고 싶습니다. 병아리는 어미 닭의 따스한 사랑의 온기로 자라고 어미 닭의 도움으로 알을 깨고 나옵니다. 따스한 봄 햇살에 자연은 새싹을 내밀고 뜨거운 여름날에 곡식들은 안으로 내공의 질량을 키워서 그 무게로 하여금 다시 땅으로 떨어집니다.

따스함은 사랑이며 열림이며 또한 생명의 활기찬 기운입니다. 사람 역시 엄마의 품에 안겨 엄마의 심장 소리를 듣습니다. 이것은 아이에게 또 다른 생명의 진동으로, 서로 사랑을 주고받습니다.

수행의 길이나 삶의 길 역시 같은 맥락입니다. 우리의 몸이 머리에서 발끝까지 온몸의 긴장의 요인인 집착과 애착의 의식이 이완되고 몸의 오장육부가 이완될 때 나라는 상은 미약하게 있습니다. 삶의 길에서도 마찬가지입니다.

내 마음에 사랑의 마음이 있으면 나에게 어떤 시련이 와도 헌신과 공경의 마음으로 승화될 수 있듯이 이완은 '그러려니' 하는 마음 또는 '오죽하였으면 그럴까' 하는 측은지심에서 나옵니다.

아무리 명상과 묵상을 오래 하여도 몸과 마음이 보리심의 지혜로 이완이 되지 않은 상태에서는 진척은커녕 오히려 몸과 마음을 상하게 합니다. 내가 먼저 이런 마음이 준비되지 않았을 때는 나 자신을 냉정하게 반성하여 보아야 합니다. 누구나 이런 마음이 나오지 않는 것은 자기에 대한 자존감이 너무 크고 또 한 마음 한구석에 본능적인 집착과 애착심이 있기에 '예'라는 대긍정의 말이 나오지 않는 것입니다. 나 자신을 돌아보니 짐을 들고 달려가는 나에게 집착과 분별심을 내려놓아야 삶의 전체를 볼 수 있으므로 지금 내 앞에 벌어지는 일에 대한 바른 정견을 가질 수가 있습니다.

몸과 마음은 서로 의존하기에 균형을 맞추어야 마음은 더 고요해지고 내가 원하지 않아도 더 깊은 의식의 차원으로 자연스럽게 들어간다는 것입니다.

조금 관찰을 해 보면 식물과 동물들도 사랑의 진동파동으로 꽃이 핍니다. 이때 동물은 우유를 더 잘 생산한다는 건 굳이 과학을 들먹일 필요도 없습니다. 대자연의 가족들은 저마다 파동의 주파수를 맞추고 생존하며 살아갑니다.

그런데 사람들은 세상에서 알아야 할 정보는 찾지 않고 너무도 불필요한 지식과 정보로 그 속에서 진리를 찾습니다. 너무도 오랜 시간을 소모하는 이런 모순 속에 우리는 살고 있습니다.

나무와 꽃, 동식물이 단순하게 따뜻한 사랑의 진동 주파수에 맞추듯이 우리도 반드시 이런 우주자연의 이치와 원리를 이해하고 사유하면 누구든지 성자의 삶을 살 수가 있습니다.

명상을 하든 일상의 삶을 살든 늘 한결같은 자연을 스승으로 삼고 그 속에서 이치를 발견하면 삶에는 물리가 터져 지혜가 나오는 법입니다.

우리의 조상님들은 인터넷을 하지 못하였어도 자연의 질서를 관찰하여 그것을 삶의 기본 바탕으로 받아들여 소박하고 단순한 삶을 살았습니다. 21세기를 살아가는 우리는 이런 기본을 너무 소홀히 하고 기본적인 공부를 하지 못하고 진리를 접하다 보니 처음에는 진도가 잘 나가는 것 같지만 어느 시점에 가면 멈추는 것입니다. 사유의 힘이 부족하기에 좀 더 나가지 못하는 것입니다.

그렇지만 자연의 기본 학문이 되어 있으면 조금 덜 배우고도 진정한 삶의 길을 찾을 지혜를 스스로 찾고 이웃에게도 줄 수 있는 그런 무한의 힘이 나옵니다.

우주대자연은 무상의 마음, 즉 어머니의 마음으로 바람 없는 진리를 그것도 소리 나지 않게 조용하게 운행합니다. 그렇기에 우리 또한 그 사이클에 온전히 맞추어야 안팎으로 자유로워지는 것입니다.

이것이 삶의 팁이자 영적 수행의 길에서 우리가 숙지하여야 할 열쇠입니다.

우주자연도 이완으로 생명을 키우듯이 우리가 찾아가는 코로나19의 답도 이완의 키워드를 잘 사유해야 합니다. 우리의 몸에서 그것에 대한 실존적인 것을 발견할 수 있을 것입니다. 이완이 해결책이며 이완 속에서 우리는 저마다의 삶의 길에서 마주하는 문제들의 본질을 찾을 수 있습니다.

18.
만트라명상으로
자가 면역 시스템이 구축된다

우리 모두 다 건강하고 행복하게 살고 싶어 합니다. 이처럼 단순한 진리를 실천하지 못하고 살아가는 우리는 과연 어디에서 문제점과 해결점을 찾아야 할까요?

만약 그 해결점을 찾았다면 과연 지구촌의 가족들은 그 지침대로 살아갈 수 있으며 그것에 대한 소중함을 얼마나 받아들일 수 있을지 우리 스스로에게 물어보아야 할 일입니다.

그러나 누군가는 또 새로운 길을 제시하고 그것에 따라온 것이 우리네 삶인 것을 보면 저도 용기를 내어 하나의 제안을 나누어 봅니다.

사람의 뇌는 우리 몸의 신경이 다 모여서 몸과 의식을 제어하는, 컴퓨터로 치면 CPU라고 할 수 있습니다. 그리고 두 번째로 신경이 많이 연결된 것이 위와 대장입니다. 제가 전문가는 아니지만 그동안 수행을 해 오면서 몸의 아픔과 수행의 관찰을 통하여 이렇게 즉각 반응하는 미주 신경이라는 것이 수없이 연결되어 있다는 것을 알게 되었습니다.

지금 우리 사회와 지구촌이 정복하지 못하는 치매와 암 등 병의 근원은 음식에서 왔지만, 오늘날 음식은 과학자들이 전문가입니다. 저는 뇌파의 진동으로 뇌가 좋아지고 또한 더불어서 위와 장이 연동하여 운동하는 차원의 비과학적이면서도 자연의 근본적인 이야기를 전하려 합니다.

위에서도 말씀드렸듯이 뇌는 동양 의학에서는 천문이라는 용어로 사용합니다. 우주자연에 본래 존재하는 에너지는 뇌로 흡수하고 그것으로 하여금 몸은 에너지를 만들고 의식은 그 순수의 에너지 파동으로 부정적인 뇌에서 긍정적인 뇌로 다시 초기화됩니다.

조금 더 구체적으로 말씀드리면, 우리의 뇌는 지금도 늘 분별을 하느라 온갖 정보로 넘칩니다. 이것이 우리의 깊숙한 무의식에 정제되지 않은 정보로 계속하여 쌓여서 늘 망상과 번뇌로 들락거리며 하루에도 수천 번씩 관념의 성을 쌓아 가고 있습니다.

최초로 나의 이기적인 정보를 선택한 과로 그것이 계속하여 영역을 확대하여 때론 우리의 뇌를 잠식하여 스스로의 뇌의 정보에 속아서 몸 전체로 확장이 됩니다.

먹은 것이 소화도 되지 않고 또한 예민해져서 과민성 대장 질환이란 병으로 이어집니다. 이 부정적인 생각이 시발점이 되어 우리의 몸의 약한 부분을 공격하여 여러 가지의 불치의 병을 만듭니다. 그렇게 병마와 싸움하다 작별을 하는 우리의 가족들이 지구촌에 하루에도 헤아릴 수 없이 갈수록 늘고 있습니다. 우리의 뇌를 더이상 방치한다면 갈수록 기억력은 떨어지고 설마 하였던 병이 나에게로 올 수 있는 것입니다.

그만큼 지금 내가 일으키는 부정적인 마음은 상대도 힘들게 하고 당사자인 나는 흙탕물처럼 가라앉아 고입니다. 그러다 보면 뇌의 본래 기능을 발휘할 수가 없습니다.

원인을 알았으니 이제 치유법은 명쾌합니다. 돈도 들이지 않고 약도 먹지 않으면서 굳이 병원을 다니지 않아도 됩니다. 우리의 뇌를 건강하고 똑똑한 뇌로 만들어야 하지 않겠습니까?

저는 이것에 대한 묘약으로 우주자연의 이치와 그 자연의 법칙으로 치유하는 방법을 안내합니다. 우주자연의 모든 생명은 다 진동을 하며 파동으로 우리의 장기들은 진동으로 연결되고 세포 역시 진동의 파장으로 뉴런은 신호를 받아 더 각성의 상태로 움직여 신진대사를 더 원활하게 하여 인체의 위와 장에도 영향을 주어 위와 장의 신경들을 더 리듬감 있게 운동하게 합니다.

이 일곱 개의 만트라 중에 하나는 특히 뇌의 세포, 즉 좌뇌와 우뇌를 공명하게 합니다. 또한, 뇌의 핵인 뇌간과 송과체를 더욱 활성화시켜서 뇌의 세포들을 우리가 모든 사물을 분별하기 이전인 순수의 뇌로 만듭니다. 이완과 각성을 통하여 부정적인 망상의 세포를 사랑과 자비의 뇌인 대긍정의 상태로 깊은 무의식을 정화합니다. 이로 인해 뇌는 건강한 뇌로 돌아옴으로써 무명장수의 삶을 살 수 있는 방법을 제시합니다.

뇌가 맑아야 공부도 잘되고 건강하며 우리의 삶을 잘 살 수 있는 것입니다. 이 일곱 개의 만트라명상을 통하여 뇌와 위, 장의 연동을 알기까지 저의 뇌는 실험의 대상이 되었고, 그렇다 보니 두려움도 없지 않았습니다.

뇌의 의념으로 상기병에 잠 못 이루는 밤을 보낼 때는 참 고통스러웠지만 몸과 의식에 사랑과 자비심이 깊어져서 보리심의 지혜로 자리 잡으면 이 기본 이념을 공부하고 이 일곱 개의 만트라명상과 묵상으로 깊이 들어갈 수 있었습니다. 깊은 선정과 깊은 하나님의 성령으로 들어가서 우리의 뇌가 완전히 이완이되어 무의식의 창고에 파도치는 밀물과썰물의 의식이 고요하면 호르몬이 나와 우리의 몸과 마음의 면역력으로 뇌는 건강하고 장수의 삶을 살 수 있습니다.

또한 깊은 명상과 깊은 묵상에서 나오는 성령의 파동 자체가 인간의 뇌세포를 초기화하며 그 인간의 몸과 의식이 극도로 이완되면 감로수가 촉촉하게 나옵니다. 마치 깊은 산속에서 나오는 옹달샘과 같습니다. 거대한 자연의 에너지가 극도의 정화 과정을 통하여 나오기에 물맛이 좋듯이 인간의 몸 역시 나라는 욕망의 의식이 사라진 곳에 나오는 진기는 말 그대로 생명수인 것입니다. 이 감로수가 무병장수의 핵입니다. 이 사실은 〈생로병사의 비밀〉에서도 이미 방송이 되었습니다. 이럴 때 인간의 뇌는 거의 정지된 상태여서 아주 평화롭습니다. 이 평화로움이 뇌는 무병장수의 길로 이어집니다. 더불어서 코로나19의 면역력을 가장 크게 회복할 수 있는 것도 이 뇌의 이완으로 시작되어 우리 몸의 부족한 부분을 스스로 치유하는 것으로 가능합니다. 이런 자가 면역력의 시스템이 바로 이곳에서 시작됩니다.

19.
상대가 빈틈을 보이지 않을 때는
우주자연의 신묘한 힘으로 대응해야 한다

우리는 인공 지능이 사람을 능가하는 시대에 살고 있습니다. 끝없는 경쟁에서 살아남아야만 살 수 있는 이런 시대에서 직접 그 일선에서 있는 사람들은 늘 창조적인 아이디어를 찾고 있습니다.

다가오는 4차 산업의 시대에 저는 이 일곱 개의 만트라명상에 여러분의 꿈을 실현할 수 있는 그런 비전이 있음을 전하고 싶습니다. 인간과 기술의 발전이 의식주를 해결하는 것을 넘어서 이제는 지금까지 인간의 기술로 진전되지 못하고 남아 있는 불치병들의 치유법을 발견해야 합니다. 관점의 변화로 약으로 해결되던 시대를 넘어 우주자연에 본래 존재하는 자연의 순화 법칙을 이용해야 합니다. 인간과 연결된 일곱 개의 차크라의 비밀을 풀어서 세포를 치유하고 더 나아가 유전자도 치유할 수 있습니다. 이런 과학의 시대에 이 태초의 일곱 개의 만트라의 비밀까지 풀면 지금까지 인류가 풀지 못한 숙제를 모두 해결할 수 있을 것입니다.

이것은 정말 연구를 하여 볼 만한 우주자연과 인간의 근본적인 문제와 모두 연결되어 있습니다. 그렇기에 다양한 분야에 적용과 응용할 수 있는 아이디어가 존재함을 저는 발견하였습니다.

우리는 이 코로나19를 겪으면서 지금까지의 삶과 종교를 처음으로 다시 되돌아보아야 하는 절체절명의 시간에 섰습니다. 이것을 다시 한번 규명하지 않고서는 또 우리의 후손들이 어리석은 생각을 할 수 있는 그런 일을 또 만들 수가 있다는 것입니다. 이 바이러스 하나에 지구촌은 초토화되어 바이러스가 소멸되기만을 기다리고 있습니다. 우리는 성말 나약한 손재가 되어 버렸습니다.

그런데 평상시 자기의 몸을 일곱 개의 에너지 신경을 살리고 이런 천상의 음으로 자신을 수련하였다면 자가 면역력이 높아져서 바이러스와 맞설 수 있는, 아니, 바이러스가 내 몸에 존재하여도 함께 더불어 살아가는 그런 신묘한 힘이 끝내는 생깁니다. 혹 바이러스에 전염이 되었다 하여도 일곱 개의 천상의 만트라는 여러분의 면역력을 최단 시간에 끌어올릴 수 있는 그런 신묘한 힘을 줄 것입니다.

우리가 그것을 해결하지 못하는 것은 그것을 정확하게 알지 못하기 때문입니다. 그만큼 상대가 빈틈을 보이지 않을 때는 우리 역시 우주자연의 신령스러운 힘으로 상대와 맞서야 합니다.

아무리 독한 바이러스가 오더라도 나의 면역력을 높여 놓으면 그것이 활동을 할 수가 없는 법입니다. 바이러스의 성분을 연구하는 것도 중요하지만 우리가 가지고 있는 본래의 기능을 회복하기만 하면 그것이 더 이로울 수 있습니다. 그러나 우리는 이런 말에 공감을 하지 못합니다.

우리가 가지고 있는 인체의 기능을 회복하고 우주자연의 마음으로 살아간다면 인간은 본래 병이라는 것이 있을 수가 없습니다. 그런데도 우리가 병에 걸리는 것은 우리가 지니고 있는 본래의 범위에서 과욕하다 보니 신체의 기능을 회복하지 못하였기 때문입니다.

인간 본래의 신경이 죽어서 조금의 바이러스만 침투해도 이렇게 나약한 인간이 되어 버립니다. 거듭 과학자들과 의학자분들께 촉구합니다. 인간이 본래 지니고 있는 일곱 개의 신경을 살리는 방법과 이것을 활성화시키는 이 일곱 개의 천상의 만트라를 연구하십시오.

이 상호 연결되어 있는 놀라운 힘을 지구촌에 보급하여 활성화시킬 때 우리는 이런 해결하지 못하는 코로나를 이기고 극복할 수 있는 신성한 힘을 얻습니다.

그런데 하나 더 추가하면 과학자나 의학자 본인이 이런 태초의 몸을 만들고 우주자연의 마음을 갖추고 연구를 하면 그것에 대한 놀라운 확신을 얻을 수가 있습니다. 중요한 것은 내가 그런 몸과 의식을 갖추었을 때에는 좀 더 실존적 경험이 동반하여 물러설 수 없는 투지를 부여받을 수가 있다는 것입니다. 이것은 우리 인간의 심오한 내부를 들여다보는 것이기에 생생한 나의 오감과 의식이 필요합니다.

다 함께 사유하면 더 좋은 지혜의 길이 나올 수가 있습니다. 부디 지구촌의 과학자들과 의학자님들은 이곳에서 답을 찾기를 촉구합니다. 이 정도만 안내하고 여러분의 사유의 힘을 기대합니다.

20.
깊은 명상이나 성령을 바르게 체험해야
어머니와 같은 바람 없는 이타심이 나온다

벌은 향기 나는 꽃을 만나면 수십 킬로미터를 날아서 꿀을 채취하러 나갑니다. 반대로 깊은 산중의 꽃은 그윽한 향기가 바람을 타고 꿀벌을 유혹하여 불러들입니다. 이런 자연의 연기 관계 속에 인간 역시 깊은 영성을 체험하고, 바른 묵상으로 하나님의 성령을 체험합니다. 이것은 꽃망울이 열려서 태양을 보고 결국은 벌들에게 꽃가루를 제공하는 것과 같은 맥락입니다.

따뜻한 봄 햇살에 장미 한 송이가 개오합니다. 온전하게 햇빛과 공기, 땅의 수분이 조화로울 때 장미는 처음으로 아주 밝고 밝은 우주의 광명인 태양을 만납니다.

그 순간 장미는 깊은 영성에 들어가서 우리는 다 하나이고 서로 서로 의존해서 존재한다는 사랑과 자비를 체득하고 곡식들은 열매 나 씨앗으로 이웃에게 도움을 줍니다. 꽃망울이 나만 알아 가지고 는 꽃을 피울 수 없듯이 누구든지 깊은 명상이나 성령을 바르게 체 험해야 어머니와 같은 바람 없는 사랑이 나오는 것입니다. 깊은 영 성이나 묵상이 깊어지려면 의식만으로는 부족합니다. 반드시 몸의 에너지 도움을 받아야 더 세밀한 집중으로 들어갈 수 있습니다.

망상과 미세한 의식들이 만트라명상을 하면 아이가 엄마의 품을 그리워하듯이 그토록 그림자같이 따라다니던 미세한 망상의 의식 (아이)의 파동 소리(엄마)를 만나면 이런 것이 있었나 싶습니다. 한마 디로 꼬리를 내립니다.

이것이 자연에 존재하는 상대적인 법칙인 것입니다.

위에서 자연의 순리를 예로 설명했듯이 우주의 공간에 작용하는 에너지는 한마디로 사랑과 자비의 광명 파동입니다. 이 이치를 알 고 자연에서 스스로 확인을 하여 보면 지금 이대로가 천국이고 극 락임을 알 수가 있습니다. 세상에서는 꽃망울만 잡아 보기에 깨달 아도 하나님의 사랑이 충만하여도 사랑과 자비를 토대로 보리심의 지혜를 발하는 것이 부족한 현실입니다.

이 글을 쓰는 저 역시 아주 미세하게 맛 좀 본 것을 가지고 이런 말씀을 드리는 것이 아닙니다. 몇 년을 문사수를 통하여 검증을 하 였습니다. 그리고 20대에서 50대의 중반까지의 삶에서 알게 된 것 입니다. 철저하게 보림하는 삶을 원하지 않아도 내게 그런 현실이 만들어졌기에 감히 입을 열게 되었습니다.

공자님이 50에 천명을 알았다고 하는 것을 50에 실감 나게 공감하면서 그것을 다시 익혀서 내 주변과 우리 사회, 그리고 지구촌에 나누고 싶은 마음입니다. 바른 선정의 삼매와 묵상의 성령 체험에서 굳이 하나 얻어야 하는 것은 이타심입니다. 저 역시 처음 삼매를 체험하고 몇 날 며칠을 그 맛에 취하여 일어나고 싶거나 먹고 싶은 마음조차 없었고 오직 행복의 세로토닌이 나오는 느낌의 경안만을 얻었습니다. 이 성령과 참나의 자리는 스스로 빛나고 무량하기에 성령의 힘으로 그동안의 삶의 업식 또한 정화되는 것입니다. 우리가 이것을 경험하고 자기만의 공부에만 머물러 있다면 그것은 우주자연의 법칙을 바르게 이해하지 못한 것이라 저는 말씀을 드리고 싶습니다.

이런 의식이 바로 열리면 늘 긍정과 이타의 삶을 사는 것밖에는 더 이상 할 일이 없는 것입니다. 늘 범사에 감사하고 어떻게 하면 상대에게 도움이 될 수 있는 그런 삶을 몸소 실천하며 살 수 있는지 고민해야 합니다. 우주자연이 그러하듯이 우리 또한 그렇게 살아가는 것이 인생의 길이라고 말씀드리고 싶습니다.

우리는 이것을 바르게 갖추기 위하여 이 지구별에 여행을 온 것이라고 생각하는데, 이 글을 읽으시는 여러분의 생각은 어떠하신지요?

21.
이것이
인간의 바른길이다

이 지구에 생명을 받아 건강한 몸으로 태어난 것은 대단한 축복입니다. 우리는 이 축복을 의식주에 매달려 잊고 삽니다. 좋은 직업과 돈을 많이 벌 수 있는, 또한 인기를 많이 먹고 사는 연예인의 삶이 인생의 목적이라고 하며 살아가는 아이들이나 이것을 가르쳐 준 기성세대나 별반 다르지 않습니다.

못사는 것보다 잘사는 게 좋지 않고, 배고픈 것보다 배부른 것이 잘못되었다고 말하는 사람은 없습니다. 그러나 직업은 어디까지나 나의 의식주를 해결하여 주는 선에서 필요한 것입니다. 최고의 권력을 가진 대통령도 어느 날 교도소에 가야 하고 최고의 돈을 갖고 있는 회장님도 응급실에서 사경을 헤매고 있습니다. 또한 그 유명한 연예인은 스스로 목숨을 끊었다는 이런 비참한 뉴스를 접하게 됩니다. 그럼에도 우리의 현실은 하나도 변한 게 없고 이제는 감성마저 잃어버린 무덤덤한 사람이 되어 가고 있습니다.

틀에 박힌 조직에서 이탈하며 살기에는 경제란 것이 우리의 몸과 마음을 꽉 묶어 놓아서 마음은 인정하지만 현실은 그렇지 못한 우리네 삶의 문제는 이제는 해결하기엔 너무도 깊어졌습니다. 그래서 지금 이대로의 삶에서 여가의 시간을 이용하여 참다운 영적 탐구의 길을 발견하는 법을 안내하여 봅니다.

이 세상에 인간의 몸을 받고 태어난 우리는 현재 머물고 있는 자리에서 자기의 존재의 참실상을 묻고, 그것에 대한 개념을 정리해야 합니다. 그것이 참나든 양심이든 하나님이든 알라든 마호메트든 다 좋습니다.

저마다의 생명의 실상 자리를 확인하였다면 태초의 몸을 만들어 어린아이 때처럼 차크라를 열어 대자연의 생명의 에너지를 내 몸에서 활용해야 합니다. 그러면 몸은 말 그대로 불로장생의 길을 갑니다. 또한, 본래 우리 마음속에 존재하는 사랑과 자비심을 확장시켜 이타의 삶을 살게 됩니다. 명상이나 묵상이 깊어져서 우주대생명의 의식과 하나 된 순수한 의식이 이것이 성불의 삶이며 하나님의 나라로 가는 것입니다.

우리는 이것을 실천하러 이 지구에 왔습니다(다소 생각이 다를 수 있음). 지금 내가 자유롭고 그것으로 하여금 상대에게 이로운 삶을 살면 되는 것이고 만약에 숙제를 마치지 못하면 한 조각 씨앗으로 또 발아되어 피고 지고를 이어 가는 것이 이 우주의 법도입니다.

우리가 사람의 몸을 받았을 때 많이 거룩하고 성스러운 일을 할 수가 있습니다. 한때 우리는 너무도 배고팠던 보릿고개를 살았고, 그때는 오직 배부르게 먹고 잘사는 것이 인생의 목적이었습니다. 사회는 발전하여도 개인이 살아가는 것은 힘든 것이 전 세계의 공통적인 문제입니다 이것은 경제의 분배가 균등하게 되지 못하고 소수의 사람이 독점을 하기 때문입니다. 이런 현상이 앞으로 더 심화될 것입니다.

이런 세상에 과연 우리는 어떻게 살아야 할까요? 사회가 개인을 행복하게 하는 데는 한계가 있습니다. 이런 세상일수록 인간이 갖추어야 할 덕목인 영적인 삶을 병행해야 합니다. 나이 들어 인생이 덧없다느니, 인생이 왜 이리 빨리 간다느니, 나이 들어 할 일이 없다느니 이런 말에서 스스로가 벗어나야 인생의 아름다움을 마음껏 누릴 수 있습니다.

그럴 때 우리의 마음에서 우러나오는 존재의 맛을 이어 갈 수 있습니다. 사회가 복잡할수록 개인의 삶은 모든 것을 좀 단순하게, 약간은 부족하게 살아가야 합니다. 그래야 삶의 행복이 더 충만할 수 있습니다. 나날이 핵가족화되어 가는 세상에 나 혼자만의 삶을 살아가는 사람들이 늘어나고 있기에 무슨 일을 하든지 나의 존재에 대한 탐구를 병행해야 지금 내가 처한 삶을 긍정으로 살 수 있습니다.

사람은 혼자서 놀 줄 아는 내공의 힘이 있어야 각종 디지털 문명에서 벗어나서 텅 빈 충만을 만끽할 수가 있습니다. 노년의 삶은 누구든지 빨리 다가옵니다. 인생 100년이 결코 긴 것이 아닌 것을 젊어서는 모르고 나이 들어서야 알고, 알게 됐을 때 인생은 너무도 아쉽고 허망하게 다가옵니다.

지금 이대로 영적인 삶을 병행하면 가진 것이 적어도 행복하고 오늘 지구가 위태로워도 두려움에서 벗어날 수 있는 내면의 힘으로 건강을 지킬 수 있고 일생의 삶을 감사한 마음으로 살 수 있습니다.

다시 한번 강조하면 내가 안팎으로 평온해야 이 험난한 세상, 지구촌의 여행을 잘 마칠 수가 있습니다. 윤리적 사고로 부모에게 효도하고 나라를 사랑하는 마음을 가져야 합니다. 나와 세상 그리고 지구촌에 꼭 필요한 사람이 돼야 합니다. 국가가 국민을 이렇게 인도하지 못하는 오늘날, 우리의 현실에서 이런 이야기는 공감받지 못합니다. 그러나 이것은 한 인간의 양심에서 올라오는 진심의 소리입니다.

국가가 바르게 인도하지 못하여도 양심 있는 국민이 계몽하여 우리 스스로 대자연에 부끄럽지 않은 삶을 스스로 찾고 만들어가야 한다고 생각합니다. 세상이 그렇다 하여 우리의 삶마저 그것에 맞추어 버리면 우리는 진정한 삶의 길에서 중요한 것을 놓치고 사는 것이기에 적절한 조화 속에 자기다운 것을 지켜 나가야 우리의 민족이 빛날 수가 있습니다. 세상은 나날이 혼탁한 뉴스로 우리들의 인성을 흔들어 놓기 바쁘기에 좀 더 밝고 희망적인 삶의 이야기로 삶을 감동으로 만들어 내야 합니다.

우리가 살아가는 삶은 그대로 정말 감동입니다. 이 감동의 이야기를 우리 스스로 만들어서 '살아 볼 만한 세상이야.'라는 이야기를 우리들의 자식들에게 들려주어야 하지 않겠습니까?

그 주인공이 바로 나임을 선언합니다. 그것이 바로 영적인 삶이며 인간이 갖추어야 할 덕목이자 바른길이기도 합니다.

22.
천상의 음을 공부하면 모든 문제를 해결할 수 있는 지혜를 준다

이 천상의 음은 우주자연과 인간의 심오한 관계를 풀 수 있는 신성한 힘을 품고 있습니다. 세상을 살아가면서 그 신령한 힘은 이곳에만 국한되어 있는 것이라고 말할 수는 없습니다. 양지바른 곳에 핀 민들레 한 송이에도, 묵묵히 일하는 저 농부의 선한 모습에도 희망의 메시지가 있습니다.

제가 접한 이 천상의 일곱 개의 음률 속에는 인간의 몸과 의식을 치유와 각성 그리고 몸과 의식을 이완하게 하는 파동의 에너지가 강하게 들어 있습니다. 저는 이를 몸소 체험했습니다. 이것 역시 사람에 따라, 받아들이는 마음 자세에 따라 자장가로 들릴 수도 있고 치유의 에너지장으로 건강한 몸을 만드는 것이 될 수도 있습니다. 인간을 힘들게 하는 번뇌망상도 무의식을 정화함으로써 그리고 미세한 의식까지도 파동의 힘으로 줄어듬도 확인해 보았습니다. 수십 년 명상을 하면서 망상과 분별, 미세한 의식까지 일어나지 않은 상태에서 명상을 하여 보는 것이 모든 영적 여행을 떠나는 사람들의 소망입니다.

그것이 가능하다는 것을 자연의 이치와 사람의 근본인 세포와의 연관성을 통해 누차 설명하고 과학자들의 도움으로도 설명했습니다. 그리고 저의 몸에서 일어나는 상황의 확인으로도 도움을 드렸다고 생각합니다.

만트라명상을 지속하면 각종 의식이 맑아져서 바른 지혜가 드러나는 것도 확인을 하였기에 여러분께 이해를 돕고자 자연의 현상으로 설명을 드렸습니다.

저의 결론은 이것입니다. 이 만트라명상을 누가 만들었고 이것이 어디서 왔는가 등의 궁금증은 중요하지 않습니다. 이것을 만든 사람 역시 간절한 보리심의 지혜와 연민의 마음에서 만들었을 것이며 그 스승은 아직 세상에 드러내지 않고 깊은 명상 중에 있을 것입니다. 또한 이것은 지극히 비종교적임을 다시 한번 강조하여 말하고 싶습니다.

그렇기에 인연이 되어 개인과 집단, 사회와 국가, 그리고 지구촌 77억 인구에 강력하게 추천하여 드리는 것입니다. 저마다 처해 있는 현실은 다릅니다.

그 처해 있는 현실을 지금보다 더 바르게 이끌어 주는 신성한 지혜를 여러분에게 준다는 말씀으로 이제 만트라명상에 대하여 마무리를 할까 합니다. 더 하고픈 말도 있고 좀 더 상세하게 설명하고 싶지만 지면 관계상 이 정도만 말합니다.

23.
우리 사회와 지구촌을 살리는
신 프로젝트를 제안하며

우리 사회와 인류가 궁극의 행복으로 가는 길은 개개인의 무의식을 정화하는 길이라고 봅니다. 지구촌 77억 인구의 의식(무의식과 잠재의식)을 정화하여 선량하게 점차적으로 변화시키는 것이 지금 우리 사회와 지구의 생명을 살리는 데 있어 최우선 과제입니다.

저는 수년의 경험을 통하여 우주자연의 이치와 부합하여 가장 근원적이면서도 우주자연의 깊은 뜻을 깨달았습니다. 이를 우리들의 삶에 적용을 시킬 때가 된 것 같습니다.

우주자연의 깊은 뜻을 인간에게 적용하면 아침 햇살에 이슬이 사라지듯이 인간의 탐욕심을 줄일 수 있습니다. 태초의 생명파동으로 뇌세포를 각성시키면 우주 본연의 파동의 힘으로 우리의 뇌세포는 더 순수 본연의 선한 마음으로 치유됩니다.

지식으로 의식을 정화하는 데는 한계가 있습니다. DNA를 점차 선량한 쪽으로 바꿀 수 있는 것이 인간을 분별하기 이전의 순수의 영성으로 만들어 주면 우리 사회와 지구촌은 생명의 본질적인 삶을 살게 될 것입니다.

누구나 노력하면 무의식이 정화되며 이 무의식이 정화되면 인간 본연의 순수한 사랑과 자비가 자연스럽게 발현되는 것입니다. 지식은 계속하여 관념을 만들고 그 관념은 인간의 뇌를 이기심으로 채워 놓았습니다. 이 지구가 평화로 갈 수 있는 유일한 방법이자 최후의 방법이며 바른길임을 정중히 말합니다.

오늘날 이 IT 시대는 스마트폰을 이용하여 누구나 쉽고 간단하게 그리고 단순하게 활용할 수 있습니다. 파워풀한 신성한 힘이야말로 잊혔던 과거의 타임머신입니다. 이제야 시절 인연이 필요한 때에 우리 곁에 왔습니다.

이것은 종교도 이념도 누구의 것도 아닌 지구촌 77억 인구의 것입니다. 이를 그냥 분별심 없이 받아들이면 됩니다. 이것은 지금 여러분이 행하는 모든 것의 최상의 버전이며 이것을 행하고 나서 여러분이 행하는 그 모든 것을 행하면 됩니다.

나의 몸과 무의식에 잠재하여 있는 수많은 정보가 이타심의 마음으로 초기화되면 가족이 변하고 주변이 변하며 사회가 변하기 시작합니다. 이것이 확장되어 지구촌이 공감하는 공동체의 평화로 점차적으로 갈 수 있습니다.

　이 일곱 개의 만트라명상이 우리 사회와 지구촌의 무의식을 태초의 고운 파동음으로 우리의 세포를 각성시키면 지금까지 늘 밀물과 썰물같이 튀어나오던 번뇌망상과 이기심이 줄어듭니다. 사랑과 자비의 이타심으로 우리의 무의식을 정화하는 것이 오늘날 우리가 취할 수 있는 최상의 길입니다. 다소 이해가 부족하고 설명이 필요하다면 저의 몸과 의식을 규명하고 싶다면 얼마든지 여러분의 궁금증을 해소하여 드리겠습니다.

　이 글을 보고 지구촌의 뜻있는 사람들이 동참하고 동행하기를 촉구합니다. 망상과 번뇌조차도 줄어드는 이 자연의 이치를 믿지 못한다면 우리는 과연 무엇을 의존하고 살아야 하는지 답을 찾을 수가 없습니다. 이미 기초가 단련된 여러분의 영적 여행에 이 일곱 개와 옴아훙 만트라가 의식에 날개를 달아 줌을 확신할 수 있습니다.

　이것을 받아들여야 할 시대적 사명에 우리 사회와 지구촌은 지금 서 있습니다. 그냥 받아들여서 더없는 인간의 축복을 누릴 것을 간절히 축원드립니다.

| 제7장 |

지구촌 77억 인구가
행복에 이르는 길

우리는 코로나19 바이러스에서 벗어나는 비밀 중 두 번째가 차크라의 신경을 살리는 것이라는 확신을 갖고 만트라명상이라는 것을 만나서 깊은 명상과 묵상 그리고 행복에 이르는 길에서 사유하여야 할 기술을 다양하게 살펴보았습니다. 지금까지 살아온 삶을 전반적으로 반조할 수 있는 우주자연을 바라보며 내공 있는 사색의 글을 통하여 여러분의 의식은 확장되었을 것입니다.

이제 마지막 비밀번호를 얻어야 합니다. 과연 어떠한 마음을 갖추어야 우주자연과 계합하며 일상의 삶과 영성의 삶을 보다 행복하게 살 수 있을까요? 우리가 목표하는 이 코로나19에서 벗어나는 지혜를 얻을 수 있는 것은 바로 사랑과 자비심이며 이것이 더 확장되어 나오는 보리심의 지혜입니다. 우리는 이 비밀번호를 다 부여받았습니다.

이 마지막 비밀번호의 실체를 규명하여 우리의 마음속에 티끌과 미망이 조금도 남아 있지 않게 갖추어야 합니다. 코로나19의 바이러스에서 벗어나는 지혜는 멀리 있는 것이 아닌 바로 우리들 마음속에 이미 존재하고 있습니다. 이런 신념을 되찾는 것이 목표입니다.

이제 이 세 가지를 아울러 깊은 명상과 묵상을 통하여 우리의 마음속에 본래 있던 생명수를 흘러나오게 해야 합니다. 이 생명수는 그냥 나오는 것이 아닌 몸과 의식의 이완으로 나오는 것이기에 지금까지 우리가 여행해 온 것의 결과물이라고도 할 수 있습니다.

어쩌면 우리가 여기까지의 여행에서 이 행복에 이르는 길은 최고로 중요한 대목일지도 모릅니다. 결론적으로 이런 마음을 갖추었을 때 우리의 몸과 의식은 스스로 알아서 생명수를 흐르게 할 것입니다.

자, 마지막 여행이니 귀를 쫑긋하여 여여한 마음으로 여행을 떠나 봅시다. 출발합니다.

이제부터는 행복에 이르는 과정에서 사유하여야 할 내용입니다.

1.
삶에 어떤 질문을 던져야
행복할 수 있을까요?

보통 우리는 화두를 명상 시에만 참고하고 일상에서는 그것에 대한 것을 잊고 살아가는 것 같습니다.

'인생은 어떻게 살아야 하는가?'라는 물음은 수행을 하든 하지 않든 인생의 길에서 동반자이며 삶을 안내하는 내비게이션 같은 것입니다. 저는 초등학교 5학년 때 마을회관에 붙은 '당신은 조국을 위하여 무엇을 할 것인가?'라는 산신령 할아버지의 외침이 담긴 포스터를 통하여 인생에 최초의 사유를 알게 되었습니다.

어떻게든 배만 부르면 최고이던 시절, 그 질문을 보고 학교를 다니고, 소 풀을 베고, 소를 끌고 다니면서 늘 질문에 대한 궁리를 하게 되었습니다.

제가 이런 이야기를 하는 이유는 이렇습니다. 화두나 삶의 의정은 우주자연과 인간의 길을 묻는 행주좌, 어디에서든 그것에 대해 일어나는 궁금함, 그리고 '그것을 어떻게 하면 해결할 수 있을까?' 하는 마음이 나와야 우리의 삶의 길에 도움이 될 수 있습니다. 그런 궁금함과 간절함이 스스로 올라와야 합니다. 그렇게 우주자연의 이치와 인생의 길이 서로 연결된 합일점을 찾아내야 사유가 깊어진다는 것입니다.

인생의 이십대를 넘어선 청년들이나 성직자의 길을 가는 사람이

나 일상에서 평범하게 살아가는 사람들이나 우리는 모두 근원적인 질문을 던져야 합니다. '나는 어디서 와서 어디로 가는 것인가?'라는 근원적인 질문을 던져야 합니다. 우선 그것을 이론이든 이치든 우선 원리로 접하고 그것은 '과연 그런 것인가?'라는 사유로 이어져야 합니다.

그러기 위해선 '나는 무엇을 어떻게 준비해야 하는가?'라는 논리로 이것을 탐구하고 해결하려는 마음이 있어야 합니다. 그래야 인생의 길에서 풍랑을 만나도 수용하면서 살아갈 수 있는 힘이 나오는 것입니다.

처음에는 누구의 말씀으로 도움을 받을지, 그것이 과연 맞는지를 우주자연과 접목하면서 스스로 질문을 받으면 되겠습니다.

내가 이런 질문을 통하여 답이 나올 때까지 공부를 하는 것이 그것이 자기다운 것이며 그것을 통하여 여러분의 영성이 살아나는 것입니다.

지금 이런 길에 서 있는 분들이 그런 생로병사의 궁금증이 올라오지 않는다면 명상을 하든 무슨 일을 하든지 늘 망상과 싸움을 하다 한평생이 가는 것입니다. 인생의 길에서 어떤 질문을 가지고 살아가야 할지 방황하는 청년들 역시 취업이 어려워 이런 질문에는 관심이 가지 않는다면 나이 들어서도 이런 삶의 고민과 방황은 따라갈 것입니다.

가장 근원적인 존재에 내한 물음 속에 의식이 확장되어 가는 것입니다. 그리고 그 답을 찾아가는 여정이 우리의 삶을 풍성하게 합니다. 아무도 우리의 인생을 대신하여 살아 줄 수가 없듯이 지금 나의 삶을 세상을 위하여 한 생각을 일으키면 여러 가지의 장애도 함께 주어진다는 것입니다.

그만큼 원력이 크면 내가 겪어야 할 삶의 시련도 아픔도 감수해야 합니다. 이렇게 살기 좋은 세상이 오기까지 우리에게 헌신한 조상들의 삶에 과연 우리는 무엇으로 보답을 해야 할까요?

그저 의식주에 내 자식만 챙겨서는 진정한 인생의 소풍은 빈약해집니다. 이런 사람을 길러 내지 못하는 시대에 과연 우리는 어디에 참다운 가치를 두고 살아야 하는지 함께 사유하는 시간을 가져 봅니다.

2.
삶에 질문이 없다면
대의가 나올 수가 없다

사람이 동물들과 다른 점은 생각하는 힘을 가졌다는 것입니다. 제가 어렸을 때 어머니께서는 사유하는 방법을 보여 주었습니다. 백 가지 종류의 산야초를 뜯어서 약을 만드시려고 했지만, 그 백 가지 산야초는 좀처럼 모이지가 않았습니다.

오늘날 우리 같으면 메모를 스마트폰에 하겠지만 그 당시 어머니께서는 당신의 헝겊 허리띠를 길게 만드셔서 산야초를 하나 뜯을 때마다 한 매듭을 지었습니다. 그렇게 백 마디를 짓는 것을 보면서 사유의 힘을 배웠습니다. 그 당시나 지금이나 저는 그런 어머니의 모습이 정말 지혜로워서 늘 일상이 사유의 삶으로 자연스럽게 연결됩니다. 저는 이십대에서 사십대 중반까지 '나는 누구인가?'라는 인생의 질문을 들고 사유하였지만 늘 망상 속에서 명상하고 영원히 사는 길을 찾지 못했습니다. 그렇기에 그 갈증과 답답함으로 도서관에 있는 책을 볼 만큼 보았지만, 좀처럼 존재의 궁금증이 말끔히 씻어 낼 수가 없었습니다. 그러던 어느 날, 통도사 방장 지유스님의 법문을 들으면서 밥상을 걷어차고 '대한민국 만세'를 불렀습니다.

'아, 이것이었구나!'

얼마나 반가운지 춤이 덩실덩실 춰졌고 오대산 선재길을 걷다가 오도송을 적었습니다. 그리고 최초의 법거량은 영감사 해우소의 고목에서 구멍을 뚫는 딱따구리였습니다. 유심이 아닌 무심의 마음이 들리기 시작하였습니다.

우리는 견성, 즉 참나, 하나님을 찾는 방법을 단 몇 분 만에 알려주는 시대에 살고 있습니다. 물론 이치를 알고 공부하면 빠른 것이 사실이지만 때론 빨리 알았기에 사유의 힘이 부족할 수도 있으니 참고의 말씀을 드립니다.

저의 경우 수십 년을 사유한 끝에 체득한 이치의 내공이 바짝 마른 솔가지에 불이 붙는 것과 같이 타올랐습니다. 그렇게 5~6년의 동안거를 통하여 내 안의 평화와 자유의 길을 찾았습니다. 그것도 지구촌이 다 함께 행복에 이르는 길을 말입니다.

삶의 길은 다양하지만 근원을 해결하고 우주자연과 합일이 되면 모든 것과 다 회통할 수가 있습니다. 바른 공부를 하였다면 저 굴러다니는 돌멩이에도 감사와 고마움이 질로 나오는 법입니다.

정리하여 보면, 비록 지금 나에게 과분한 질문이라도 용량이 큰 것이 좋습니다. 그래야 우리는 더 노력하고 관심을 지속할 수가 있다는 것입니다. 그리고 그것이 나를 만들어 간다는 것입니다.

지금 우리의 교육은 도대체 무엇을 만들어 내는 것이 목적인지 모를 정도입니다. 하루속히 수능 시험이 없어지고 저 많은 대학도 줄여야 하며 초등학교에서부터 인성 교육과 자연 교육 그리고 명상을 가르쳐야 합니다. 사유하는 인간을 애초부터 길러서 작게는 자신을 찾고 나아가 조국을 위하여 봉사하는 그런 사람으로 만들어야 합니다. 세계화 시대의 지도자를 처음부터 맞춤형으로 길러야 합니다.

　　그저 취직하려고 공부하는 이런 시대에 인재는 나오지 않습니다. 대자연을 이해하지 않고서는 의문의 답을 찾을 수가 없습니다. 이 복잡한 국제 질서에는 세계를 이끌 지도자가 필요합니다.

　　변화하지 않으면 전체가 고통스럽다는 것을 코로나19는 우리에게 알려 주지만 기득권의 이기심으로 이 정도로도 움직이지 않습니다. 그것에 대해 우리가 치러야 할 삶은 지금보다 더 희생이 따릅니다. 나서부터 무엇을 해야 하는지를 찾을 수 있는 그런 시간이기를 다 함께 사유해 봅니다.

3.
지금 내 마음에
질문이 일어나지 않는다면

　　우리가 본디 선한 마음이 일어나지 않을 때는 선한 마음이 어떻게, 어떤 조건에서 일어나는지 관찰해 보아야 합니다. 그리고 그 선한 마음이 일어날 수 있는 몸을 만들고 마음에 습을 들여서 그것이 내 몸에 익숙해지도록 계속하여 정성을 들여야 선한 마음이 배양됩니다. 마찬가지로 나의 삶의 존재에 대한 궁금증이 일어나지 않을 때는 그 존재에 대한 실존적인 현실을 보고 느끼고 사유할 수 있는 환경을 접해야 합니다. 인간은 감정의 동물이기에 바늘 하나 꽂을 때가 없던 모진 마음도 그런 환경을 접하면 마음이 열리게 되어 있습니다.

저의 경우도 멀쩡하다가 어느 날 갑자기 숨을 쉬지 못하고 가슴이 찢어지는 통증, 즉 강한 죽음의 고통을 느끼며 점점 죽어 간다고 생각했습니다. 그럴 때 인간은 누구든지 삶의 미련이 남는 것입니다.

다시 한번만 내가 살아난다면 세상을 위하여 살겠노라고 강한 결심을 하게 되었습니다. 그 후로는 그것이 자동적으로 생로병사의 큰 대의로 자리 잡게 되었습니다.

내가 그런 마음이 들지 않을 때는 삶과 죽음의 현장에서 간접적인 체험을 통해서 발심이 되어야 합니다. 내가 세상을 위하여 도움이 되는 삶을 살겠다는, 이런 큰 발심을 하게 되면 삶의 길에서 성취도 빠르고 또한 우주자연의 축복과 가피를 받으며 더 나아가 의식이 확장되어 큰 지도자가 될 것입니다.

물론 우리의 삶의 현장에서 탐심을 내려놓고 다 하는 것은 저 역시 부족합니다. 그래도 이런 마음을 가지면 일상에서 바르게 깨어나서 살고 상대에게 손해를 끼치지 않으며 실천하는 삶을 살아가게 됩니다.

지금 나에게 삶에 대한 질문이 일어나지 않는다면 아주 단순한 것부터 관심을 가져야 합니다. 메모와 사유를 통하여 내가 할 수 있는 것부터 실천하다 보면 자신감이 생기고 그것을 통하여 그동안 침묵한 내공이 나와서 진정 내가 하고 싶은 일을 할 수가 있습니다.

그것은 작은 것을 관심 있게 바라보는 습관에서 시작된다는 것을 나누고 싶습니다.

4.
대자연을 이해하지 않고서는
의문의 답을 찾을 수 없다

아무리 석·박사 학위를 가지고 있어도 이런 코로나19와 같은 큰 장애물을 마주하면 그것을 풀어낼 수 있는 지혜는 (사람에 따라 다르지만) 좀처럼 쉽게 나오지 않습니다.

자연의 원리와 우리 몸의 구조를 본인이 직접 느껴 보아야 하는데 지식적인 학문은 있어도 참다운 사람을 살리는 지혜는 시원하게 나오지를 못하는 것 같습니다.

자연을 이해하고 그 근본 원리에 대한 사유가 깊어지고 그것으로 인간의 몸을 본인이 명상이나 묵상을 해야 겨우 바른 이해를 할 수가 있습니다. 이 명상을 하지 않고서는 참다운 지혜는 논문에 불과한 것이지요.

그래서 사실 명상이 답입니다. 우주자연이 사람보다 더 먼저 생성되었고 그것의 흐름에 맞추어서 인간 역시 진화되었기에 이 두 가지를 나의 의식과 몸에서 사유해야 삶을 살아가면서 우리가 마주하는 질문에 답을 내놓을 수 있다고 생각합니다.

이것 역시 주관적인 이야기이지만, 지금까지는 이런 이야기는 좀 이해하는 데 어려움이 있었지만 지금 우리는 역대급, 최고의 과제를 마주했습니다. 누군가 그것에 대한 지혜를 내놓을 수 있다고 생각을 하는 사람은 거의 없다고 생각합니다.

당연히 의학자나 과학자들에 의존하는 백신이 답이라고 생각하기 때문입니다. 백신이 나와도 문제입니다. 앞으로 어떤 병이든 백신이 나오기만을 무작정 기다리기에 우리는 그렇게 우둔하지 않습니다.

자연과 인간의 관계에 대하여 사유가 깊은 분들은 다 저마다의 코로나19에서 벗어나는 논리를 펼칠 수 있고 또한 그런 의견이 다양하게 나와야 한다고 생각합니다.

우리가 영성 공부를 하여 적어도 우리가 마주한 문제를 풀지 못한다면 그것은 바른 견해를 찾지 못해서이고 저는 이 정도는 우리에게 그동안 충분히 사유할 시간이 있었기에 해결하는 지혜를 찾아야 한다는 생각입니다.

대자연의 이치를 풀어야 의문의 답을 구할 수가 있습니다. 연민심이 발동하지 않으면 이것 역시 더더욱 출발할 수가 없고 일상적인 개념에만 몰두하게 된다고 보아야 할 것입니다.

다시 한번 우리를 돌아보는 그런 시간이 되셨으면 좋겠습니다.

행복의 문을 여는 열쇠는 자비심입니다.

지구촌에 살아 숨 쉬는 모든 생명은 하나같이 고통에서 벗어나 참다운 행복을 원합니다. 그러나 누구나 행복하지는 못합니다. 그 이유는 누군가가 우리에게 행복을 갖다주는 것이 아니라 우리 스스로 공부하여 행복을 이루어 내야 하기 때문입니다.

어떻게 하면 행복할 수 있을지 고민하며 돈을 벌고 경제 수준을 높였지만 그렇게 행복하지는 못합니다. 행복을 얻기 위해선 행복에 이르는 길을 찾아서 듣고 사유하여 실천에 옮길 때 행복한 삶을 살 수 있습니다.

또한 행복에 이르기 위해선 진정한 행복이 무엇인지 바로 알아야 합니다. 사람들은 자식들이 취직을 잘하는 것이라고, 남편이 회사에서 승진하는 것이며 또한 가족이 건강한 것이며 좋은 APT를 가지는 것이 행복이라고 말합니다. 또 어떤 사람들은 가지고 싶던 자동차를 구매하는 것이라고 하며, 사랑하는 사람과 그림 같은 집을 지어 오순도순 사는 것이라고 말하는 사람들도 있습니다.

이와 같이 행복은 건강과 경제 그리고 자신의 꿈을 이루고 느끼는 정신적 평온함 속에 편안한 조화와 균형을 맞추는 것이라고 정의할 수 있습니다. 그러나 이런 세속적인 행복의 가치관으로는 영원히 행복한 여행을 하기에는 역부족입니다. 태어났으면 누구든지 생로병사를 겪는 길을 면할 수 없습니다.

우리가 육체적인 삶과 정신적인 삶에서 좀 더 내가 누구인가를 분명하게 알면 삶을 통하여 무엇을 하면서 살아야 하는지의 삶의 가치관이 정립이 될 것입니다. 그러면 소유의 삶이 아닌 좀 더 본질적인 존재의 삶을 살 수 있을 것입니다.

일찍이 부처님은 행복의 문을 여는 열쇠는 자비심이라고 말씀하셨습니다. 모든 미덕을 아우르는 단 한 가지가 있다면 그것은 바로 자비심이라고 말씀하셨고, 산데바 역시 모든 행복은 남의 이득을 원하는 마음에서 생기며 또한 모든 고통은 자신의 이득을 바라는 마음에서 비롯된다고 하였습니다.

이와 같이 행복에 이르는 길과 괴로움에서 벗어나는 지혜를 말씀드립니다.

첫 번째로 내가 누구인지 자기 자신의 본질을 찾아야 합니다. 두 번째로 행복에 이르기 위해서는 괴로움이 생기는 원인을 알아야 행복에 이를 수 있습니다. 세 번째는 괴로움을 멸하는 방법을 알아야 합니다. 네 번째로는 진정한 행복에 이르는 지혜를 알아 그것을 듣고 사유하여 실천해야 합니다. 이때 우리의 영혼은 가볍고 자유로워 이 지구촌 여행이 행복하였노라고 말할 수 있습니다.

인생 백 년이 긴 것 같지만 정말 유수와 같이 빛의 속도로 흘러가고 있습니다. 오늘 우리에게 주어진 인생의 길에서 좀 더 나누고 사랑과 자비를 행할 때 나의 삶은 그 속에서 보람을 느낍니다. 진정한 행복은 남을 돕는 것이며 이것이 인생의 목적이자 행복으로 가는 길입니다. 좀 더 세부적으로 행복에 이르는 길을 안내하여 보겠습니다.

5.
행복에 이르기 위해선
자신의 본성을 찾아야 한다

이 세상에 인간의 몸을 받아 가장 먼저 나와 세상에 던져야 할 질문은 '나는 누구인가?'라는 것입니다. 이 질문을 던져서 나를 바로 아는 것이 무엇보다도 중요합니다.

그런데 대다수의 사람이 이런 질문의 답을 책을 통해서든지, 가르침을 통하여 자기 존재의 가치관이 정립이 되지 않은 상태에서 정하려고 합니다. 그런 상태에서 대학에 가고, 취직을 하며, 사회에 나갑니다. 심지어 결혼을 할 때까지도 이런 개념에 대한 정리 없이 삶을 살아가니 이것은 기초가 튼튼하지 않은 상태에서 건축물이 서 있는 것과 같습니다.

이런 개념이 바로 서야 행복이 무엇이고 삶에서 괴로움은 무엇 때문에 일어나는지 알 수 있습니다. 비록 깊이는 알지 못하여도 최소한 나는 어떻게 존재하는지 그 이치를 알면 삶을 행복으로 만드는 긍정의 힘을 이끌어 낼 수 있습니다.

무엇이 참나인지를 이해를 돕고자 예를 들어 보겠습니다. 여기에 얼음이 있습니다. 얼음이 녹으면 물이 되고 물이 얼면 다시 얼음이 됩니다. 모양과 부피는 변하여도 질량은 그대로 보존되는 것입니다. 여기에 몸은 얼음이고 물은 영혼, 의식인 것입니다.

이처럼 아인슈타인의 에너지 법칙을 적용하면 손쉽게 삶과 죽음을 설명할 수가 있습니다. 또한, 모든 존재는 상대적으로 있는 것이지 절대적으로 있는 것이 아니라고 말합니다

자, 그럼 조금 더 들어가서 '나'라고 할 때 무엇이 '나'라고 생각되시는지요?

보통의 사람들은 이 육체적인 몸이 '나'라고 생각을 합니다. 그러나 몸은 육체적인 인과 연으로 만들어졌기에 반드시 멸합니다 몸

은 멸하면 육체적으로 만들어졌기에 지·수·화·풍의 원소로 돌아가는 것입니다.

그러나 우리의 정신, 즉 의식은 불멸하는 합니다. 벼 이삭은 소가 먹어서 거름으로 돌아가고 열매인 이삭은 떨어져서 다시 싹을 피웁니다. 이처럼 우리들의 영혼도 역시 살아생전에 업식에 따라 옷을 갈아입는 꼴입니다.

그래서 소위 말하는 '참나'니, 성령이니 하는 것은 자기의 참실상의 본성의 자리를 말합니다. 또한, 이 자리는 본래 누구나 구족되어서 불생불멸하며, 사랑과 자비의 광명이 충만하여 오염되거나 물들지 않으며 순수한 생명 실상의 자리이며 우주 대생명과 연결되었습니다. 이것을 확인하면 대우주와 소우주가 연결되고 사람이 이것을 깨닫는 진심에 따라서 삶의 여행을 존재의 실상을 있는 그대로 바로 보아서 왜곡되지 않아 내 안의 평화와 대자유인의 행복을 누리며 살 수 있는 것입니다.

좀 더 공부를 해 보면 우주 생명의 법칙은 이것 속에 사랑과 자비심의 원력으로 변화하며 운행하고 있다는 삶의 진실을 만날 수가 있습니다. 우리는 이 도리를 바로 알면 오직 감사와 덕분의 마음으로 사랑과 자비심이 깊어져서 보리심의 지혜의 원력을 세울 수밖에 없습니다.

1) 자기의 본성을 확인하는 방법과 성령을 만나는 방법

① 자기의 이름도 모른다고 할 때 분별하지 않는 자기 실상의 존재에서 그 또렷한 의식을 자각하는 것입니다.

② 망상·분별·집착의 마음이 올라올 때 모를 뿐이라고 하면 검은

구름이 걷히고 본래 청정하게 존재하였던 맑은 하늘이 나오듯
이 망상을 따라가지 않고 '모른다 모를 뿐' 하면 순간 생각이
뚝 끊어지는 자리와 느낌의 의식을 만나게 되면서 지각이 일어
나서 알아차림으로 그 자리를 만날 수 있습니다. 그 일체의 망
상시비가 끊긴 그 느낌의 순수 의식의 나를 만나면서 확인하
는 것입니다.

③ 명상 시 우주 공간의 에너지를 호흡으로 들이마시면 몸은 금
세 반응을 합니다. 온몸의 에너지가 흐르면서 우주 에너지와
나의 몸이 상호 의존한다는 것을 통하여도 생명의 실상의 자
리는 외부가 아닌 나의 몸, 의식 속에 지금 아는 놈의 연기적
관계를 통하여도 알아차릴 수가 있습니다.

④ "태초에 말씀이 있었느니라." 이 말씀이나 "하나님과 함께 계
셨으니 이 말씀은 곧 하나님이시니라" 이 구절을 갖고도 하나
님을(성령) 만날 수 있습니다. 성령은 무시 이래로 존재하였으
며 그것은 곧 자아와 함께 존재하고 있으며 성령은 또 에고를
통하여 확인할 수가 있습니다.

⑤ '우리는 어떻게 존재하며 살아가는가?'라는 질문을 통하여서
자기의 실상의 자리를 확인을 할 수가 있습니다. 내가 존재하
기 위해서는 일단 먹어야 하기에 쌀이 있어야 하며, 밥을 먹기
위해서는 쌀을 농사짓는 농부가 있어야 하고 숟가락이 있어야
하며, 햇볕과 공기·비의 도움을 받아야 합니다. 이는 나 아닌
것이 없으면 나는 존재할 수가 없다는 연기의 실상으로도 확
인을 할 수가 있습니다.

⑥ '제행무상'이라는 말씀으로도 나의 실상을 만날 수가 있습니

다. 모든 것은 고정되어 있지 않고 변화한다는 것입니다. 이 세상에 모든 것은 인과연의 합작으로 만들어졌습니다. 살아서 천년을 사는 주목도 죽어서는 빼빼 말라서 죽습니다. 사람 역시 젊어서 싱싱하다가도 나이 들면 고목처럼 말라서 죽게 되는 것입니다. 이런 변화하는 자연을 통하여 나의 존재의 실상을 마주할 수가 있습니다.

결국 나를 바로 알고 그것으로 하여금 삶에 왜곡당하지 않고 우주자연의 이치를 사유하여 깊어지면 모든 것은 본래 구족되어 있고 원만하고 자유롭고 평화롭기에 나란 에고에 가려 먹구름이 덕지덕지 쌓여서 탐내고 성내고 어리석음으로 이어져 왔다는 것을 알 수 있습니다.

우리의 삶에서 나를 바르게 만나는 것은 가장 보람된 일이며 생명 중에 인간만이 사유하여 찾을 수 있는 유일한 길입니다. 진정한 자신의 참생명의 자리를 만나야 그 태초의 생명의 도움으로, 그 성령의 힘으로 나를 사랑하며 이웃과 나아가 세상에 진정한 사랑과 자비가 마음에서 올라오는 삶을 살 수 있습니다.

이것을 바르게 접하지 못하면 욕망의 노예가 되며 계속하여 나와 자국의 이득을 위하는 이기심에서 벗어날 수가 없습니다. 지금 지구촌의 가족들은 애초부터 바른 정견으로 나를 접하지 못한 탓에 분쟁과 정쟁의 삶에서 벗어나지 못하는 결과를 낳았습니다.

논리가 나오기 전에 사람이 먼저 있었고 사람이 오기 전에 우주자연이 먼저 존재하며 장구한 역사를 이어 가고 있었습니다.

좀 더 넓은 포용력으로 자기 참존재의 실상을 바르게 알고 또한 자기의 본성을 만나 그 의식을 확장(사랑과 자비)하면 일상에서 마주하는 삶의 괴로움과 두려움에서 벗어나 모두가 행복할 수가 있습니다. 이것이 곧 나의 깨어남이 지구촌의 깨어남으로, 즉 궁극의 평화로 가는 길입니다.

위와 같이 나의 본성을 바로 알아야 일체의 삶에서 속지 않습니다. 우리는 누구든지 어떤 조건에서도 행복으로 가는 길과 자유의 삶을 누릴 수 있음을 안내합니다.

6.
행복에 이르기 위해선
괴로움의 원인을 알아야 한다

행복에 이르기 위해선 괴로움을 일으키는 원인을 알아야 합니다. 이처럼 괴로움을 일으키는 원인은 세세생생 살아오면서 훈습된 경험으로 나를 바르게 알지 못하는 것에서 시작됩니다. 이 '나'란 것에 대한 집착은 얼마나 큰지 꿈속에서조차도 꿈을 꾼 것을 나라고 생각하며 본래의 나를 모르고 스스로의 개념으로 만든 자기 속에서 나를 만납니다.

꿈속 생각은 자기가 만들어 낸 것이지만 꿈속의 자기를 진정한 나로 정해 놓고 살아가면 존재의 실상을 잘못 보아 괴로움에서 벗어날 수가 없습니다.

따라서 괴로움이 생기는 원인은 욕망과 집착입니다. 욕망과 집착을 제거할 수만 있다면 괴로움에서 벗어날 수 있습니다. 욕망과 집착은 몸과 마음에서 일어나는 본질적인 존재의 실상을 모르는 무지에 의해서 발생하는 것입니다. 우리는 아집의 본성인 무지 때문에 사물의 모든 존재에 대하여 있는 그대로 바로보지 못하고 선입견이나 자기중심적인 망상으로 사실을 전도몽상하고 편집하여 인식하고 판단합니다.

1) 행복으로 가는 길에 괴로움이 생기는 원인

① 일반적인 생각에서는 눈으로 보는 것이 실재한다고, 존재한다고 믿기 때문입니다.

② '나'는 정신적·물리적인 어떤 부분들이 모여서 이루어진 합성 물질입니다. 우리는 강한 자기 집착으로 인해 실재하는 나를 인식합니다. 나라고 하는 자기 인식을 가지는 게 괴로움의 시작입니다.

③ 우리가 나를 인식하는 마음의 성품은 그대로입니다. 하지만 외적인 형태로 존재하는 것처럼 보입니다. 우리가 외적인 대상에 빠질 때 집착과 분노, 증오가 발생합니다.

④ 결국 존재의 특성은 자신의 내면에 바탕을 두고 있다는 것입니다. 즉, 우리가 집착하고 있는 이 현상은 자기 내면에서 분별 작용, 잘못된 망념이 괴로움을 만들어 내는 것입니다.

⑤ 모든 고통의 원인은 잘못된 개념적 사고(망상, 분별)로 생겨납니다. 우리가 고통스러워하는 것은 대상과 주체인 자기 자신을 모두 실제로 존재하는 것으로 보기 때문입니다. 그러나 실질적으로, 독자적으로 존재하는 것은 없습니다. 독립된 자기존

재라는 것이 없다는 것을 이해하는 것만으로도 고통을 줄일 수가 있습니다(대자연도 서로 상호 의존적 존재입니다).

이것에 대한 이해가 부족하면 맨 처음 '우리는 어떻게 존재하는가?'라는 부분을 참고하세요. 도움이 될 것입니다.

⑥ 고통은 이기적인 한 생각을 일으킬 때 시작됩니다. 이기적인 생각의 의식은 몸과 마음을 힘들게 하는 거친 번뇌가 동반합니다. 또한 이 불편한 마음은 우리의 몸과 마음에 치명적입니다. 세포를 병들게 하는 원인 중의 하나가 이기적인 의식입니다.

⑦ 우리 몸에 깊숙이 들어 있는 삼독심 때문입니다. 우리들의 몸과 마음은 이 삼독심이 힘든 것의 주원인입니다. 이 마음 속의 오염 덩어리인 삼독심을 본래 청정한 반야의 지혜[10]로 제거해야 합니다.

⑧ 오온[11]이 나라고 생각하기에 괴로움이 따릅니다. 오온은 업과 번뇌에 의하여 발생하는 것입니다. 그 뿌리인 무명이 아집을 만들기에 고통의 뿌리인 무지, 즉 아집을 반야의 지혜나 공성의 지혜로 오온이 공함을 바로 알아야 합니다.

위의 내용처럼 우리의 삶에서 괴로움을 원하는 사람은 아무도 없습니다. 그런데 왜 우리는 원하지 않는 괴로움을 잇달아 겪어야 할까요? 그것은 바로 우리가 취해야 하는 것과 버려야 하는 것에 대한 바른 견해가 없고 뒤집힌 견해만 있기 때문입니다. 집착을 행복

---

10) 반야의 지혜: 분별하지 않는 본래의 순수 마음.
11) 오온: 색, 수상, 행식.

으로 여기고 무상한 것을 영원한 것이라고 봅니다. 또 '나'가 없음에
도 '나'가 있다고 여기는 뒤집힌 견해 탓에 사물을 바로 보지 못하기
때문입니다.

우리는 소유로 행복을 찾기에 고통이 발생하는 것입니다.

늘 문사수[12]를 통하여 이론을 깊이 사유하고 반복하여 공부하
면 이것이 나의 의식 속에 자리 잡히면서 그 어떤 상황에서도 사물
을 바로 보는 힘이 생길 것입니다. 그럴 때 우리는 괴로움에서 벗어
나는 지혜를 실천할 수 있는 힘이 나와 행복으로 이르는 것입니다.

7.
행복에 이르기 위해선
괴로움을 멸하는 방법을 알아야 한다

우리가 배고플 때 기도로 해결되지 않습니다. 밥을 먹어야 배고
픔이 해결됩니다. 우리의 마음에 괴로움이 있을 때는 사랑과 자비
가 생겨야 합니다. 사랑과 자비의 선한 의식도 근거와 이유를 생각
하면 할수록 점점 더 커지기 마련입니다. 마음속에 있는 공덕은 습
성을 들임으로써 자라는 것입니다.

한편 아무런 동기가 없는 몸의 움직임도 어떻게 습을 들이느냐에
따라 차이가 있음을 알 수 있습니다. 몸의 행동도 습성을 들임으로

---

12) 문사수: 듣고 사유한 것을 수행으로.

써 변할 수 있는 것처럼 마음 또한 습성을 들일 때 변할 수 있는 것입니다. 괴로움 역시 선한 습성을 들이는 것이 매우 중요합니다.

1) 괴로움을 멸하는 방법

① 우리가 마음의 번뇌를 제거할 때, 괴로움의 원인의 반대가 되는 사랑과 자비의 보리심의 지혜를 키우면 괴로움은 줄어들게 됩니다.

② 우리는 매사 사물을 있는 그대로 보지 못하고 자기의 사견으로 대하기에 사물 존재의 실상을 연기공성의 지혜로 보아야 합니다. 나라는 존재의 실체가 무엇인가 살펴보면 그 어떤 것도 나라고 할 만한 것이 없습니다. 오로지 다른 것에 의존하여 존재하고 원인과 결과로, 연기로 존재하며 이름 지어질 뿐이기에 무자성이라는 존재의 실상에 확신을 가져야 합니다. 이런 공성의 지혜의 힘이 깊어지면 무지를 제거할 수 있습니다. 이것은 이치로 먼저 이해한 뒤 우리가 마주하는 자연을 관찰하다 보면 어느 순간에 스스로 확인될 것입니다.

③ 문·사·수의 방법으로 이치를 듣고 사유하여 수행을 반복하면 마음속에 거친 번뇌가 사그라들고 우리들의 마음에 바른 습관이 들어 확신을 갖고 마음에 변화가 올 때까지 반복하면 괴로움을 제거할 수 있습니다.

④ 마음에 바른 습성을 길러야 괴로움에서 벗어날 수 있습니다. 마음은 외부에서 아무리 엄하게 해도 변하기가 무척 어렵습니다. 본인 스스로 바꾸려고 하는 마음이 진심으로 우러나 실천하고 노력할 때만이 마음의 습성이 변하는 것이지 외부에서

이것이 코로나19에서 벗어나는 처방전입니다

아무리 엄하게 해도 마음은 절대로 바뀌지 않습니다. 그러므로 바른 습성을 들이지 않고서는 지금의 이 괴로움은 나에게 늘 손해를 가져옵니다. 그렇기에 깊은 각성을 통하여 변하려는 마음의 힘을 길러야 합니다.

⑤ 늘 일상에서 깨어 있어야 망상을 제압할 수 있습니다. 우리의 마음은 늘 잠시도 가만히 있지를 않습니다. 이렇게 늘 움직이는 것도 실은 조금만 주시하면 그 움직임을 관찰할 수 있고 나아가서 그 움직이는 느낌과 대상에 대하여 함께 존재할 수 있습니다. 이것은 온몸의 느낌과 촉감에 호흡을 주시하는 것입니다. 망상이 일어날 때 그것에 대하여 집중하는 알아차림이 깊어지면 망상은 통제됩니다. 또한, 알아차림 하는 통찰의 힘으로 지금 나의 몸과 마음에서 일어나는 업과 번뇌를 깨어 있게 만들지 않기에 괴로움에서 벗어날 수가 있습니다.

⑥ 명상 수련으로 마음의 번뇌망상은 제거됩니다. 우리가 우리의 참나, 성령을 찾지 못하였을 때는 호수에 비친 달을 보며 달이 자기라고 착각합니다. 그러나 본성을 찾고 사유의 힘이 깊어져서 호수와 달, 우주가 곧 나라는 것을 알면 마음의 번뇌는 곧 보리가 되고 이기심이 이타심으로 변합니다. 그러면 고통을 고통이 아닌 삶의 한 부분으로 받아들일 수 있는 넓은 마음인 사랑과 자비의 힘으로 모든 것을 다 수용하는 힘을 키울 수 있습니다.

⑦ 천문(백회)의 신경을 살려 긍정의 힘을 키워야 합니다. 천문의 에너지센터의 신경을 살리면 우리 몸은 더 이완되어 부정의 씨가 덜 나옵니다. 가령 햇볕 없이 며칠만 지속되면 우리들

의 마음에는 스트레스가 나오게 되어 있습니다. 그런데 눈부신 햇살의 파란 하늘을 보면 긍정의 마음이 자연스럽게 나옵니다.

이것처럼 사람의 천문은 말 그대로 백 가지의 신경이 모여 있는 혈 자리입니다. 인체의 기순환이 원활하면 몸은 쾌적한 조건이 되어 마음은 분별망상을 하지 않고 좋은 느낌을 유지하여 능 긍정의 마음이 나옵니다. 그리고 우주자연의 기운을 천문으로 받아들이기에 오장육부에 감사의 기운이 들어옴으로 인체는 부정의 마음을 만들지 않는 조건을 만듭니다.

그런데 이것이 닫혀 있으면 우주의 충만한 에너지를 흡수할 수가 없고 인간은 정신적인 영의 힘은 줄어들고 동물적인 본능으로 변할 수 있습니다.

천문이 열리면 생명의 에너지를 흡수하여 더 교감하며 태초의 본성을 더 밝힐 수 있고 몸과 마음은 더욱 균형 있게 되며 마음이 건강하여 삶의 자세가 부정적일 수가 없습니다. 하늘 기운으로 자연은 새벽에 이슬을 머금고 생명을 키워 갑니다. 사람 역시 천문의 신경을 살려야 우주 만물이 가진 소리의 진동 파장을 들어 더욱더 고운 선량한 마음이 나와 고통을 멸할 수 있습니다.

결국 백회의 신경이 열린다는 것은 우주자연을 있는 그대로의 법음을 순일하게 들으면서 안으로 정화가 동시에 일어나는 것입니다. 그렇기에 이것은 순수한 나를 만나는 계기가 될 수 있습니다.

백회(천문)는 인간의 안테나와 같은 역할을 하는 곳입니다. 이 안테나의 신경이 살아나야 우주자연과 교감하고 또한 그 섬세한 파동을 감지하며 동물적인 본성을 대자연의 영성으로 치유하여 본래 맑고 밝은 우리의 참본성을 지켜낼 수 있습니다.

⑧ 마음이 계속하여 전도되면서 망상을 만들어 내는 것을 알아야 합니다. 햇볕이 방으로 들어오면 먼지는 가라앉아 있다가 사람들이 움직이면 온통 방 안에 떠오릅니다. 그리고 햇볕에 의하여 먼지가 떠다니는 것을 볼 수가 있습니다. 이처럼 최초의 우리들의 순수한 마음은 어떤 대상을 만나느냐에 따라 비칩니다.

거울의 본상은 사물을 비추는 것입니다. 우리들의 마음은 보고, 듣고 자기만의 경험으로 처음 접촉합니다. 이 접촉에 의하여 발생한 느낌이 지각으로 다시 생각이 일어납니다. 그 생각은 편집과 분별로 자기 의념이 보태어져 망상을 만들어 냅니다. 이 망상은 우리들의 몸과 마음을 힘들게 하며 심리적으로 장애를 발생시킵니다.

최초의 순수한 마음이 전도되어 생각을 통하여 점차 망상을 만들어 자신은 생각의 노예가 되어 인지 과정이 전도되어 정신적 장애를 일으켜 심신을 힘들게 합니다. 이렇게 순수한 한 생각이 자기만의 잣대로 전도되면서 망상이 발생하여 그것은 괴로움의 원인이 되는 것이지요.

괴로움은 밖에서 오는 것이 아니라 우리들의 내부의 심리적 요소에서 발생합니다. 우리들의 순수한 마음을 조작하지 않으면 결코 망상이 발생하지 않습니다.

끝으로 괴로움에서 벗어나려면 마음에 자애심을 키워야 합니다. 삶의 괴로움에서 자애의 노래를 부르면 괴로움에서 벗어날 수 있습니다. 내가 행복을 바라듯이 당신도 행복해야 합니다. 내가 불행을 원치 않듯이 당신도 불행해지면 안 됩니다.

8.
궁극의
행복에 이르는 길

진정한 행복에 이르려면 보리심의 지혜를 익혀야 합니다.

사랑과 자비의 마음이 나의 삶과 이웃에게 최고의 보약입니다.

우주자연이 인간에게 준 삶의 목적은 이기심을 이타심으로 전환하여 서로서로 사랑하는 것입니다. 이기심은 늘 우리를 힘들게 하지만 이타심은 나와 상대를 이롭게 하며 늘 행복하게 합니다.

우리가 괴로움에서 벗어나 인간의 궁극의 행복을 느낄 수 있는 것은 사랑과 자비의 마음을 낼 때입니다. 사랑과 자비심의 토대 위에 보리심의 지혜를 세우고 모든 지구촌의 가족들을 내가 돌보고 이롭게 하겠다는 마음을 발심하여 키워 가야 할 것입니다.

일상에서 자비 수행을 하기 바랍니다. 우리 마음이 편안해지려면 자비심이 얼마나 중요한지 알게 될 것입니다. 우리의 삶도 더 행복해질 것입니다. 그리하여 건강이 좋아질 것이며 더 오래 살 수가 있을 것입니다.

따뜻한 마음을 가질 수 있다면 다른 사람도 변화시킬 수 있습니다. 더 나은 사람이 되려면 이웃과 친구와 부모, 배우자와 자식에게 화를 덜 낼 것이며 그러면 더 따뜻하고, 자비롭고, 조화로워질 것입니다.

주변의 세계가 조금씩 나아지는 것을 보게 될 것입니다. 이렇게 작은 사랑과 자비의 마음이 나의 삶과 내 이웃에게 최고의 보약인 것입니다. 행복의 비결은 우선 자기 자신으로부터 불필요한 것을 제거하는 일에서 시작됩니다. 청빈한 삶에 맑은 생각이 깃듭니다. 그리고 욕망적인 삶에서 존재 지향적인 영적인 삶으로 변하고, 봄바람이 버들강아지를 돋아나게 하듯 내 안에서 피어납니다.

이렇게 되기 위해서는 모든 것을 절제할 수 있는 인내심과 무엇을 꾸준히 하는 해내는 힘도 있어야 합니다.

1) 자비심

사랑하는 자식이 몹시 아프고 힘들어할 때 어머니께서는 어떤 대가도 바라지 않고 자기의 몸과 마음을 희생하며 상대가 건강하고 행복하기를 애틋하게 바랍니다.

저 또한 지구촌 77억 인구가 모든 괴로움에서 벗어나 모두 행복하기를 간절히 바라는 마음입니다. 더 나아가서 괴로움과 고통이 생기지 않게 내 역량껏 모든 이에게 도움을 주는 것이 자비심의 완성입니다.

행복과 건강을 회복하는 치유 약은 사랑과 연민심입니다. 과학자들에 따르면 지속적인 분노와 적개심은 신체의 면역 체계를 악화시키며 사랑과 자비심은 우리들의 본성이라고 합니다.

아동 심리학자들이 신생아들에게 두 장의 그림을 보여 주며 어떤 반응을 보이는지 실험을 하였습니다. 사람들이 서로 손수레를 끌고 미는, 서로 돕는 그림에는 활짝 웃었고 서로 다투는, 찡그린 얼굴의 그림을 보여 주자 울음을 터트렸다고 합니다. 이 실험에서 인간의 본성은 본래 선하고 사랑과 자비의 마음이 있다는 것을 확인할 수 있습니다.

우리의 마음속에 사랑과 자비심이 충만할 때 비로소 심신이 안정되고 몸과 의식이 이완되며 우주자연과 내가 소통과 교감이 되어 대자연의 에너지를 늘 보충하면 행복 호르몬이 나와서 괴로움에서 벗어날 수가 있습니다.

우리의 내적 평화를 깨트리는 탐욕과 분노 역시 이 사랑과 연민의 힘으로 치유할 수 있습니다. 내면의 평화는 욕망으로는 지킬 수가 없고 사랑과 자비, 연민의 힘을 통해서만 가능합니다. 본래 순수하고 또렷한 맑은 의식은 사랑과 연민의 힘 속에서 지켜 갈 수 있습니다.

진정한 연민은 조건 없이 상대에게 다가가 친절하게 따뜻한 마음을 내는 것이며 상대의 고통을 들어 주고 나누는 것입니다.

2) 자비심을 키우는 방법

① 내가 행복을 바라듯이 당신도 행복해야 합니다. 내가 불행을 원하지 않듯이 당신도 불행해지면 안 됩니다. 그러므로 우리는 같은 존재입니다.

② 나는 행복을 원한다고 말하지만 가만히 보면 나와 남을 끝없

이 분별하고 있습니다. 성격이 다르다고 종교가 다르다고 좀 가진 것이 많다고 우리나라와 다른 나라, 이런 분별의 마음이 나를 모든 문제를 발생시킵니다. 그럴수록 행복은 멀어지고 마음은 불편해지기 시작하여 결국은 나는 외톨이가 됩니다.

③ 행복은 외부의 조건이 아니라 우리 마음 안에서 따뜻한 느낌에서 시작됩니다. 이처럼 진정한 사랑과 자비심은 남을 아끼는 마음, 배려하는 마음입니다. 상대의 좋은 면만 바라는 것이 아니라 상대의 모든 면을 끌어안는 마음이며 상대가 자아 성취를 위해 무조건 밀어주며 잘되길 지켜봐 주고 응원하는 것입니다.

④ 축복과 은혜, 가피는 누군가로부터 받는 것이 아니라 나 스스로 베풀고 나눔으로써 받는다는 것을 마음속 깊이 키워 가야 합니다.

⑤ 우리는 누구나 행복할 권리가 있습니다. 그리고 있든 없든 괴로움을 겪고 있는 사람들을 따뜻하게 돌봐 주어야 할 도덕적 책임이 우리에게 있습니다. 이 세상에 가장 에너지가 강한 사람은 바로 사랑과 자비심의 힘으로 보리심의 지혜를 갖춘 당신이며 이 우주 공간에서 모든 것의 논리와 이념은 이 바탕 위에서 시작되기에 이것이 지구촌의 최상의 지혜인 것입니다.

⑥ 잠에서 깨어 이렇게 눈을 뜨고 사랑하는 가족을 볼 수 있고 찬란한 아침 햇살을 만날 수 있는 눈이 있다는 게 얼마나 큰 행운입니까? 지금 내가 살아 있고 희망찬 하루를 맞을 수 있으니 오늘 하루를 낭비하지 말고 감사하게 살아가야 합니다.

⑦ 여러분이 지금 삶에서 무언가로 고통을 겪고 있다면 이렇게

생각하여 보세요. '나는 지금 무엇에 애착과 집착을 하고 있는가?' 스스로에게 질문을 던지시고 그 욕망의 굴레에서 벗어나려면 어떻게 하여야 하는가를 탐구하여 보면 그 해결책을 스스로 찾아서 그 굴레에서 벗어날 수가 있습니다. 이럴 때 우리 자신에게 본래 있는 사랑과 자비의 믿음이 용기와 희망을 안내할 것입니다.

⑧ 우리가 분노와 화를 일으킬 때 대부분 상대로 하여금 일어난다고 생각합니다. 그러나 연구 결과 90%는 상대방이 아닌 자신의 마음속에 사랑과 자비가 부족하여 자신의 마음속에 화가 있다고 합니다. 결국 분노와 화는 상대가 아닌 우리 스스로의 마음에 존재하였던 것이 조건을 만나서 드러나는 것입니다. 그렇기에 더더욱 마음속 무의식에 사랑과 자비심의 씨를 심어 두어야 자동으로 나옵니다.

⑨ 항상 상대방의 질문에 '예' 하는 긍정의 마음을 키우세요. 어떤 악조건에서도 무의식에 긍정의 자비심을 연습하면 1초도 안 되어서 사랑과 자비심이 나와야 그 상황을 나와 상대에게 이득이 되게 할 수 있습니다.

⑩ 사랑과 자비심을 늘 일상에서 문사수를 하면 모든 사물과 내 주변의 사람들을 대하는 마음이 더 깊어져서 지혜가 나오고 의식과 행동 역시 솔선수범하는 리더십이 나옵니다. 그것은 하루아침에 되는 것이 아닙니다. 지금 내가 마주하는 사람부터 시작하고 그런 다음에 나와 무관한 사람에게도, 심지어 나에게 고통과 아픔을 준 사람에게도 사랑과 자비심을 행할 때 보리심의 지혜는 깊어지는 것입니다. 보리심의 지혜는 사랑과

자비심을 토대로 깊어지며 이 보리심은 최고의 지혜가 나오게 하며 이 지구촌의 모든 문제를 다 해결할 수 있는 신묘한 힘이며 우주가 인간에게 준 최고의 보약과 같은 것입니다.

⑪ 지금 눈앞에 보이는 상대가 예쁘게 보여 사랑하는 것은 사랑이 아닌 탐욕입니다. 상대가 미운 짓을 하여 변하는 것은 사랑이 부족한 사랑인 것입니다. 엄마가 자신의 젖을 아이에게 조건 없이 먹이듯이 상대에게 아낌없는 보살핌을 행하고 그 사람과 이별하더라도 그가 행복하기를 바라는 것이 진정한 사랑과 자비심의 완성입니다.

⑫ 사랑과 자비심이 깊어져서 보리심의 지혜가 나오려면 몸과 마음이 이완되어 우주의 클래식을 내면에서 들을 수 있으며 역대 모든 성인을 친견할 수 있습니다(우주의 클래식은 내면의 무심의 소리입니다).

내 몸이 내 마음인데도 마음대로 되지 않는 것이 마음입니다. 내 마음을 내 마음대로 쓸 수 있게 마음의 주인이 되려면, 늘 마음을 보리심에 두면 마음의 보초병을 세울 필요도 없고 번뇌의 힘에 끌려가지 않습니다. 이만큼 보리심을 이길 신은 우주에 존재하지 않습니다.

⑬ 새끼 고양이가 눈뜨기 전, 따뜻한 사랑의 손길로 쓰다듬어 주면 도둑고양이가 되지 않는다고 합니다. 이 얼마나 놀라운 사랑과 자비의 힘입니까?

⑭ 매일 아침 눈을 뜰 때마다 새로운 아침을 맞아야 합니다. 인간은 감사하는 마음을 잃어버렸습니다. 나무를 보고 꽃, 공기, 물, 하늘을 보세요. 그 무엇도 노력하여 얻은 게 아니라 그렇

게 우리에게 주어진 귀한 것입니다. 그것에 감사해야 합니다. 감사하는 마음으로 살면 우린 모든 것을 다 안다는 생각에서 겸손으로 태도가 바뀝니다. 배운 것이 없다 하여도 감사한 마음이면 적어도 불안해지지 않습니다. 감사한 마음으로 살아가면 이 세상에 아름다운 꽃처럼 사랑과 자비심도 깊어질 것입니다.

⑮ 이타의 마음일 때는 때가 끼지 않습니다. 청명한 가을 하늘에 구름은 맑은 구름이어서 비를 만들지 않고 컴컴하고 어두운 구름이 비를 만들 듯이 부정적인 이기심은 번뇌망상의 찌꺼기를 만듭니다. 이 찌꺼기는 보리심을 발하면 말끔하게 청소됩니다.

⑯ 괴로움에서 벗어나 행복에 이르려면 지금 이 자리에서 바로 선한 행동을 해야 합니다. 착한 마음과 친절을 베푸는 순간, 내 마음은 스스로 자정 작용으로 맑아집니다. 이것은 행복에 이를 수 있는 단순하고 아주 간단한 방법입니다.

위의 내용들을 반복하여 습관을 들일 때 우리의 마음은 변화하여 행복에 이를 수 있습니다.

9.
아인슈타인의
자비심에 대하여

인간은 우주라는 전체의 한 부분이며 시간과 공간에 의해 한계 지어지는 존재입니다. 그런데도 인간은 자신의 사유와 감정이 주변의 다른 것들로부터 분리되어 있다고 착각합니다. 인간의 의식이 빚어낸 착시 현상에 사로잡히는 것이지요. 이런 미혹이야말로 우리를 구속하고 우리를 개인적인 욕망이나 아주 가까운 몇몇 사람에 대한 애정에 집착하게 합니다. 이러한 감옥으로부터 자신을 해방시키는 것이야말로 우리의 임무입니다.

그러기 위해 우리는 온갖 생명과 자연을 포용할 수 있는 자비심의 울타리를 더욱 확장시켜야 할 것입니다.

과연 아인슈타인 다운 깊은 내공에서 나오는 말씀입니다.

10.
보리심의 지혜란?

보리심의 지혜란 뭇 생명에 대한 자비심을 말합니다. 모든 생명을 평등한 마음으로 어머니가 자식을 사랑하는 애틋한 마음(모든 생명을 평등하게 자식처럼 사랑하는 마음이며 지구촌에 존재하는 모든 유정·무정의 생명들을 포함)을 말합니다. 이런 마음은 모든 생명의 안락을 위하여 내가 깨달음을 얻어서 그들을 괴로움에서 벗어나게 하겠다는 대승의 마음입니다. 참고로 우주대자연의 법계의 본성은 사랑이며 자비이며, 참나이며, 성령이며, 알라이자 마호메트입니다.

11.
우주자연이 인간에게 준 최고의 선물은
보리심의 지혜를 갖추는 것이다

태양은 무려 137억 년 동안 우주자연과 인간에게 무상으로 끊임 없이 따뜻한 사랑의 온기를 주어 모든 생명을 키워 내고 있습니다. 봄에는 꽃과 향기로 우리 눈과 숨결을 맑게 하여 주고 가을이면 결실의 열매로 먹을거리를 선물합니다. 공기와 물 자연은 아무 내색도 하지 않고 위대한 모성의 마음을 줍니다. 사랑과 자비의 법칙으로 우리가 숨 쉬는 지구는 지금 움직이고 있습니다.

우주자연의 본마음이 보리심입니다. 지구촌의 모든 생명을 모두 평등하게 따뜻한 마음으로 우리를 사랑하고 있다는 것입니다. 우주자연과 인간은 대우주와 소우주로 서로 연결되어 있음을 앞에서 누차 설명을 드렸습니다. 저는 오늘 이 지구촌 77억 인구가 모두 행복으로 가는 길의 키워드이자 지구촌 최상의 지혜를 말씀드리고자 합니다.

우주자연의 최고 핵심을 역대 성인들은 다 아셨기에 오늘날 우리들에게 가장 간단하면서도 가장 강력한 말씀으로 고통에서 벗어나 행복으로 가는 지혜가 바로 보리심의 지혜임을 전하셨습니다.

수행을 하든 하지 않든, 종교가 있든 없든 이 우주법계의 핵심은 이 보리심의 지혜를 문사수하는 것입니다. 한량없는 지구촌 가족들에게 이것을 주어 아주 쉽게 궁극의 안락을 얻게 하였습니다.

끝없는 윤회의 고통을 없애고 누구든지 고통에서 벗어나 궁극의 행복한 삶을 누리고자 한다면 언제나 이 보리심의 지혜가 깊어지면 됩니다. 그러면 이 지구촌의 모든 불행과 혼란을 깨끗이 해결할 수 있는 지혜를 여러분 스스로에게 줄 것입니다. 부디 여러분의 마음속에 존재하는 모든 허망한 욕망과 셀 수 없는 집착의 소용돌이에서 참자유를 얻기를 희망합니다.

12.
왜 원수를
사랑해야 하는가

우리는 그것에 대하여 그런 깊은 사유를 하지 못하고 무조건 사랑해야 하고 무조건 자비심을 내어야 한다고 배웠습니다. 또한, 우리의 마음속에 사랑과 자비심이 존재하기에 원수를 사랑해야 한다고 배웠고, 성인들이 그리 말씀하시니 우리는 당연하게 받아들였습니다.

그런데 사실 그 말씀을 하는 우리의 스승님들은 저마다 공부를 하고 나서 우리에게는 그것에 대한 원리와 이치는 생략하고 결론만 말씀하고 있습니다.

공부의 방법에는 두 가지가 있습니다. 하나는 밑에서 올라가서 정상까지 가는 것이고 다른 하나는 우리가 공부해야 할 최종 목적지를 먼저 선정하고 거꾸로 내려오는 방법입니다. 보통 우리들은 기초에서 정상으로 가는 것을 택하고 있다고 보아야 할 것입니다.

저 역시 기초에서 정상으로 향하여 가면서 우리가 최종적으로 마무리되는 것이 무엇인지를 정확하게 알아야 하며 그것에 대한 숙지를 하고 있어야 바른 공부를 마무리할 수가 있다고 생각합니다.

그리고 근기가 되는 사람은 정상에서 거꾸로 내려오는 것도 괜찮습니다. 오늘의 주제인 '왜 원수를 사랑해야 하는가'의 결론을 먼저 말하고 덧붙여 설명을 할까 합니다.

우리가 살아가는 지구, 즉 자연은 나를 생각하지 않고 상대를 위하여 운행하고 있습니다. 태양을 보세요. 혼자의 힘으로 지구촌 77억 인구를 보듬고 우주자연의 생명을 키워 내고 있습니다. 게다가 공기며 자연의 식물들은 무상의 대가를 바라지 않고 상호 의존하면서 나누어 준다는 것입니다.

우리가 살아가는 지구 자체에서 사랑, 자비, 연민이 깊어져서 나오는 것이 보리심입니다. 보리심은 우주법계의 보약이며 신약과 같은 것이기에 지구촌이 품어야 할 궁극의 목표와도 같은 것이지요. 우리가 몸담고 있는 우주자연이 상대를 위하여 운행을 하고 있기에 이곳에 여행 온 우리는 당연히 사랑과 자비를 행해야 할 책임과 의무가 있습니다. 그렇기에 원수를 사랑할 수밖에 없는 것입니다.

조금 이해가 되셨는지요? 우리보다 먼저 다녀가신 성인들은 인터넷이 없었기에 자연 속에서 스스로를 탐구하다 보니 이런 자연의 질서를 볼 수 있었으며 이것을 완벽하게 이해하셨기에 저마다의 논리를 펼칠 수가 있었습니다.

저는 이렇게 생각을 하여 봅니다. 이 지구촌에 여행을 와서 인간이 궁극적으로 갖추고 실천해야 하는 것, 우주자연이 원하는 바를 이해하기 위해 공부해야 할 덕목은 보리심의 지혜라고 말입니다.

우리의 지구촌 여행은 0에서 시작하여 360도를 회전하여 다시 제자리로 돌아오는 여정이기에 지금 나는 원의 어느 지점에 있는지 스스로를 돌아보시면 됩니다. 이런 원리와 자연의 이치가 깊어지면 우리의 삶을 더욱 명쾌하게 살 수가 있으며 성인의 마음과 하나가 될 수 있습니다.

자, 우주자연의 깊은 도를 이해하고 나니 한결 그분들이 존경스러워 보이지 않습니까? 맞습니다. 우리가 살아가는 이 지구는 지금 어제의 눈보라와 태풍을 말끔히 걷어내고 우리들 곁으로 다가와 속삭이듯이 말하고 있습니다. 우리 함께 원수를 사랑하자고 말입니다.

"나는 이미 수억 년을 그렇게 해 왔지만 인간들은 여전히 나를 이해하는 건 부족한 것 같구나. 이 지구촌 77억 인구가 나의 진심을 알아줄 때까지 나는 오로지 그저 나의 책임과 의무를 행하는 것뿐이지. 그래도 오대산에 한 사람이 있어서 반갑구나. 나의 진심을 보고 동참을 호소하는 사람이 있으니…."

사람이나 자연이나 행복의 가치는 비슷하다고 봅니다. 자연도 당신의 가치를 인정할 때 그 메아리는 우리에게 돌아옵니다. 사람 역시 부와 명예를 떠나 진정한 삶의 가치와 행복을 얻는 것은 상대의 가치를 존중하고 공감할 때입니다.

이 근본을 이해하고 나면 그 사랑과 자비가 이론이 아닌 실천으로 나올 수 있다고 생각합니다. 이 글을 읽는 지구촌 가족 여러분, 우리도 자연처럼 그런 넉넉한 마음 닮아 가서 모든 이를 품을 수 있는 그런 정진을 해야 합니다. 오늘 이 눈부신 봄날에 실천하는 삶을 응원합니다.

13.
보리심은
우주법계 본성의 말씀이다

① 마음에 존재하는 모든 허망한 욕망과 셀 수 없는 집착의 소용돌이에서 벗어날 수가 있습니다.

② 생사로부터 벗어날 수가 있고 삶의 굴레에서 대자유를 얻게 하며 막힌 것을 풀 수 있는 방편과 지혜가 들어 있습니다.

③ 지구촌 77억 인구 개개인의 영혼을 괴로움에서 행복으로 이끌어 주는 유일한 길이며 개인의 영적 성숙을 뭇 생명에 대한 지극하고 평등하게 대하는 사랑과 자비의 마음으로 이끌어 줍니다.

④ 이 보리심의 지혜는 우주법계의 본성의 말씀이며 지구촌의 다양한 논리를 하나로 모이게 하는 구심점 역할을 합니다.

⑤ 서로 분열된 세상에서는 참된 법이 존재하지 않으며 오로지 모든 생명들을 평등하게 자식처럼 사랑하는 보리심의 지혜를 완전히 갖추어야만 참된 법을 이룰 수 있습니다.

⑥ 이 보리심의 지혜를 이해하지 못하면 세상에 그 어떤 심오한 수행과 공부를 하더라도 공허하여 결국 참된 영적 성숙의 완

성을 이루지 못할 것입니다.

⑦ 지극한 마음을 내어서 한길로 나아가야 합니다. 최상 최고의 지혜이며 보리심의 지혜야말로 진리의 본질을 이루는 더할 나위 없는 소중한 보배입니다.

⑧ 우주법계에 존재하는 모든 생명은 서로 연결되어 있으며 세상을 움직이는 질서도 서로 연결되어 있습니다. 마찬가지로 개체로서의 자아와 진여법신(마음)과 우주법계의 본성 또한 서로 연결되어 있습니다.

⑨ 자비롭고 온화한 마음, 법에 대한 신뢰와 믿음, 헌신과 흔들리지 않는 확신이 있어야 대자유의 길인 해탈과 영생의 삶을 이룰 수 있습니다.

⑩ 그러나 지구촌의 사람들은 이 위대한 진리를 보고서도 과거 생부터 쌓아 온 잘못된 습관에 매여 분별하고 의미 없는 논쟁만을 일삼고 있습니다. 만일 지구촌 77억 모든 사람이 이 보리심의 지혜를 받아들이고 이해하고 자각한다면 물 흐르듯 자연스럽게 지구촌의 온 숙제를 해결하여 평화로운 지구촌 여행이 될 것입니다.

⑪ 우주대자연의 법계의 본성이 순수하게 드러난 보리심의 지혜의 그 원리를 깨달아 이 대지 위에서 인간의 삶을 살아가면서도 우주 안에서 안식을 구함으로써 안으로는 스스로의 본성을 깨닫고 밖으로는 우주법계의 모든 신비로움에 통달해 나갈 수가 있습니다.

이는 마치 물이 증발하여 드넓은 허공으로 흩어져서 한 점 자취도 없이 사라지는 것과도 같습니다. 보리심의 지혜는 마음

에 존재하는 모든 허망한 욕망과 셀 수 없는 집착의 소용돌이
에서 자유를 선물할 것입니다.

⑫ 이 보리심의 지혜는 모든 종교와 셀 수 없이 많은 스승들이
제시해 왔던 모든 가르침 중에서 최상 최고의 지혜의 본질로
이끌어 이 지구촌에 가득한 현세의 혼란을 깨끗이 몰아낼 수
있는 힘을 여러분에게 줄 것입니다. 태곳적부터 이 지구상에
존재해 왔던 모든 종교와 진리, 논리가 바로 이 보리심의 지혜
로 가는 길 위에 존재하는 것임을 알아야 합니다.

⑬ 이 보리심의 지혜는 지금 지구촌이 안고 있는 종교와 이기주
의, 핵의 위험으로부터 우리 사회와 지구촌의 모든 삿됨을 해
결할 수 있는 지혜를 안내할 것입니다.

⑭ 이 글을 쓰고 있는 지금 세계는 미국과 중국의 대사관 문제로
팽팽한 힘겨루기를 하고 있습니다. 지금의 이 이기심으로는 영
원히 답이 나오지 않기에 미국의 지도자와 중국의 지도자가
참다운 인간이 품어야 할 양심을 갖추고 이 보리심의 지혜를
사유해야 합니다. 그래야 이 난국에서 벗어날 수가 있습니다.
부디 이 보리심의 지혜가 트럼프 대통령과 시진핑 주석의 마
음에 감동을 일으키기를 간절한 마음을 내어 봅니다.

⑮ 이제 우리가 할 일은 우리 사회를 감동하게 하는 것입니다. 늘
마음은 애틋한가 점검하고, 간절한가 점검해야 합니다. 헌신
과 공경 성인에 대한 신뢰와 믿음이 올라와야 하며, 늘 나의
마음에 나는 어떤 욕망과 애착으로 번뇌망상에 끌리는지를 점
검해야 합니다.

끝으로 보리심의 지혜를 24시간, 꿈에서조차 문사수를 해야 합니다. 나의 몸과 의식이 그것과 일념이 되게 집중하며 보리심의 지혜가 나의 마음에 안주하면 내가 만나는 사람들에게 선행을 행하면서 습관을 들여야 합니다. 그러다 보면 보리심의 지혜는 너무도 깊고 무량하기에 괴로움과 집착에서 자연스럽게 벗어나며 늘 행복의 길로 안내할 것입니다. 이것이 안착이 되면 자연스럽게 이타의 삶이 나올 수밖에 없습니다.

보리심의 지혜를 틈만 나면 읽고 또 읽고, 쓰고 온통 나의 의식에 완전히 씨앗이 심어질 때까지 문사수를 해야 합니다. 심지어 세포에도 입력이 될 때까지 하다 보면 천지가 감동하여 여러분이 그 간절한 원력은 반드시 지구촌을 감동하게 할 것입니다.

이제 우리가 할 일은 우리 사회를 감동하게 하는 것입니다. 감동은 나없는 마음에서 전체를 애틋하게 사유할 때 나오는 법입니다. 이것이 이 물질 만능 시대에 사람들을 변화시키는 방법입니다. 감동만이 양심을 드러나게 합니다.

14.
보리심의 지혜를
처음 접하였을 때의 마음

저는 이 보리심의 지혜를 지인의 도움으로 접하고 일주일 동안 두문불출하고 사유하였습니다. 그때 그 기분은 콜럼버스가 대륙을 발견한 것처럼 너무도 가슴이 벅찼습니다. 읽고 또 읽고, 써 가면서, 사유하면서 이것이면 금생의 모든 공부는 다 정리될 수 있겠다는 자신감이 읽을수록 내 마음을 감동시켰습니다.

사실 이것을 만나기 전에 견성으로 작은 이치는 확인했지만 스스로 돌아보니 습기는 그대로 있고 뭇 생명에 대한 사랑과 자비심은 찾아볼 수가 없었습니다.

그런데 놀라운 것은 진리를 보는 안목이었습니다. 어떤 스승이나 안내자가 있어서 이것이 참 훌륭하니 이것을 공부하여 보라는 가르침을 받았다면 도움이 될 것이라 생각하여 공부를 시작했습니다. 그러나 그냥 망망대해에서 무작정 한 소절의 말씀을 접하고 이것에 진리의 질량을 헤아리는 것은 범부로서는 말처럼 그렇게 쉽지가 않은 일입니다.

그냥 마음속에 와닿는 힘이 있었지만 사실 그런 마음이 생기기 전을 사유하여 보면 소위 견성으로 참나, 부족한 성령 충만으로는 뭔가 부족했습니다. 그러던 차에 이런 말씀이 주는 힘은 다 이유가 있었고 마음속으로 더 깊고 더 높은 세계의 진리를 탐구하고픈 원력이 있었기에 가능하였던 것입니다.

그리고 일곱 개의 만트라를 접하고 수련을 통하여 몸과 마음 의식이 하나하나 변화되어 가면서 세상 밖의 궁금증들을 남이 아닌 나의 몸과 의식을 통하여 확인하고 또 그것을 과학적으로 접목해 우주의 돌아가는 법칙을 내 몸속에서 증명하니 참으로 놀랍고 감사한 일이었습니다.

초등학교 때 만난 화두인 '당신은 조국을 위하여 무엇을 할 것인가?'라는 말씀은 더 의식이 확장되면서 지구촌 77억 인구를 다 행복하게 하겠다는 화두로 확장되었습니다.

어떤 말을 어떻게 접해서 사유하는가에 따라 사람의 인생은 변합니다. 그런데도 이 말을 한평생 사유하다 보니 지구촌을 사랑하는 삶을 살게 되었습니다. 제가 지금 우리 사회와 지구를 위하여 경제적인 부분은 도움을 줄 수 없어도 적어도 우리 사회와 지구촌 77억 인구가 궁극의 행복으로 가는 길은 자신 있게 안내할 수 있습니다. 그런 힘을 얻었기에 이렇게 소신과 확신에서 나오는 이야기를 전합니다.

인간이라면 누구나 지니고 있는 사랑의 마음과 자비심이 있습니다. '그런데 왜 우리는 그런 마음을 한평생 사용하지 못하고 살아가는 것인가?'라는 질문에 저는 이런 말씀을 드리고 싶습니다.

그것 역시 우리 마음속에 다 포함되어 있는 법칙이자 양면성이며 이것이 만약에 한평생 사랑과 자비만 지구촌에 실천된다면 우리가 사는 현상계는 굴러갈 수 없습니다. 그래서 중도의, 선과 악에 너무 치우치지 않는 마음으로 살되 이왕이면 좀 더 상대를 배려할 때 나의 삶은 더 즐거운 삶으로 이어집니다.

그런데 오늘날 우리 사회와 지구촌은 무척 심각한 위기에 처해 있습니다. 너무 이기적인 세상이 되어서 이타의 삶으로 전환이 필요한 시대에 우리는 살아가고 있습니다. 이런 세상에서 나와 우리 사회, 그리고 지구촌의 모든 사람의 패러다임, 아니, 가치관이 이 보리심의 지혜로 점차 전환되어야 합니다. 그래야 우리 사회와 지구촌에서 좀 더 정이 있고 사람 사는 냄새를 맡을 수 있을 것입니다.

지구촌에는 다양한 민족과 문화 그리고 종교가 존재하고 있습니다. 그것은 우리의 필요에 의해서 발생하였고 앞으로도 함께 존재해야 할 이유가 있습니다. 어떤 것이 최고이고 어떤 것은 없어져야 할 필요가 없습니다. 모든 것은 다 사람들의 근기에 따라 필요한 것입니다.

우리 사회와 지구촌 77억 가족 여러분, 여러분의 삶에서 이 보리심의 지혜는 어떤 종교의 논리가 아닙니다. 모든 종교가 추구하는 것은 사랑과 자비심입니다. 여러분이 살아가는 모든 일에 만트라명상과 보리심의 지혜를 적용하신다면 지금의 삶이 더 건강하고 가정이 화목하고 나아가 늘 행복하게 영원히 살 수 있음을 저의 사명을 걸고 말합니다. 그러니 부디 받아들이셔서 더없는 축복과 가피 그리고 여러분의 지구촌 여행의 숙제를 마치기를 진심으로 축원을 올립니다.

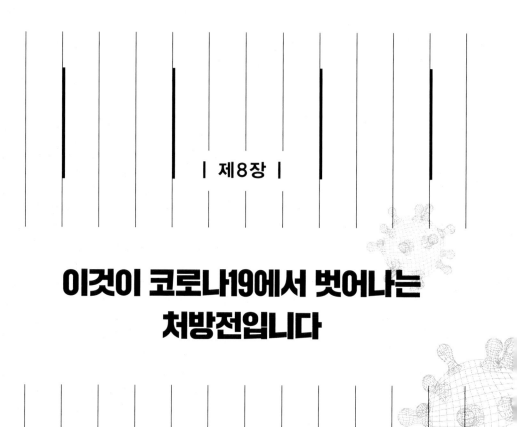

| 제8장 |

이것이 코로나19에서 벗어나는 처방전입니다

1.
처방전 하나,
모든 존재의 근원을 꿰뚫어 보아야 힌트를 얻을 수 있다

이 책은 이 장을 위하여 달려왔습니다. 이미 각 장에서 코로나19에서 벗어나는 방법에 대하여 다양하게 말했습니다만, 핵심적인 부분만 다시 한번 정리하여 안내하여 보겠습니다.

지금 우리 사회와 지구촌에 유행하는 코로나19에서 벗어나는 길을 안내하기 위하여 1장에서는 '우리가 살아가는 세상은 어떻게 움직이는가?' 하는 자연의 법칙을 이해하는 그 원리 속에 하나의 힌트를 얻었습니다.

그것은 바로 우주자연에 존재하는 모든 생명은 진동한다는 것입니다. 심지어 우리의 세포까지도 진동으로 파장의 영향을 받습니다. 우리의 몸인 오장육부는 우주자연과 연관되어 움직이며 우리가 그동안 놓쳤던 진동으로 파장이 생겨 그 파장으로 우주자연은 다 교감하며 생명을 이어 간다는 놀라운 사실을 알게 되었습니다.

여러분이 지금 이런 말을 들으면 어느 정도 공감이 되는지 궁금합니다. 그것이 어느 정도인지를 통하여 지금 나의 삶이 어디로, 어떤 것을 목표로 가고 있는지를 스스로 점검할 수 있습니다.

'조국을 위하여 무엇을 할 것인가?'라는 초등학교 5학년 때의 화두가 오십대가 되고 지구촌 77억 인구를 다 행복하게 하여 주겠다는 생각으로 바뀌었습니다. 그렇다 보니 저의 의식은 생로병사의 비밀을 푸는 데 자연스럽게 관심이 갈 수밖에 없었고, 그런 마음에서 니콜라 테슬라란 과학자는 "우주의 비밀을 알고 싶으면 에너지 주파수, 진동에 대해 공부하라."라고 솔직히 답을 주었습니다.

그동안 삶 뒤의 모습이 조금 궁금했는데 이것을 사유하면서 의문이 해소될 수 있었습니다. 이 원리를 바탕으로 만들어진 것이 옴과 훔이며 이것을 좀 더 인체와 연관되게 만든 것이 일곱 개의 만트라와 옴아훙 만트라입니다.

여러분, 이것 역시 우주자연과 그리고 우리의 몸과 의식에 아주 밀접하게 연관된 생명의 소리입니다. 이 속에서도 놀라운 비밀을 알 수 있습니다.

여기에서 옴의 진실과 훔의 진실 그리고 일곱 개의 만트라를 만나게 되면서 파동과 소리가 우리의 몸과 깊숙이 연관되어 우리 몸의 핵심인 세포와 공명한다는 사실을 혹독한 골방의 수련에서 직접 신체의 변화와 몸을 통하여 확인했습니다. 그러다 보니 그동안 의문과 막혔던 부분들이 해소되면서 그토록 우리를 힘들게 하는 번뇌와 망상도 얼마든지 없어진다는 정말 믿기지 않는 사실을 일곱 개의 만트라를 통하여 확인했습니다. 지금까지 살아오면서 조건만 되면 나오던 무의식이 성화되니 그토록 기대하던 깊은 명상 속으로 자연스럽게 들어갈 수가 있었습니다.

이 모든 것에 다 확신을 갖고 몸소 체험을 통하여 그것이 사유와 연민심으로 나와서 이런 처방전을 찾을 수가 있었던 것입니다. '어떤 마음가짐으로 살아갈 때 우주자연과 합일이 되어 지금 우리가 원하는 삶을 살 수 있는가?'라는 물음의 핵심은 보리심의 지혜라고 말씀을 올렸습니다.

한마디로, 뭇 생명에 대한 자비심입니다. 이것을 더 풀이하면 엄마가 자식을 사랑하듯 모든 생명들을 평등심으로 대하는 애틋한 마음입니다. 우리가 이 지구라는 별에 여행을 와서 살아가면서 품어야 할 궁극의 마음입니다. 무슨 일을 하든지 간에 내가 뭇 생명에 대한 사랑과 자비심이 있는지 없는지를 항상 관조하는 삶이 우리가 가는 길을 더 단순하게 안내합니다.

이것은 지금까지 지구에 다녀가신 모든 성인이 전한 말씀의 핵심이며 다양한 논리를 압축한 것입니다. 이는 지구촌 모든 사람이 받아들이고 분별심을 내려놓게 하며 이것으로 우리는 궁극의 행복을 찾고 또한 지구촌의 얽히고설킨 모든 문제를 아주 깔끔하게 정리할 수 있습니다. 이런 최고의 질량이 함축된 말입니다.

이런 마음을 갖추고 인간이 본래 타고난 신체의 기능을 회복하면, 즉 일곱 개의 에너지 신경(차크라)을 회복하면 몸과 마음은 구함이 없는 지금 이대로 감사한 마음으로 살아갈 수 있습니다.

저는 의학자도 아니고 또한 과학자도 아닙니다. 그런데도 이런 지구촌에서 누구도 이야기하지 않은 논리에 대해 '이것이다.'라고 말할 수 있습니다. 우주자연의 원리로 자연에서 발생한 것은 자연의 법칙으로 사유하면서 그 해결점을 찾을 수가 있었습니다. 그것을 오래 사유한 끝에 저의 몸에서 벌어진 것을 통하여 영성 수행자로서

소신과 확신을 가졌습니다. 이것과 더불어 지구촌 77억에 대한 연민심에서 나오는 주장임을 밝힙니다.

물론 이것을 다수의 사람이 받아들여 금세 코로나19에서 벗어나기는 어려울 것입니다. 그래도 한 사람이라도(특히나 영성 수행을 하는 사람) 해내는 힘만 있으면 가능한 이야기입니다.

최근에 WHO의 앤서니 파우치 소장은 백신이 개발되어도 보장이 미약하다고 말했습니다. 염려되는 부분입니다. 앞으로는 더 강한 바이러스가 생겨날 것이고 자주 이런 일이 발생할 것이라는데 과연 우리는 우리의 생명을 과학자들에게만 의존하고만 기다려야 할까요? 물론 그것은 각자의 선택에 따른 것입니다.

이 책은 지난 동안거에서 비슷한 제목으로 집필하였으나 출판사의 혜안이 부족한 관계로 그동안 골방에서 세상의 인연을 기다리고 있었습니다. 출판사에서 받아들이지 않는 것을 굳이 세상에 내놓아야 할 필요성을 느끼지 못했습니다. 어떻게 하면 코로나19의 처방전을 찾을 것인가 하는 화두를 들고 근 오 개월을 씨름하던 중, 어느 날 산책길에서 백합이 피는 과정을 통하여 힌트를 얻고 다시 깊은 명상 중에 그것에 대한 확신을 얻었습니다.

그리고 다시 한번 과연 이것이 맞는 것인가 사유하면서 논리를 정리하여 이렇게 코로나19에 벗어나는 길을 세시할 수 있었습니다.

이것은 과학적인 검증(옴만트라와 자연의 법칙인 진동)을 거쳐 나왔습니다. 그렇게 대단한 것도 아니며 이미 우리가 아는 상식을 저의 몸을 통하여 확인한 것입니다. 그 확인으로 논리가 형성된 것임을 전하는 바입니다.

지구촌에는 수많은 영성 수행자가 있습니다. 지금쯤 저와 같은 논리와 이야기를 하는 사람이 나와야 하는데 나오지 않는 이유는 무엇일까 생각해 보았습니다.

저와 같은 이야기가 여기저기서 나와야 저도 자신감이 있을 텐데 지금까지 관념적인 말만 하고 있습니다. 이것은 우리가 자연과 사람을 분리하여 생각하기 때문이며, 우주자연이 운행하는 핵심에 대하여 사유가 깊어지지 않은 탓입니다. 그 결과 전체를 끌어낼 수 있는 힘이 부족한 것이라는 저만의 결론이 나왔습니다. 물론 이것은 저의 주관적인 생각입니다.

그게 아니면 알고도 침묵을 하고 계시는 분도 있을 것입니다. 사랑과 자비, 연민심 그리고 보리심의 지혜가 확장되지 못하여 굳이 의학자나 과학자가 있는데 자신이 해결책을 찾겠다는 마음이 들지 않는 것도 이유가 될 수 있습니다.

지금 중생이 아파하는데 어찌 진리를 공부하는 사람이 입을 닫을 수가 있겠습니까? 이런 살아 있는 화두를 풀 때 생사해탈의 공부는 자연스럽게 풀리며, 한 인간이 갖추어야 할 인격 속에서 우리의 이웃들에게 삶의 길을 안내할 수가 있습니다.

어쨌거나 다 좋습니다. 누가 어떻게 가르쳐 주었다는 사실은 그다지 중요하지가 않습니다. 이것이 정말 지구촌 77억 인구가 공감하는 이야기가 되는 것이 더욱 중요한 것입니다.

지금 우리 사회와 지구촌은 코로나19의 백신을 누가 먼저 개발하느냐 하는 것으로 보이지 않는 경쟁을 치열하게 하고 있습니다. 이것에는 엄청난 에너지가 들어 있기에 그것에 대한 미래의 가치는 가히 클 것임은 우리 모두가 다 아는 사실입니다.

저는 이 코로나19의 지혜를 찾기 위하여 늘 연민의 마음으로 시작하여 사유하고 수련하면서 간절한 마음으로 해결책을 찾아갔습니다. 적어도 우리가 우리의 몸과 의식으로 이 코로나19를 해결하는 저마다의 방법을 찾을 수만 있다면 그것은 아주 장한 일일 것입니다.

그렇다면 과학자들은 왜 이런 생각을 하지 않는 것일까요? 그것은 우주자연과 인간을 같은 생명체로 보지 않기 때문이고, 영성 수행을 하지를 않아서 우리 몸과 우주자연의 연관성에 공감이 부족하기 때문이며, 더 근본적인 핵심은 깊은 명상과 묵상을 경험하지 못하였기에 모든 것을 밖에서 찾으려고 하기 때문입니다.

저는 전문 지식은 부족하지만 자연의 근본과 인간의 몸인 세포 그리고 명상을 통하여 전체가 다 연결된 것을 확인하였기에 이렇게 말씀을 드리는 것입니다.

모든 것의 결과는 아주 단순합니다. 그런데 그 단순함은 비록 작지만 깊은 내공과 사유가 영글어 나오는 것입니다. 그렇기에 그 말과 지혜에 대해 '과연 그런 것인가?'라고 반문한 뒤에 스스로에게 적용하여 확인해 보고 확신을 얻어야 합니다. 그래야 진정한 자기것이 될 수 있습니다.

비록 부족한 내용이지만 한 구도자의 연민의 마음이 영글어 내놓는 이야기입니다. 분별하지 마시고 받아들여 지금의 삶이 늘 감사한 삶이 되기를 발원합니다.

이것을 받아들이고 공감하면 코로나19에서 벗어나는 건강한 몸을 얻을 것이고, '예' 하는 긍정의 메시지로 여러분이 하는 그 모든 것에서 대자유를 얻을 수 있을 것입니다.

2.
처방전 둘,
어떻게 코로나19 바이러스의 처방전을 찾을 것인가

코로나19 처방전을 찾는 방법은 다양하지만 저는 이렇게 지혜를 구했습니다. 코로나19 바이러스는 한마디로 인간의 욕구불만으로 인한 인재입니다. 그렇기에 자연을 이해하여야 그 해결점을 찾을 수 있습니다. 그동안 우리가 살아가는 세상은 어떻게 움직이는지 그 원리를 이해하고 자연 속에서 '과연 그런 것인가?'라는 의문을 통하여 확인한 것이 진동이었습니다.

이것을 사유하다 옴과 훔을 만났고, 우리 조상님들의 깊은 내공인 이 두 글자를 만나서 감동을 받았습니다.

이것이 우주자연이 가진 생명, 즉 시원의 소리입니다. 이것으로 우주자연은 연기적으로 공명한다는 이치를 터득하면서 일곱 개의 만트라와 옴 아훙의 만트라 그리고 일곱 개의 차크라와 보리심의 지혜를 알게 되었습니다. 마른 장작은 불쏘시개가 필요 없듯이 스스로 활활 타는 장작불이 되어 몸으로 확인하였기에 신뢰할 수 있었으며 우주자연의 법계를 바라보는 눈이 조금 열리게 되었습니다.

않으나 서나 오직 코로나19에서 벗어나는 길을 찾고자 의문을 품고 깊은 명상에 들었습니다. 어느 날, 산책 중에 그날따라 산비둘기 소리가 어찌나 나그네의 마음을 울리는지 기분 좋았습니다. 콩밭 사이에 우뚝 솟은 백합의 향기가 무척 좋아 그의 곁에 앉아서 "너는 무엇을 섭수하였기에 이렇게 말로 표현할 수 없는 향기를 풍기느냐?"라고 말을 거는 순간, 백합의 자태에서 지금까지 다른 꽃에서는 발견하지 못한 상황을 목격했습니다. 자세히 관찰하여 보니 놀랍게도 꽃대에 진액인 꿀이 끈적끈적하게 나와 있었습니다. 그것을 보고 '아, 바로 이것이구나!' 하고 '대한민국 만세'를 불렀습니다. 그동안 깊은 명상에서만 나오는 달콤한 침(효소)이 바로 이것과 같은 이치인 것을 직관력으로 알 수가 있었습니다.

그 순간, 저는 그 콩밭에서 돌연변이로 취급받아 주인에게 뽑힐 수도 있었는데 주인의 자비심으로 뽑히지 않은 백합에게 그토록 찾고 있던 지혜를 찾은 것에 감사하며 삼배를 올렸습니다. 또한, 산비둘기도 뭔가 암시를 주었기에 감사의 인사를 허공에 하고 입을 닫고 다시 확인에 들어갔습니다.

과학자는 백신을 찾아야 하고 영성 수행자는 본래 우리의 몸에 있는 면역 세포를 강화해야 합니다. 자연은 천지의 조화로 아침에 이슬이 내려서 자랍니다. 이처럼 우주자연과 내가 계합해야 합니다. 그 찔끔 나오는 감로수는 인간의 몸이 극도로 이완되었을 때만 나옵니다. 이것으로 자연과 인간 조화의 이치에 확신을 가지게 되었습니다.

생로병사의 답은 본래 우리가 가지고 있는 몸과 의식에 다 들어 있습니다. 영성 수행자다운 지혜는 이것을 확인하고 우리 사회와 지구촌에 전하는 것입니다. 또한 우리가 본래 가지고 온 순수 영성을 회복만 하면 이 정도의 바이러스는 충분히 이겨 낼 수가 있습니다.

여러분은 무심코 지나갔지만 이렇게 저는 코로나19에서 벗어나는 지혜를 콩밭의 백합에서 구했습니다. 지구촌을 향한 연민심이 있고 지금 나의 마음속에 나와 세상을 이롭게 하겠다는 마음이 있으면 산비둘기가 도와주어서 이렇게 지혜를 구할 수 있음을 여러분에게 고백하는 바입니다.

3.
처방전 셋,
이것이 코로나19에서 벗어나는 처방전입니다

깊은 명상이나 묵상에 들면 코로나19의 바이러스뿐만 아니라 인간은 병으로부터 벗어날 수가 있습니다. 깊은 명상이나 묵상에 드는 조건을 만들면 인체 스스로의 자정 작용 시스템으로 세포가 알아서 스스로 치유를 합니다(코로나19에 대항할 항체를 강력하게 만듦). 이렇게 근본적으로 인간의 몸은 선함을 추구하게 그렇게 만들어져 있는데, 어쩌다 우리의 삶은 이 지경이 되어서 인간의 몸을 받고도 이렇게 코로나19의 공격받는 지경에 이르렀을까요?

저의 결론을 먼저 말하고 치유하는 방법 중에 핵심적인 것을 안내하여 보겠습니다.

코로나19에서 벗어나는 지혜를 찾고자 매번 수련 전에 사랑과 자비심 그리고 보리심의 지혜를 사유하고 마지막으로는 지구촌 77억 인구에 대한 연민심으로 지구촌 모든 성현과 천지신명님께 바른 지혜로 이끌어 달라고 발원했습니다. 똑같은 명상이지만 나를 위한 마음보다 지구촌 77억 인구를 사유하면 몸과 의식이 저의 경우에는 금세 이완에 듭니다. 왜 깊은 명상 속에서만 지혜를 찾을 수 있느냐고 혹시 물을 수가 있어서 말하자면, 순수한 아기들의 눈동자를 마주하면 그 순수함이 나에게 전이되어 내 마음이 평온하고 더불어서 사랑을 회복하여 나 역시 아기의 순수로 돌아가게 됩니다. 그래서 우리가 아이들을 안고 있으면 마음이 평온한 것입니다. 깊은 명상 속에서 마주하는 우리의 양심과 참나, 성령은 조작되지 않고 물들지 않은 그 순수한 아기의 눈동자와 같이 신선하고 순수함 그 자체입니다. 그렇기에 그것에 들어가면 의식은 더욱 명료하고 또랑또랑하며 초순수의 집중력이 생깁니다. 이는 몸은 있는지 없는지를 모르고 의식은 번뇌와 망상이 사라지고 더 이상의 몸과 의식은 구함이 없는 평온한 상태인 것입니다(뇌파는 극도로 낮아지고 인체를 활성화하는 물질이 향상되어 엔도르핀이 돌고 신경 재생 호르몬을 발생시킴).

이때 몸은 극도로 열기가 올라가서 온몸에 땀을 내고 세포 역시 평화로워 우리의 몸과 의식은 스스로의 자정 작용을 합니다. 막힌 것을 뚫게 하는 에너지가 강한 곳에서 약한 곳으로 흐르면서 인체의 곳곳에서 모세 혈관이 풀리느라 꿈틀거립니다. 이를 통해 인체는 스스로의 자정 작용으로 인체의 균형을 스스로 잡습니다.

이럴 때 우리의 의식인 참나와 성령의 상태에서 인체는 세포를 최적의 상태로 변위하며 세포는 의식에 균형을 맞추어서 몸과 의식을 소우주에서 대우주와 교감하게 합니다. 성령의 힘으로 우주자연과 교감하면서 참나 역시 스스로의 자정 작용으로 면역 세포를 우리 몸 곳곳에 발산합니다.

참나와 성령의 충만에서 나오는 파동은 가히 무량하기에 이것이 불가사의한 치유의 힘을 스스로 만들어 냅니다(깊은 명상과 깊은 묵상이 답입니다). 세포는 만트라의 파동에 공명이 일어나서 인체 내에 변성이 발생하여 세포는 그 평온한 의식을 인식하여 다시 우리 몸 곳곳에 치유의 파동을 발산합니다.

호흡 신경과 척추 신경 그리고 대뇌의 중추 신경까지 이완에 들어가면 인체는 마치 거대한 산이 응축한 것을 옹달샘으로 만들어 내듯이 입천장을 통하여 몸과 의식의 이완에서 나오는 달콤한 침을 배출합니다.

이 침은 다량의 효소 덩어리자 천연 억제제 역할을 합니다. 사람의 세포막에 존재하는 ACE2(안지오텐신 전환효소2)를 억제하는 역할을 합니다. 이것이 코로나19와 결합하여 세포 속으로 침투하여 병을 일으키는데, 이 천연 침이 바이러스의 증식을 억제하는 대항마 역할을 하는 것입니다. 이것은 한마디로 인체를 장수하게 하며 막힌 것을 뚫게 하는, 말하자면 치유의 백신과도 같습니다. 음식을 먹지 않고도 이것만으로도 육신을 보존할 수 있는 감로수와 같은 것입니다.

이것을 입속에 모았다가 삼키면 식도와 위와 장을 통하여 보냅니다. 세포는 그것을 흡수하여 T세포의 자가 면역 세포를 만들어 호흡기로 들어오는 바이러스를 사멸하는 역할을 하게 됩니다.

이 감로수가 나오면 인체는 세포 재생을 도와주며 또한 면역력이 강화되어 수용체가 뚫리지 않도록 주변을 보호하기 때문에 코로나19의 바이러스에 빌미를 주지 않아 바이러스는 증식을 할 수가 없습니다. 선가에서는 이 감로수를 불로장생수로 여기기도 합니다.

이것이야말로 지금 우리가 당면한 코로나19의 바이러스에서 벗어나는 길임을 밝힙니다(강한 면역력을 회복하면 바이러스는 침투를 할 수가 없음).

여러분, 오대산의 우통수 샘물과 서울 근교의 샘물은 똑같은 샘물이지만 비교가 되지가 않습니다. 이처럼 오염된 몸이나 의식에서 나오는 것과 사랑과 자비심 그리고 보리심이 충만된 상태에서 나오는 감로수는 과히 근본적으로 다릅니다. 이 감로수는 일찍이 선가에서는 다 통용되는 사실입니다.

침묵하고 있어서 그렇지 웬만한 자기 몸을 수련하는 분은 당연히 맞닥뜨리는 현실입니다. 물론 저도 수년 전에 단전이 열릴 때 경험은 하였지만 이 자비와 보리심에서 나오는 감로수를 만들지 못하였기에 확신이 부족하였습니다. 백합의 자연의 이치에서 다시 한번 확인해 보니 정말 놀랍습니다.

우주자연의 따뜻한 온기에서 생명을 잉태하는 원리를 사유해 보면 감로수 역시 몸과 의식이 이완되어야 달콤한 침으로 나오는 것입니다. 결국 바이러스는 세포에 기생해야 변이하여 종족을 번식할 수 있습니다. 세포가 좋아하는 파동을 만트라로 염하면 세포는 더 민첩한 활동으로 운동하여 우리의 몸에 항바이러스를 만들어 주기에 바이러스는 기생할 수 없는 조건이 되는 것입니다.

인체를 치유하는 것을 알고 보면 아주 단순하며 그 원리도 자연의 순리에서 나오는 것입니다. 우리가 그동안 소홀히 하였던 의식이 모든 것을 만들고 창조한다는 것입니다.

간혹 우리 주변에서 이런 이야기를 접하곤 합니다. 암 진단을 받고 마지막으로 산에 들어가서 자연의 삶에 나의 모든 것을 맡기고 긍정적인 생각을 하고 불안한 마음도 없을 때 암세포가 사라졌다는 이야기 말입니다.

얼마든지 가능한 일이지만 우리는 그렇게 나의 모든 것을 내려놓지 못합니다. 이 팬데믹 시대에 살아가는 우리는 거듭 우리 스스로 몸과 마음을 청정하게 하여 건강을 스스로 지켜야 합니다. 코로나19에서 벗어나는 것은 이렇게 깊은 명상과 묵상을 통하여 몸과 의식이 극도로 이완되었을 때 가능합니다. 이때 나오는, 우리가 본래 지니고 있는 신묘한 힘인 달콤한 침은 우리 몸에 양질의 효소를 공급하여 면역 세포를 스스로 만듭니다. 이러한 자가 면역 시스템이 구축되면 바이러스에서 벗어날 수 있다는 게 저의 결론입니다.

우리가 코로나19 바이러스에 역습당하지 않으려면 바이러스가 증식을 할 수 없는 조건을 먼저 만들어 놓는 것이 매우 중요합니다. 바이러스가 세포에 기생할 수 없는 조건은 우리가 이미 다 알듯이 면역력 강화입니다. 명상이나 묵상을 할 때 세포는 가장 평화로움을 느끼기에 아낌없는 이완의 호르몬을 발산하여 자가 면역 세포를 만들어 줍니다. 그러나 우리 사회와 지구촌의 가족들이 모두 다 이런 과정을 거치기는 현실적으로 어렵기에 이와 유사한 핵심적인 방법 속에서도 자가 면역력을 키워야 합니다. 그래야 건강한 노후와 아울러 코로나19에서 벗어날 수 있습니다. 그 수련법을 안내하오니 꼭 실천하기를 바랍니다.

4.
처방전 넷,
백합에서 배우는 지혜

백합은 꽃망울을 열기 위하여 자기를 점검합니다. 뿌리의 수분을 준비하고 잎들은 태양에 온전히 광합성을 해서 최적의 몸을 응축하고 있다가 아침 햇살을 맞으면 꽃망울이 열리기 시작합니다. 호흡을 천천히, 깊게 들이마시면서 태양으로부터 에너지를 흡수하여 다시 숨을 고르면서 꽃망울이 조금씩 개오하기 시작합니다(빛은 입자이며 파동입니다).

주변의 바람 소리에도 한눈팔지 않고 집중하여 깊은 의식의 이완으로 몸과 의식을 놓아 버리니 스스로의 자정 작용으로 조금씩 꽃망울은 하늘을 향하여 파동을 맞추어 갑니다.

천지의 이슬로만 목마름을 달래고 더 깊은 집중으로 들어가서 천지의 향기를 가감하지 않고 있는 그대로 흡수하여 꽃망울조차 내것이 아니라는 생각으로 하늘 향기를 그대로 담아 꽃대에 끈적한 꿀향의 효소를 찔끔 발산합니다.

천지의 이슬만 먹었는데 어찌 이렇게 달콤하고 은은한 향기가 나올 수가 있단 말인가? 그것은 다름 아닌 바람 없는 마음에서 상대를 생각하기 때문입니다. 그것이 백합의 DNA가 살아가는 방법입니다. 그 가냘픈 몸매에도 꽃대가 이완되어 꿀벌이 좋아하는 효소 꿀을 내밀어서 꿀벌을 유혹합니다. 그렇게 꿀을 주고 수술의 수정을 도움받습니다.

사람이든 자연이든 깊은 이완의 극치에서 감로수가 나오는 이치가 시사하는 바는 참으로 경이롭고 감동적입니다(이완이 답입니다). 우주자연은 익으면 열리고, 이 속에 깊은 이치가 숨어 있으니 이것을 사유하면 우리가 마주하는 일상의 모든 것에 적용하여 궁금함을 해소할 수가 있습니다. 이처럼 자연이 돌아가는 순리는 우리네 삶과 밀접하게 연결되어 움직이기에 자연을 관찰하면 그 속에서 지혜를 얻을 수가 있습니다.

사람은 때론 이기심으로 궁리하지만 자연은 한 치의 오차도 없이 서로 주고받습니다. 자기를 내려놓으면서도 마음껏 펼치고 있기에 자연의 이치와 삶을 관조하면 막힌 것을 풀 수 있는 힌트를 얻을 수 있습니다.

깊은 명상에 들어갔을 때 나오는 침의 효소와 백합이 꽃망울을 열어 내뿜는 끈적한 꿀은 환경은 다르지만 자연의 이치는 서로 공감할 수 있는 부분입니다. 이렇게 저는 확신을 얻었습니다.

여기에 부가 설명을 덧붙입니다. 상대를 먼저 알면 상대에게 끌려가지 않습니다. 코로나19가 우리를 어떻게 어디를 먼저 공략하는지를 알면 우리는 그것에 대하여 처방전을 찾을 수가 있습니다.

현재까지 바이러스는 비말과 공기 중으로 우리의 호흡기로 전염된다고 알려져 있습니다. 이것이 기도를 타고 폐에 달라붙어 염증으로 호흡 곤란을 일으켜 결국 사망에 이르게 합니다. 코로나19로 죽는 사람의 폐는 바이러스로 잠식되어 석회화로 진행된다는 것입니다.

이제 우리는 원인을 명확하게 알았습니다. 무엇으로 이 코로나19를 상대해야 할까요? 그것은 바로 우리가 알듯이 자가 면역력을 키우는 자가 면역 시스템을 갖추는 것입니다. 어떻게, 무엇으로 우리가 본래 지닌 신성한 힘으로 자가 면역 시스템을 갖추는지가 핵심입니다.

근거가 없는 이야기가 아니라 과학자들의 증언을 통하여 이미 검증된 것이기에 우리는 그것을 우리의 몸에서 스스로 검증하기만 하면 되는 것입니다.

다시 한번 니콜라 테슬라의 말을 생각해 봅시다. "우주의 비밀을 알고 싶으며 에너지, 주파수, 진동을 공부하라."라고 했습니다. 이 세 가지 중에 에너지와 진동을 꼭 숙지해 주시기를 바랍니다.

두 번째로 1900년대에 대체의학의 황제라 불린 디팩 초프라의 연구를 다시 생각해 봅시다. 옴과 훔의 소리가 인체의 질병 치료에 미치는 영향에서 옴의 소리를 들려준 세포는 무럭무럭 자랐고, 반면에 시험관에 넣고 옴과 훔의 소리를 들려준 세포는 진동 후에 터져 버렸다는 내용입니다.

우주에 있는 모든 생명은 은하, 행성, 생명 및 사람 심지어 우리들의 장기와 세포까지도 진동합니다. 이것이 포함하고 있는 것이 천상의 음인 일곱 개의 만트라입니다. 이 과학적인 검증을 우리는 우리의 몸에서 확인할 수 있습니다.

세 번째로 이미 한의학에서는 오랜 기간 민중의 기술로 인정받은 단전과 백회의 기맥을 침으로 치료하여 각종 불치병을 치료하고 있습니다. 이 속에는 자연의 섭리가 들어 있습니다. 또 다른 이름으로 선도라는 기 수련을 통하여 우리 몸의 에너지를 순환하여 건강과 정신을 수련하는 방법이 전해집니다.

외국에서는 이것을 차크라 수련이라고 부르며 도교에서는 성명쌍수라고 하여 오랜 기간 우리의 몸과 의식을 건강하게 하는 것으로 인정받아 지금까지 이어지고 있습니다. 이처럼 조상님들의 내공을 통하여 우리는 자가 면역력을 키우는 지혜를 얻을 수 있습니다.

네 번째는 양자역학의 대가 데이비드 봄에 따르면 인간을 포함한 생명체들을 구성하는 분자, 세포 조직, 장기 및 개체는 각각 입자적·파동적, 이중 구조로 되어 있으며 입자적 구조는 눈에 보이고 파동적 구조는 눈에 보이지 않는다고 합니다. 이런 양자 파동이라는 이중적 구조로 되어 있다고 합니다.

결국 인간의 DNA와 세포는 양자 파동의 장이라는 것입니다. 진동과 파동 주파수로 공명한다는 것을 이치로 알고 우리의 몸에서 과연 맞는 것인가를 스스로 확인하면 코로나19에서 벗어나는 자신감을 회복할 수 있을 것입니다. 우리는 오온(색, 수상, 행식)이 마음을 만든다고 배웠지만 오는 날 과학적으로 들어가 보면 결국 마음은 세포의 운동성이며 세포는 에너지 파동으로 의식을 만듭니다. 또한, 만물의 속성은 진동하는 것이며 우리 몸의 핵인 세포 역시 끝없이 진동한다는 것이 결론입니다.

자, 이 정도의 지혜로 사유가 깊어지면 소리가 인체에 미치는 영향에 대하여 우리는 그동안 놓치고 살았음을 알 수 있습니다. 위의 과학자들의 소중한 말씀을 이해하고 수련하다 보면 우리는 우주만물에 대한 확신을 내 몸에서 반응으로 확인할 수가 있습니다.

이 확신을 여러분 스스로 증명하게 하기 위하여 저는 위의 과학자분들의 증언을 전했습니다. 이를 통하여 저 역시 사유 끝에 확신을 얻었고, 그래서 이렇게 자신 있게 말씀을 드릴 수가 있습니다.

위의 내용들을 정독하고 반드시 이치로 개념이 서야 수련에 도움이 됩니다. 개념이 서지 않으면 아무리 좋은 이야기도 공감할 수가 없습니다. 이 개념을 토대로 일곱 개의 천상의 음과 옴아훙 만트라, 교차 호흡, 보리심을 갖추고 준장하면 우리 몸의 에너지 차크라가 활성화됩니다. 그러면 스스로 자가 면역 시스템이 구축되어 코로나19의 바이러스에서 벗어나며 니아가 우리의 삶이 행복하고 건강도 좋아져서 모든 병으로부터 해방이 될 수 있을 것입니다. 이것이 우주자연이 우리에게 준 '보너스'입니다.

5.
처방전 다섯,
우리가 상식적으로 숙지해야 할 내용

세포는 진동하는 생명체입니다. 입자적 구조와 파동적 구조, 이중 구조로 되어 있습니다. 인간 몸의 중심은 세포입니다. 여기서 우리가 중요하게 생각해야 할 것은 세포도 생명체라는 것입니다. 세포는 무엇을 원할까요? 지금까지 우리는 양질의 공기와 오염되지 않은 음식, 즉 단백질 보충이라고 알고 있습니다. 여기에서 하나 더 보충을 한다면 파동입니다.

우리의 몸은 육체적으로 만들어졌기에 위의 것들이 적절하게 조화로워야 하겠지만 그중에 제가 확인한 것을 '파동으로 인해 세포는 춤을 춘다.'라고 표현하고 싶습니다.

깊숙한 진동의 파동으로 산소가 들어가면서 옴의 진동을 해 주면 우리의 몸은 그동안 잠자고 있던 세포들이 깨어서 온몸으로 민첩하게 운동을 합니다. 세포가 원하는 파동을 들려주면 세포는 금세 이완에 들어가서 이완 호르몬을 만들어 몸에서 불편하고 작동하지 않는 곳을 스스로 치유하게 되어 있습니다.

그런데 지금까지 부정적인 사고와 이기심 그리고 욕구불만으로 일으킨 의식이 우리 몸을 굳게 했습니다. 이것은 각종 심혈관 질환을 일으키는 주범이며 무의식까지 깊숙이 침투하여 인체가 본래 가지고 있는 자정 능력을 잃게 합니다. 본래 우리가 지닌 순수를 회복하기까지는 긴 시간이 필요합니다.

- 효소: 세포를 재생하도록 도와주는 동시에 면역력을 높이는 기능을 합니다.
- 수용체: 한마디로 세포의 비밀 문을 말합니다.

바이러스는 이 수용체를 통과해야 증식을 합니다. 결국 수용체를 무너뜨리기 위해 바이러스는 세포가 좋아하는 단백질로 변이하여 세포를 공격합니다. 그렇기에 우리가 자가 면역력을 강화하는 것이 코로나19에서 벗어나는 길인 것입니다.

6.
처방전 여섯,
무엇으로 수련해야 건강한 몸을 지
키며 장수할 수 있을까

일곱 개의 천상의 음인 만트라와 옴아홍 만트라 그리고 차크라의 신경을 살려야 합니다(최소한 단전과 백회까지라도 신경을 살려야 합니다). 일곱 개의 만트라와 옴아홍 만트라는 들숨과 날숨으로 음양의 조화를 맞추어 우리의 세포가 원하는 파동의 사인파를 만들어 내어 세포를 더 공명시킵니다. 또한, 인체의 모든 장기들을 평화롭고 활발하게 만들어 주어 우리의 몸의 균형을 스스로 잡아 줍니다.

그리고 인체의 차크라 단전과 백회까지의 신경을 살려 주면 숨만 쉬어도 인체가 자가발전을 해서 온몸이 따뜻해지고 우리 몸의 온도 1도를 손쉽게 올릴 수 있습니다.

이 만트라명상만 해도 인체의 면역력과 건강을 회복할 수 있습니다. 이 만트라의 비밀에 대하여 만트라명상 편에서 상세하게 설명했으니 이를 참고하시기 바랍니다. 이것만 하여도 건강과 행복을 지킬 수가 있으며, 이것에는 신묘한 힘이 내재되어 있어 시원한 해결책을 스스로 이끌어 줄 것입니다.

(2장에서 7장까지 내용을 정독하시기를 부탁드립니다.)

7.
처방전 일곱,
이것으로 슈퍼면역력을 키워라

교차 호흡은 기존의 단전 호흡보다 산소의 분압을 높여서 세포에 양질의 산소를 다량으로 공급해 줍니다. 이를 통해 세포를 활발하게 하며 교감 신경과 부교감 신경의 균형을 조절하게 하고, 인체의 신진대사를 원활하게 합니다. 활성 산소를 만드는 것을 줄여 주니 건강에 아주 좋습니다. 만트라와 교차 호흡, 준장을 병행하다 보면 차크라는 자연스럽게 열립니다.

이 세 가지를 하면 깊은 들숨과 날숨, 멈춤으로(숨을 참는 것이 길어짐으로써 폐는 더욱 혈액순환이 왕성해짐) 폐가 이완되어 폐활량이 좋아지고 건강한 폐로 돌아와서 바이러스가 증식할 수 없는 조건을 만들어 줍니다. 이것에는 신령한 힘이 존재하기에 여러분이 이를 스스로 믿고 행해서 그것을 증명해 주면 고맙겠습니다.

준장은 에너지 축기에 아주 좋습니다. 교차 호흡과 만트라를 병행하면서 준장을 하면 단전과 백회를 백일 안에 살릴 수가 있으며 횡격막 신경이 열린 상태에서 이 준장을 단 5개만 하여도 몸에 반응이 오며 10개 정도 하면 벌써 이마에 땀이 맺힙니다. 100개 정도만 하여도 속옷이 다 젖습니다. 점차 숫자를 늘려 가면 됩니다. 뭐든지 너무 욕심내지 말고 마음 자세가 매우 중요함을 잊으면 안 됩니다.

이것이 무엇을 의미하는가 하면 그만큼 산소에 비밀이 다 들어 있다는 것입니다. 많은 양의 산소를 천천히 들이마시면서 배꼽 밑으로 축기를 하니 인체는 비교적 단시간인데도 민첩하게 반응하여 우리 몸의 신진대사, 즉 혈액순환을 왕성하게 합니다.

이것만 하여도 이 정도의 코로나19는 괴멸할 수 있는 엄청난 축기가 되어 바이러스와 대항하여 이겨 낼 수 있습니다. 하루에 최소한 500개는 해야 됩니다(하는 방법은 만트라명상과 차크라 열기에서 설명을 참고하고 하루에 몇 번에 나누어서 하면 부담이 없습니다).

일곱 개의 만트라와 옴아훔 만트라, 그리고 교차 호흡과 준장을 꾸준히 하면 우리 몸의 온도는 38도 이상을 올라가면 HSP(heart, shock, protein) 열 충격 단백질이 활성화됩니다. 이것은 체력 회복을 도와주고 엔도르핀을 촉진 NK세포와 인터페론을 활성화시켜 면역력을 강화해 줍니다.

8.
천상의 음인 만트라는
어떻게 코로나19 바이러스에 대항하는가?

① 세포가 원하는 것이 파동입니다. 마치 엄마가 아이에게 젖을 주듯이 세포는 DNA가 파동적인 구조이기에 생명의 근원의 파동을 들려주면 세포를 춤추게 합니다.

② 세포가 가장 듣고 싶어 하는 생명의 소리를 들려주면 세포는 활발하게 운동을 시작하여 인체가 필요로 하는 각종 기능을 스스로 알아서 하여 자가 면역 시스템을 만들어서 바이러스가 증식할 수 없는 조건을 만들고 또 바이러스가 침공해 오면 수용체의 벽을 강화하여 바이러스에게 빌미를 주지 않습니다.

③ 천상의 음인 만트라 소리에 세포는 우리 몸 구석의 신경까지 파고들어 인체 고유의 기능을 활성화시켜 엔도르핀을 만들어 내어 신경 전달 물질인 호르몬을 발산합니다. 그리고 NK 세포와 인터페론을 활성화시켜 우리의 몸을 이완시키므로 깊은 명상으로 들어가는 조건을 만들어 주어 인체의 균형을 스스로 회복하게 합니다.

9.
코로나19에 대항할
강군의 군사를 어떻게 만드는가

천상의 음인 일곱 개의 만트라, 옴아훙 만트라, 명상, 묵상, 교차 호흡, 준장, 에너지센터 신경을 살려서 우주자연의 에너지의 도움을 받는 시스템을 구축하면 코로나19와 싸우지도 않고 이기는 백전 백승의 군사를 만들 수 있습니다.

우리는 우주자연이 준 보너스를 활용할 생각은 하지 않고 계속하여 외부에서 그 해결책을 찾습니다. 그런데 정말 중요한 것은 그것의 본질이 외부에서 온 것이 아닌 우리 내부 스스로의 무지로 만든 것이라는 점입니다. 이것의 본질을 바로 알아야 두 번 다시 이런 일을 만들지 않을 것입니다. 팬데믹을 통하여 이런 우리의 근본을 볼 줄 알게 될 때, 이미 우리는 스스로의 강군의 군사를 거느리게 되는 것입니다.

여기에서 우리가 자연에게 배울 것은 연꽃의 지혜입니다. 연잎은 내린 비가 과하다 느끼면 스스로 털어 내는 지혜를 보여 줍니다. 우리도 일상의 삶에서 늘 긍정적이고 낙천적인 삶으로 스트레스를 만들지 말고 설사 그린 것이 있었다면 털고 살아야 할 것입니다.

10.
천연 백신 시스템을
구축하라

우리는 다 갖추고 있지만 그동안 너무도 탐욕과 분별심 그리고 욕망을 목표로 살다 보니 몸과 의식이 굳어서 본래 지닌 신성한 힘을 잃어버렸습니다. 천상의 음 하나만 가지고도 우리는 얼마든지 우리가 가지고 있는 몸과 의식을 통해 코로나19에 대항할 천연 백신 시스템을 구축할 수 있습니다.

이 천연 백신 시스템을 구축하는 것은 개인과 국가 그리고 지구촌에 정말 필요한 것이며 이것이야말로 WHO의 회장에게 알리고 세계에 보급해야 할 것입니다.

우리는 백신에만 의존하는 습관이 있습니다. 이것 역시 백 프로 보장받을 수가 없다는 권위 있는 전문가의 말씀을 우리는 바로 들어야 합니다. 우리 스스로 우리의 몸과 마음을 바르게 하여 얼마든지, 그것도 돈도 들이지 않고 할 수 있습니다. 이렇게 두려움과 공포에 떨고 있으며, 사회적으로도 큰 경제적 손해가 돌아오는데 우리는 왜 이렇게 받아들이지 않고 변하지 않는 것일까요?

여러분의 각성을 촉구하며 그 각성이 거듭 발심하여 전환점이 되셨으면 좋겠습니다.

11.
우리에겐 지금
희망이 필요하다

물도 흘러가다 장벽을 만나면 빙빙 돌면서 다음을 기다립니다. 우리는 그동안 앞만 보고 달려오다 아주 거대한 장벽을 만났습니다. 지금까지 우리의 상상을 초월하는 이런 경계에 지구촌이 서다 보니 한마디로 삶의 희망을 잃었습니다.

앞이 보이지 않는 상황을 맞을 때면 위의 물처럼 우리는 우리 자신의 삶을 돌아보아서 다시 흘러갈 수 있는 사유를 해야 합니다. 경제의 고통과 코로나에 걸리지 않을까 하는 이중의 두려움에서 마음의 빗장을 스스로 잠그고 있습니다. 사람들을 만나지 못하고 원하지 않던 골방의 수련을 하다 보니 가슴이 너무도 답답합니다.

이럴 때는 주변의 이야기가 들리지 않습니다. 한마디로 생각이 꽉 막히다 보니 애만 쓰는 것입니다. 누구 하나 시원하게 삶을 이끌어 줄 수 있는 조언을 해 주지 않다 보니 어떻게 살아야 하는지에 대한 근원적인 질문을 하지 않은 탓에 온통 어수선한 삶이 되었습니다. 삶의 희망을 어디에서 찾을 것인가? 밖인가, 안인가? 겨울을 지나 봄이 되면 들녘의 새싹들을 보면서 생명의 기쁨을 찾듯이 우리에게도 마찬가지로 생명의 기운을 느낄 수 있는 것이 필요합니다.

우리는 인간이기에 인간의 사랑과 자비를 느낄 때 우리의 본성과 야성이 살아나서 다시 일상의 삶을 살 수 있습니다. 그 희망을 생명의 소리인 천상의 음을 통해 얻기를 추천합니다.

바이러스와 굳이 싸움을 하지 않고도 이기는 것이 지혜입니다. 그것이 바로 면역력을 강화하는 것입니다. 우주자연의 원리가 깊숙이 들어 있는 것을 이용하면 얼마든지 우리 스스로 강군의 군사를 유지할 수 있습니다.

마지막으로 이 코로나19에서 우리 사회와 지구촌의 가족들이 위의 것들에 스스로 확신이 들기까지 도움을 주기 위하여 처음부터 자연의 운행 원리와 그것을 가지고 수련한 저의 몸에서 발생한 일들을 현실감 있게 설명했습니다.

그 수행 이야기는 지금 우리들에게 믿음과 확신을 주기 위한 것입니다. 그런 것을 통하여 우리의 몸과 의식이 변하면서 얼마든지 우리가 지닌 순수의 야성을 회복할 수 있습니다. 그것을 위한 일곱 개의 만트라와 옴아홉 만트라, 차크라 열기, 교차 호흡, 그리고 준장을 소개했습니다. 지금 우리 사회와 지구촌의 가족들은 이것으로 하여금 코로나19 바이러스에서 벗어날 수 있으며 나아가 이것은 여러분의 삶을 더욱 건강하고 행복하게 하여 줄 것입니다.

물론 이것 역시 절실하게 필요성을 느끼는 사람은 금세 효과를 볼 수가 있지만 지금까지 몸과 의식을 관리하지 않은 사람들은 조금의 시간이 필요할 것입니다. 그러니 너무 성급하게 접근하지 말고 평생 수련한다는 마음으로 꾸준히만 하면 됩니다. 무엇이든지 꾸준히 하는 사람을 이길 수가 없고 그런 사람이 결국 해내고 맙니다. 이 해내는 마음도 꼭 명심해서 이런 좋은 것에 인연이 된 것만도 감사하게 생각해야 합니다.

누군가가 오랜 경험을 토대로 다수의 사람에게 전하는 것은 정말 믿을 만하기에 전하는 것이니 부디 잘 헤아려 주시기를 바랍니다. WHO 회장이 이런 것을 지구촌에 보급해야 하는데 여전히 바이러스와 함께 살아야 한다는 말만 하는 것 같습니다. 좀 더 해박한 지도자를 만나지 못했기에 지구촌의 코로나 환자는 계속하여 늘어나며, 우리의 가족들은 고통과 죽음, 나아가 절망의 상태로 가고 있습니다. 올바른 지도자의 바른 견해가 얼마나 중요한 것인가 생각해 봅니다.

우리는 거듭 깨어서 이 좋은 정보로 하여금 우리 자신을 코로나19에서 지키고 나아가 즐거운 삶을 살아야 합니다. 그리고 이것을 이웃에게 나눌 수 있는 사람이 되어야 할 것입니다.

우주자연을 공부하고 더불어 우리의 몸을 사유하고 이것에다 사랑과 자비심을 키운 사람은 이 팬데믹을 바라보는 마음이 가히 연민의 마음뿐일 것입니다. 그 연민의 마음에서 내가 할 수 있는 것이 무엇일까 찾다가 이렇게 책으로 정보를 나누게 되었습니다.

세상이 아무리 5G 시대로 달려가도 내가 나를 모른다면 그것이 다 무슨 소용이 있겠습니까? 그러나 반대로 자기를 바로 알면 세상이 아무리 혼란스러워도 물들지 않습니다. 이 세상에 인간의 몸을 받아서 그래도 가장 거룩한 것은 지금 이런 지적인 이야기를 우리 사회와 지구촌에 나눌 수 있다는 것입니다. 그동안 인고의 삶에 항상 용기와 희망을 주신 모든 분과 오대산 도반님들께 이 감사함을 나누어 봅니다.

저의 부족한 생각이지만 우리 사회와 지구촌이 덕 되는 새로운

신 패러다임을 열기를 희망합니다. 코로나19는 이것으로 반드시 극복할 수가 있습니다. 지구촌 77억 파이팅, 대한민국 파이팅입니다.

그동안 저의 블로그에 올렸던 코로나19와 관련된 글을 안내하여 봅니다. 관심 있는 분들은 아래 주소로 들어가서서 읽독을 권합니다.

- 지구촌 보리심 인문대학: https://blog.naver.com/sanmaul7

12.
천상의 음으로 지구촌이 행복에 이르는 길, 평화의 메시지 세 번째

태초의 순수한 생명의 파동을 우리 사회와 지구촌 77억 인구에게 보내면서…

모든 생명과 77억 지구촌 가족들에게 인사를 올립니다. 저는 지난 석 달의 동안거 수련을 통하여 초등학교 5학년 때 시작된 영적 여행이 17년의 세월 끝에 우리 사회와 지구촌 77억 인구가 궁극의 행복으로 가는 길을 최종적으로 제시할 수 있어서 너무도 감개무량합니다.

이것은 제가 발견한 것도 아니고 이미 태초의 시작부터 존재하고 있었던 것이며 과거의 사람들은 그것을 발견하고 그것으로부터 사유가 시작되어 일체의 삶에 자유로울 수 있었습니다.

그러나 아이러니하게도 오랜 기간 여행해 오면서 단순하였던 개

넘의 문제가 계속되어 더 심해지면서 관념은 또다시 관념을 만들었습니다. 수많은 정보를 만들어 살기는 편한 것 같지만 실은 우리는 더 많은 논리와 이념 속에 구속받고 있습니다. 17년의 영적 여행의 숙제를 마치는데 지구촌은 너의 17년의 내공을 내놓으라고 합니다. 중국 우환에서 시작된 코로나19로 하여금 우리 사회와 지구촌이 혼란스러운 것을 보면서 다 인연이 도래하니 이런 것에 조금이나마 지혜를 나눌 수 있는 것에 연민의 사유를 하여 봅니다.

현대 의학에서도 당장 풀지 못하는 것을 대자연을 공부하면서 우리 몸에 대해 해결하는 지혜를 얻을 수 있었습니다. 중국 시진핑 주석은 코로나19가 악마라고 표현하였는데, 과연 악마일까요?

14억을 대표하는 사람이 이 정도밖에 생각을 못 하기에 당분간 중국과 지구촌은 좀 더 호들갑을 떨 수밖에 없습니다. 일찍이 고타마 싯다르타는 2,500년 전에 대자연을 사유 끝에 모든 것은 절대적으로 있지 않고 서로서로 상호 의존한다는 연기공성을 설파하셨습니다.

지금 지구촌은 한마디로 서로 의존하는 유기적 경제 속에 살아가고 있습니다. 인간이 동식물과 다른 점은 사유를 통하여 영적인 삶을 살아야 한다는 것입니다. 그런데 지금 우리의 의식은 오만 가지의 정보로 이기적인 분별로 가득하고 몸은 각종 독소로 면역력을 잃어 가고 있습니다. 이런 시점에 신종 코로나바이러스는 결국 외부에서 온 것으로 보기보다는 우리의 몸과 의식이 불러들인 것으로 풀어야 해결책을 찾을 수가 있습니다.

앞으로 우리 사회와 지구촌이 좀 더 바른 영적인 삶을 살지 않고 계속하여 이기적인 삶을 이어 간다면 이것보다 수십 배 강한 바이러스가 오게 될 것입니다. 세계 인구 일번지에서 이런 바이러스가 출몰하는 것은 우리의 삶을 바르게 살라는 대자연의 가르침의 깊은 뜻이 있음을 알아야 합니다.

이제 우리 사회와 지구촌은 정말 패러다임을 바꿀 때가 되었습니다. 이런 문제들은 영혼이 순수하고 맑아야 바른길로 안내할 수 있습니다.

우리가 알아야 할 한 가지는 우리 모두는 특정 주파수에 맞추어 진동하는 존재들이며 특정 주파수의 소리와 컬러로 공명을 한다는 것입니다.

주역은 우주자연의 본모습을 리얼하게 들여다본 동양의 고전입니다. 그중에서도 음양의 이론은 우주자연에서 벌어지는 모든 현상은 변화하는 것이며 한 번 '양' 하면 한 번 '음'이 되어 변화한다고 합니다. 오늘날의 과학의 용어로 표현하면 진동한다는 것입니다.

우주의 모든 식물은 진동의 파동으로 우주와 교감하고 꽃을 피우고 고전 음악을 들려주면 젖소들은 젖을 더 많이 생산합니다. 바흐의 음악을 들려주면 꽃들은 자기만의 화음의 주파수로 교감하면서 꽃망울을 터트린다는 것이 이미 과학을 통하여 접하였던 사실입니다.

그런데 의식주 해결에 골몰하는 지구촌의 사람들에게는 강 건너 불 보듯이 도움이 되지 못하고 있습니다. 이 이치와 원리를 이해하고 사유하는 것이 삶의 실체와 영적 여행의 숙제를 해결하는 핵이며 이 지구 여행을 떠나는 우리 사회와 지구촌 77억 인구가 반드시 가져야 할 승차권입니다.

우리가 놓치고 살았던 진동 우주의 비밀을 공론화하면서, 이것이 얼마나 우주자연과 인간이 깊숙이 연관되어 있었던 것인지 알게 되었습니다. 몇몇의 과학자만 적용하고 상용화가 되지 못하였던 것을 이제 일곱 개의 천상의 음인 만트라를 통하여 생로병사의 비밀과 지구촌의 새로운 비전과 희망을 제시합니다. 이것을 통하여 확인한 저의 몸과 의식 중 무의식(잠재의식)의 변화로 우리 사회와 지구촌에 궁극의 행복으로 갈 수 있음을 수년의 문사수 끝에 확신을 얻어 안내합니다.

지금 우리 사회와 지구촌 77억 인구에 필요한 것은 무의식을 정화하는 길입니다. 지구촌 소수의 의식이 깨어나서 지금껏 우리는 그래도 바른길을 알 수 있었습니다. 그로부터 시작된 우리의 삶의 여정은 지금은 터치 한 번으로 지구촌이 하나의 네트워크가 되어 더 이상 숨길 수 없는 그런 과학의 발전에 이르렀습니다. 육신은 편하지만 겉으로는 화려해도 속을 들여다보면 한시도 마음 편하지 않은 명확한 불안 속에 있는 것입니다. 끝없는 망상과 분별로 의식주를 해결하면서 우리의 뇌는 각자 살아온 만큼 분별의 정보가 무의식(잠재의식)에 정화되지 못하고 쌓여 있습니다.

이것은 마치 구름이 찬 공기를 만나면 비를 내릴 수 있듯이 조건과 인연만 되면 언제든지 나오기에 이 무의식의 창고에 사랑과 자비의 씨앗을 심어 보리심의 지혜가 나올 수 있는 환경을 만들어 주어야 합니다. 또한 우주자연은 어떤 법칙으로 운행을 하는지의 핵심은 모든 만물은 원자로 되어 있으며 진동으로 파동을 일으켜 공명하고 모든 생명은 이 파동으로 연결되어 있다는 것입니다.

태초 순수 생명의 파동인 일곱 개의 만트라로 좌뇌와 우뇌의 세포를 일깨우면 우리의 뇌는 새롭게 각성됩니다 참나를 깨달아도, 양심을 되찾아도, 하나님의 성령을 체험하여도 2% 부족한 것은 그동안 익혀 온 삶의 습이그대로 남아 있기 때문입니다.

우리의 의식 깊숙이 자리하는 무의식이 정화되면 인간 태초의 순수 영성을 회복하여 일상의 삶이나 늘 명상이나 묵상 기도를 방해하는 번뇌와 망상을 일곱 개의 만트라명상으로 제거해야만 합니다.

이 일곱 개의 만트라는 우리의 무의식을 태초의 생명 파동으로 생명의 실상의 자리인 분별하기 이전의 순수하고 맑은 의식으로 초기화하여 주는 지구촌의 구원 투수 같은 것입니다.

이 무의식이 정화되면 우주 에너지의 도움으로 깊은 삼매와 하나님의 깊은 성령을 누구나 체험할 수 있으며 이 태초의 고향의 맛을 체험하면 인간은 보리심의 지혜를 발하지 않을 수 없습니다.

위의 사항들을 더 실감 나게 공감하려면 우리의 몸을 태초의 몸으로 만들어 일곱 개의 에너지 차크라의 신경을 살려야 합니다. 인체를 치유하는 감로수가 스스로 나와 생로병사로부터 해방되며 지구촌의 영성 여행을 보리심의 발심으로 회향할 수 있습니다.

이것이 지금 우리 사회와 지구촌 77억 인구가 궁극의 행복으로 가는 열쇠입니다. 이 부족한 설명은 이제 집필을 마친 다음 책을 통하여 좀 더 자세하게 만날 수가 있습니다.

지금껏 여러분이 공부한 것과 다르다고 생각할 수도 있지만, 이것은 지구촌 77억 인구가 지금껏 공부한 논리를 기본으로 좀 더 깊은 영성 여행과 지구촌의 여행을 사랑과 연민 그리고 자비의 마음으로 회향하게 도와줄 것입니다.

우리 사회와 지구촌의 가족들은 늘 마음을 보리심의 지혜에 두고 살아가면 스스로 마음의 자정 작용만으로 행복할 것입니다. 참고로 보리심의 지혜란 모든 생명을 평등하게(평등심) 자식처럼 사랑하는 마음과 지구촌 77억 인구 모두가 고통에서 벗어나 행복하기를 바라는 마음입니다.

글을 마치면서

이 세상에 인간의 몸을 받고 태어나 영성 공부와 일상의 삶을 이어 가면서 하나씩 우주자연의 근본을 알아 갔습니다. 그때 가장 크게 저의 마음에 휘몰아쳤던 것이 모든 것은 다 진동한다는 사실이었습니다.

천재 시인 괴테 역시 "변동하고 변화하고 진동하는 저 힘이 내 생명의 원천"이라고 표현했습니다. 이 천상의 음, 일곱 개의 만트라를 만나서 그동안 가장 힘들었던 번뇌망상과 영적인 삶을 바르게 정리할 수가 있었으며 생로병사의 비밀을 진동의 파동으로 정리할 수 있었습니다.

그리고 깊은 삼매의 도움으로 보리심의 지혜가 확장되어 지구촌의 문제인 코로나19에서 벗어나는 지혜를 찾게 되었습니다. 저는 이 글을 통하여 정말 우리 사회와 지구촌이 행복으로 가는 길의 근본을 밝히고자 했습니다. 또한, 이 코로나19로 하여금 우리의 가족들이 얼마든지 수련을 통하여 스스로의 면역력을 회복하면 불안과 공포에서 해방되고 지금 우리의 삶을 행복하게 살 수 있다고 말하고 싶습니다.

지금 이 팬데믹 시대에 종교의 이기심에서 벗어나 이제는 좀 더 열린 마음으로 모든 종교를 아울러서 함께 가야 합니다. 그런 마음으로 글을 썼지만 부족함도 있었음을 고백합니다.

이제 마지막으로 저의 마음을 전하고 싶습니다. 여러분이 공부한 기본 논리 위에 깊은 명상이나 묵상을 하고 싶다면, 성령을 체험하고 싶다면, 그리고 건강하고 치유의 삶을 원한다면, 일곱 개의 만트라명상을 꼭 해 보십시오. 고정관념을 내려놓으면 참자유를 얻을 수 있습니다.

그리고 여러분의 마음을 치유하는 놀라운 힘이 있음을 받아들이면 여러분이 공부하는 길이 더욱 밝고 빛날 수 있음을 거듭 전하고 싶습니다. 모든 종교인의 마지막은 사랑과 자비의 삶을 실천하며 살아가는 것입니다. 그리고 이것으로 여러분의 그 모든 것이 더욱 자유로워질 것입니다.

종교를 떠나 이 지구에 살고 있는 사람이라면 이 책을 꼭 한 번 보아야 합니다. 한 번으로는 부족하고 두세 번은 정독하시어 사유의 힘이 나와야 될 것입니다. 여러분이 가시는 길을 더 환하게 비출 수 있는 그런 사유의 힘을 드릴 것입니다. 다시 한번 이것은 영성여행의 마무리를 지어 줄 것이고, 이 코로나19에서 자유로운 일상의 삶을 안내할 것입니다. 읽어 주서시 감사드립니다.

2020년 7월 29일
오대산 뜨락에서
지구촌 평화 연민 치유 전문가
김형식 두 손 모음